學玄空飛星風水一本就上手

王信宜
Eric Wang
著

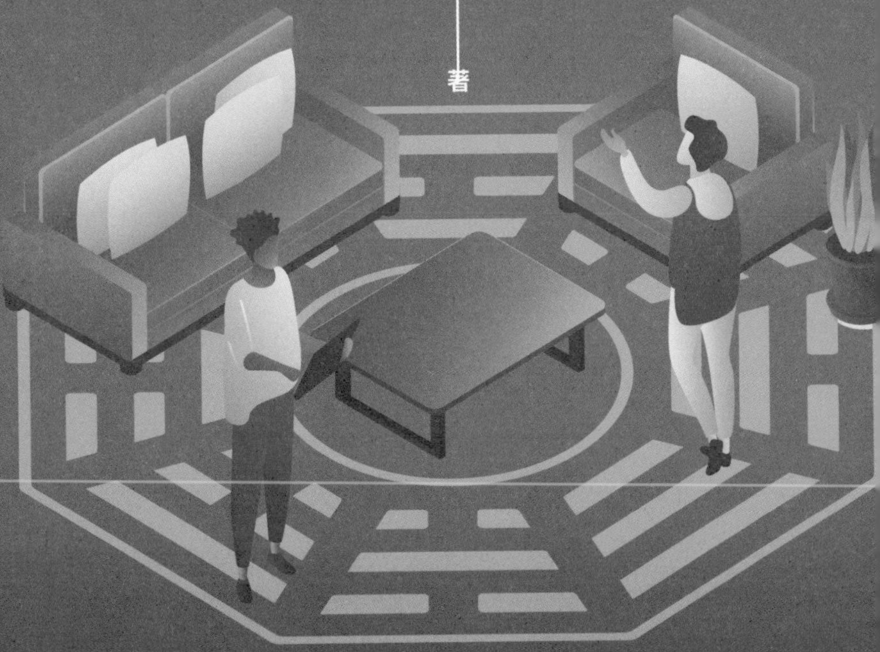

EASY STEPS TO XUAN KONG FLYING STARS FENG SHUI

頂禮感恩古今風水前輩開示風水智慧

也感恩父母與妻子的鼓勵與護持

推薦序

王君繼《學風水一本就上手》後，又繼續推出新作《學玄空飛星風水，一本就上手》，這是一本針對學習風水理氣知識的基礎入門之作，此書的出版，實在是風水愛好者的福氣，令人興奮期待。

王君以深入淺出的筆觸，將他融會貫通後的風水精妙，以簡單清楚的方式呈現，能讓原本不懂風水的讀者，很快地就能掌握風水理氣的玄空飛星知識，而且他所提供的方法，簡單易懂且方便操作，大大地縮短了讀者自行摸索的時間。

王君在寫作上最大的特色，就是能化繁為簡，並可執簡馭繁。將原本艱澀難懂的風水語言，以平易近人且清楚的方式表達，並將風水基礎核心且精妙之處，以邏輯實用的方式整理出來，便於讀者學習與檢索。就算是不具備風水基礎知識的讀者，都能一讀就懂，理解後就可以立刻自行操作，可讀性及實用性極高。

在本書第肆篇〈座向判斷，按部就班〉中，王君提供了自己所體悟整合出的一套系統邏輯性的「王氏座向系統判斷法」。如果讀者能按照這套操作程序，來按部就班地判斷，看到哪種類型的房宅，就選用相對應的方法判斷，就能找出該房宅中真正的主要納氣口。這套座向判斷方法簡單明確，也非常符合系統性和邏輯性，且容易操作，再加上有實境照片可以參照，圖文並茂，對讀者裨益甚大。

在本書第柒篇〈飛星盤內，理氣吉凶〉中，王君以簡單易懂的方式，介紹各種理氣格局，讓人一看就懂，第十七節的《六到九運下卦和替卦的飛星盤》，非常實用且易於檢索，縮短了不少推算宅飛星盤的時間。

在本書第捌篇〈玄祕飛星，密碼破譯〉中，王君將風水古籍中的一些密碼進行破譯，列舉了風水古籍中，做為飛星代號的十一種不同方法，也針對古文上的語法和語序，對飛星的組合順序做了釐清說明。這些獨創的觀點，實發前人之所未發。

而本書的第拾壹篇〈風水實戰，嚴謹章法〉，可說是一篇濃縮版的風水教戰手冊，是王君的心血融會貫通之作，可以讓讀者為自宅做風水檢視及佈局，這也是本書的特色之一。

與王君相知多年，頗為讚嘆王君刻苦的學習研究精神。王君熱愛風水且潛心研究，中英文風水藏書上百冊，對於風水的見解，有許多精妙獨到之處。在前作《學風水一本就上手》一書中，對時下許多錯誤的風水觀念，提出正知正見，破除了許多風水觀念上的迷思。在本書中，王君又針對某些玄空飛星學上的誤解提出辨正，令人振聾發聵，獲益匪淺。

王君是紐西蘭的執業中醫師，在紐西蘭的中醫界頗有聲望，他對中醫的針法有深入的研究與實踐，並體悟出一套「王氏臟腑全息針法」。多次在紐西蘭「新西蘭中醫藥針灸學會」(NZCMAS)，對中醫師發表分享其獨特針法，並當場為多位有肩背痛的中醫師進行治療，下針不到十秒，患者們疼痛驟減，驚豔全場。

王君繼承整合了過往中醫前輩的理論，又能有所創見，體悟發展出自己的一套實用針法，實屬不易。他也以這種紮實地研究學問的態度，跨足風水領域的研究，以實用且邏輯的方式，來進行風水的研究與實踐，不人云亦云。如在座向判斷法上，王君針對目前風水界有關座向判斷的爭議，做出了歸納整合，提出了一套按部就班且實用明確的判斷法，這也是王君對風水界的貢獻。

《學風水一本就上手》及《學玄空飛星風水，一本就上手》，是王君在風水上的融會貫通之作，也是將他寶貴的學習體悟實踐，不吝地與讀者分享，讓讀者能快速地掌握風水之道，且能建立對風水的正知正見。值此另一佳作出版之際，身為好友的我，與有榮焉，樂為之序。

紐西蘭持牌執業針灸師　張家榮

2021 年　於紐西蘭奧克蘭

自序

踏上風水研究之路是機緣，也是命運使然。

回首過往，人生中的每段經歷與體悟，皆有其因緣，都在為未來的責任使命做鋪排。

筆者過去就讀中文系及中文研究所，移民紐西蘭後，開始踏上中醫之路，並探索風水之道。由中文系到中文研究所的文學訓練，奠基了筆者做學問的研究態度，也因為有了古文的學養，在閱讀風水古籍時，較能無畏地深入研究探討。

中醫和風水之道，同源於《易經》。中醫在治療思路及治法上，運用了「同聲相應，同氣相求」的原理，也應用了五行生剋的法則及補虛洩實的手法。這些中醫的治療思路和風水之道相當契合，也讓筆者在學習風水時，體會能更加深入。

在學習的過程中，深深地慨歎風水入門的不易，許多風水書籍艱澀難懂，詰屈聱牙，對風水初學者而言，簡直就像是看天書一樣的困難。而且許多風水上的說法不但複雜，甚至可能會互相抵觸，令人不知孰真孰假，也會模糊了風水堪輿的重點。因此，筆者才會興起寫作風水入門書的想法，要以實用簡單的方式，去蕪存菁，讓一般不具風水知識的讀者，也能快速理解，並掌握風水學中的重要核心知識。

筆者希望透過傳播風水學理的正知正見，讓讀者認識真正的風水之道，而不是惑於被媒體誇張渲染的風水招財物及化煞物的迷思中。

風水的學習，需要理解古代風水大師的思路及方法，但因為古文的深奧，往往令人望而生畏。因此在本書第捌篇〈玄祕飛星，密碼破譯〉中，筆者會將風水古籍中的一些密碼進行破譯，讓讀者清楚地瞭解，古人用了哪些代號密碼，來代表飛星組合及其意義，也會針對古文的語法語序，對飛星的組合順序做出釐清說明。目前在坊間較流通的風水書籍中，似乎尚未見到有關這方面的闡述。讀者在閱讀完本書後，就能對風水古文有了基礎的認識，若對玄空飛星學有興趣，且想更深入學習的話，也會較容易入手。

因為筆者學術研究的背景，對許多風水學上的問題，會思考其邏輯性及現代意義，在筆者的另一本著作《學風水一本就上手》中，對於一些不合時宜、人云亦云，或一些風水爭議的看法，已經提出筆者的見解，供讀者參考。在本書第參篇〈風水辨正，導正視聽〉中，則會針對一些坊間對於理氣的錯誤理解，諸如將四綠星的方位當成文昌位的錯誤，過度追求旺山旺向的誤解，對正神與零神觀點錯誤的理解……等問題，提出釐清說明，以導正風水視聽，不再以訛傳訛。

在本書中，筆者提出一套自己所體悟整合出的「王氏座向系統判斷法」，以系統邏輯性的判斷法則，來解決目前風水界眾說紛紜的座向判斷爭議。目前在風水界中，對座向的判斷方法各執一詞，有以大門為向，也有以陽台最大採光面為向，或以路為向……等說法。公寓大樓的座向判斷方法，有以每個住戶各自為向，或以整棟樓為向……等說法。這種種說法，各說各話，讓人莫衷一是，但是座向判斷不出來，後續的宅飛星盤就無法推算，可見這個步驟的重要性。因此，為瞭解決這個重大問題，經筆者不斷地思索體悟，總結提出「王氏座向系統判斷法」，以合理且合乎邏輯的方式，將目前現有的這些說法，歸納整合成一套系統性的座向判斷法則，希望能對讀者有所幫助。

在目前坊間的風水書籍中，筆者尚未看到有類似的判斷法則，因此筆者的這套座向判斷法則，在風水界中應該算是首創。如果讀者能按照這套操作程序，按部就班地判斷，什麼房宅該套入哪個法則，就能找出房宅真正的主要納氣口，對判斷宅向，就不會再感到困惑迷茫了。文中也加上許多實境照片參照，讓讀者能一看就懂。

不管研究中醫或風水，筆者都在思考如何將這些繁雜的理論，整合出一套簡單、實用且方便操作的方法，以及建立出一套 SOP 的法則。所謂 SOP，即標準化作業程序（Standard Operating Procedures）。只要按照這個標準化作業程序來操作實踐，不但可以縮短學習時間，並可達到統一的操作水準，且能避免失誤和疏忽。因此在本書第拾壹篇〈風水實戰，嚴謹章法〉中，筆者也與讀者分享個人以玄空飛星法堪輿的一整套方法步驟－「王氏風水實戰操作守則」，以條列式的方式，按部就班地勘察分析。先勘察房宅的外巒頭及內巒頭格局，再分析理氣吉凶。排出宅飛星盤後，先看房宅整體格局的大太極，再套入房宅內各區域的小太極，配合巒頭來推算理氣吉凶，並做相應的砂水配置，及必要的五行催旺或化煞調理。另外也包括了給委託人的功課，來提高風水堪輿的後續效果。讀者可按照這些方法步驟，檢視自己的居家環境格局，進行實用有效的風水佈局。讓家中能藏風納氣，事業能風生水起。

在筆者的另一本著作《學風水一本就上手》中，已有談及座向判斷、羅盤使用及風水實戰操作守則的篇章。但因為這些風水知識，是風水初學者必須要懂的基礎核心知識，因此本書也不得不論述，但在內容上，會有更深入的探討及補充說明，也會增加照片以幫助讀者的理解。

本書雖然是針對風水初學者所寫，但對風水同好而言，相信也能有所助益。筆者所提出的一些風水見解，除了導正時下風水界一些謬誤的觀念外，對讀者在風水思路上的開啟，也會有所助益。書中的許多資料，可當作是工具書使用，包括使用玄空飛星堪輿時的重要參考資料，及六到九運的下卦及替卦的飛星盤，運用查找起來非常實用便利，可大量節省讀者查找資料的時間。

研究推廣風水正道，是筆者的使命與志業，一路上的學習研究，頗令筆者樂在其中，也願意將這種樂趣，與廣大讀者分享。但由於筆者才疏學淺，在寫作過程中，可能會有理解不足之處，但是抱著野人獻曝的心，與讀者們分享筆者的風水學習心得，書中不做過多的學術性探討，也避免使用艱澀的風水專業術語，以方便讀者的閱讀及理解。在此也感恩古今的風水前輩，讓我們有幸打開「風水之眼」，得以站在巨人的肩膀上，進入風水的奇妙世界。

紐西蘭持牌執業中醫師暨風水諮商師

王信宜謹識

2021 年 於紐西蘭奧克蘭

目錄

柒　飛星盤內，理氣吉凶……158

玖 流年飛星，風水輪轉……318

壹 前言

壹 前言

這是一本專門為風水初學者所寫的風水理氣入門書，書中內容以玄空飛星風水的陽宅堪輿為主。將玄空飛星風水理氣中的核心知識及操作方法，用最簡單易懂，且可快速上手的方式敘述，以縮短讀者自行摸索的時間。雖然是為風水初學者所寫，但書中豐富的內容與圖表，及對風水古籍的破譯解釋，相信對風水同好也能有所助益。

玄空飛星學是目前許多風水師所運用的法門，也是筆者在進行風水堪輿時主要運用的方法。筆者透過淺顯易懂的方式，介紹基礎入門的玄空飛星學，幫助讀者瞭解風水理氣的無形磁場，對居家環境所造成的影響。書中所用的文字，力求簡單清楚，避免艱澀且詰屈聱牙的學術名詞，若是必須提及的話，也會盡量做補充說明。

一般的風水書籍，通常都會先介紹闡述天干地支、河圖洛書、八卦……等等知識，當然，這些都是祖宗所留下來的智慧，是需要去瞭解的。但這些艱深的內容，往往會令風水初學者昏頭轉向且不知所云，也冷卻了繼續學習風水的熱情。由於本書的設定，主要是為風水初學者所寫，因此不特闢專章敘述這些理論，只針對實際上的應用部分做說明。就如同我們每天都在使用手機，但不一定要知道手機的原理與製作過程，使用者只要懂得如何操作即可。對這些天干地支、河圖洛書等知識有興趣的讀者，可上網或在其他書籍中查找。

坊間風水書籍琳瑯滿目，有針對招財或化煞的書籍，也有許多針對各門各派做介紹的專業書籍，但目前似乎還沒有見到專門介紹玄空飛星學的入門書籍。閱讀完本書後，讀者對玄空飛星學，就會具備了基礎核心的認識，可做為閱讀其他專業玄空飛星書籍的基礎。

一般風水書籍會將風水派別分為巒頭派和理氣派，這種劃分只是讓初學者比較容易瞭解。但在實際的運用上，巒頭和理氣必須要互相整合融會運用。

在風水實境節目中，提到有關龍脈水口，山形像龜山、蛇山，或介紹煞氣類型，如天斬煞、剪刀煞……等內容，是屬於巒頭派的研究範圍；而提到河圖、洛書，或流年財位、文昌位、桃花位……等等，則是屬於理氣派的內容。

巒頭和理氣雖然是不同的類型，但在實際的運用上，必須要相互配合使用。若只講理氣，而完全不管外在的形勢格局，那就是本末倒置，只是在憑空想像、閉門造車。譬如說見到屋內格局有穿堂風，即一進門就看到整面落地窗陽台，無法藏風納氣，讓好的能量蓄積在家中；

或是屋外有很明顯的尖角沖射、剪刀煞……等煞氣，面對這些狀況，如果不幫委託人做化解，只是一味地講究方位的吉凶，或者是強調住哪一層樓較合適，這就是本末倒置、拘泥不通，並未掌握到風水堪輿的重點。

風水上的檢視，要以「巒頭為體，理氣為用」，沒有好的巒頭，再好的理氣也發揮不出作用。在風水上有個說法：「七分巒頭，三分理氣」，說的就是巒頭的重要性。

「七分巒頭，三分理氣」之說，以烘出好的咖啡豆為例，咖啡豆的生豆品質，與產地的緯度、氣候、土質有很大的關係。如果生豆的品質不好，再好的烘焙和沖泡技術，也難以沖泡出很好的咖啡，正所謂「巒頭不真，理氣無用」。舉例來說，如果房宅位於

高壓電塔逼壓房宅

垃圾場旁，每天就會被臭味、異味薰得頭暈腦脹；若是住在高壓電廠旁，每天也會受到輻射磁場所影響，或被緊鄰的高壓電塔所逼壓，對身心健康也是相當不利，這些房宅就算是有再好的理氣格局，也是枉然。經濟能力稍微許可後，必須要盡快搬離。

在紐西蘭的房屋市場中，流行著一句話，要找住房的話，「寧可選在好區中的壞房宅，也不要選在壞區中的好房宅」。住在好區中，即使屋況較差，但經過一番整修後，住起來問題也不大，而且外在環境清幽安全。但壞區中的好房宅，也許從網路照片中，看起來非常漂亮吸引人，且價格相對便宜，但問題是到了現場看過之後，才知道房宅是位於雜亂無章、治安不佳的社區內，像這種房宅，看起來再好都不能購買，以免將來每天要過著提心吊膽的日子。

同樣的道理，「巒頭不真，理氣無用」，若是屋外屋內格局不佳，就算有再好的理氣，也是枉然。覺得好只是暫時自我感覺良好，住上一段時間後，不管是在健康或財運上，肯定會有很大的影響。有些風水極惡之地，其實不用還想要調理，直接建議盡速搬家，因為調理風水的重點是在「趨吉避凶」，若是怎麼避都避不了凶煞之氣的房宅，唯一的一途，就是「三十六計，走為上策」。

風水中的化解之法，有「遮、擋、化、鬥、避」這些方法可運用，能遮的遮、能擋的擋、有辦法化掉的就化掉，或用鬥法制衡，但不建議，因為風水鬥法，兩敗俱傷。在無計可施時，最後就是閃避了，這才是「審時度勢」、「識時務者為俊傑」。

風水看似玄學，但有其科學性、實用性和合理性，且表現的方式，是體現了一種平衡的美學。居家的內外環境不當，會影響人的磁場及身心靈的平衡和諧。形象上可看到的部分，是外環境的景觀，和屋內格局及物品的擺設；而無形象不可見的部分，是其中的磁場能量及頻率，對居住者所產生的影響。

風水會對人的生理和心理產生影響，因此透過好的風水佈局，可以調整五行失衡的磁場，也可以調整因為格局不良所造成的煞氣問題。其實就跟使用中藥治病一樣，藥性有分溫熱寒涼不同屬性的藥，譬如生薑是屬於溫熱的屬性，如果人受寒了，就可以喝熱薑湯，以化解體內的寒氣，這種治療原則，稱為「寒者熱之」。中醫治病，就是在為身體做調節。同樣地，風水的調整，就是在運用五行，為房宅進行體質的調整。中醫講「補虛洩實」，不足的要補，而太過或堵塞瘀滯之處要洩要通。陽宅風水也是如此，透過對內外巒頭及理氣格局的分析，來瞭解房宅的氣場，才有辦法進行調節。

對於室內格局的調節，譬如一進門就直接看到大面落地窗陽台的「穿堂風」煞氣，會造成氣流一進入房宅後直進直出，馬上就從落地窗陽台洩出，這種情形可以透過設置玄關或屏風等方式來做調整，讓氣流能在屋內迴旋並停留較久的時間，從而達到「藏風納氣」的效果，這是屬於從外在的形式，以改變格局氣場的做法。

但屬於看不見的理氣方位及磁場格局，就需要透過計算的方式來推算取得。計算的方式，各門派都不同，玄空飛星學只是其中之一的方法。理氣格局必須要搭配外巒頭的美惡，以進行綜合判斷分析，才能得知房宅吉凶，是否會興旺人丁或旺財，或有凶煞發生，再藉由室內格局的調整或物品的擺設，進行五行的生剋調理。

透過對內外巒頭與理氣格局的催旺及化煞調整，達到「藏好風、納吉氣」，及藉由五行生剋調整，對房宅氣場進行「補虛洩實」，從而達到「趨吉避凶」，這就是風水調整的目的。

貳

巒頭美善，藏風納氣

貳 巒頭美善，藏風納氣

雖然本書的重點放在講解玄空風水理氣，但風水上強調「七分巒頭，三分理氣」、「巒頭為主，理氣為輔」，因此我們也不能只探討理氣，而全然不顧內外巒頭的吉凶。內外巒頭即房宅的內外格局，這是論房宅風水吉凶的基本盤，在這樣的基礎上，才來談理氣的旺衰吉凶，否則都只是在憑空想像、閉門造車。

如果一位風水師連房宅的現場都沒去看，就直接告訴你說，房宅要立哪個向，要朝向哪個方位最佳，那麼這位風水師對風水的認識肯定有問題，為什麼這麼說呢？因為再怎麼好的朝向，若是面對凶惡的外巒頭，如鄰近宮廟或隔壁鄰居的屋簷尖角沖射、剪刀煞……等等，在尚未做適當地化煞調理之前，理氣就算再好也沒有用，甚至會產生禍端。只有內外巒頭吉，再加上理氣吉，兩者搭配得當，才是真正的吉。因此在進入玄空飛星學之前，還是必須要先來探討風水的基礎巒頭知識。

一、龍高虎伏，朱雀玄武

風水上常可聽到的「四靈山訣」：「左青龍、右白虎、前朱雀、後玄武」，這是一個學風水的人都一定要懂的基本知識，不但是風水上的至理名言，也是鑑定風水寶地的重要準則。也有人將「四靈山訣」理解為：「後背有靠、左右有抱、堂前有照、照中有泡」，即是指房宅的後方要有靠山，左右要有龍虎砂環抱護持，前方的明堂要寬闊，明堂前還要有活水環繞其間，這樣的解釋，確實是點出了「四靈山訣」的重點。

宮廟飛簷尖角沖射屋宅

本書是一本風水入門書，所提到的都是學習玄空飛星風水，所必須要瞭解的理論、觀念和操作方法，雖然基本，但是非常重要且實用。就如同人不一定每天都要吃山珍海味，但每天都必須喝水，水是生活必需品，缺了水人就無法存活。同樣地，如果缺了「四靈山訣」的條件，就稱不上是藏風納氣的好風水。

風水師一路追尋龍脈，為的就是找尋「龍穴」，所謂的龍穴，就是指龍氣精華凝聚之處，當然龍穴是用來形容穴位的尊貴，並不是說山脈裡面真的有龍。為什麼尊貴？是因為穴中凝聚了高能氣場的緣故。

但好的氣場也必須要受到好的保護，就如同防護罩一樣，不然再好的氣也聚不住，想像一下，如果站在一座旁邊沒有任何遮蔽的山丘上，強風一直迎面吹襲而來，我們會覺得舒服嗎？可能沒過一會兒，就開始頭痛了。

所以古人在定義風水寶地的條件是，穴場的前方，稱為「朱雀方」，朱雀方要開闊平坦，稱為「明堂開闊」。明堂不能太狹隘，但也不能一望無際，因為太遼闊的話，氣就散了。所以在穴場前方的不遠處，要有小山丘來擋住氣，這個小山丘，稱為「案山」。案山要比較接近穴場，古人說：「伸手摸著案，積財千萬貫」，就是指案山離穴場近，似乎是可以伸手摸得到的感覺。站在穴場看案山，案山的高度不可高於眼眉，風水上以「齊眉案」稱之。

要注意的是，案山離穴場的距離要適中，不能太近，也不能太遠，以離穴場約兩、三百公尺處為宜。案山太遠的話，明堂就無法聚氣，會導致財散；太近的話，明堂太過狹窄逼壓，就如同開門撞壁，會造成胸襟狹小，也無法發家致富。

在更遠的地方，要有略為高大的山脈遮圍，讓氣能盡量被蓄積在這個範圍內，遠方高大的山脈，稱為「朝山」，似乎是向穴場朝觀之意。若能有多層的朝山，當然會更加貴氣，但相較之下，好的案山對穴場而言更為重要，因為案山離穴場近，影響較大的緣故。

明堂太開闊則無法藏風聚氣

而穴場的兩側，要有兩座小山丘，左邊稱為「青龍山」或「青龍砂」，右邊稱為「白虎山」或「白虎砂」，「砂」即為山丘之意。在不考慮穴場前方水流方向的前提下，一般而言，青龍山要略高過及略長過白虎山，左青龍、右白虎對穴場成擁抱護衛之勢，將氣聚在明堂之中。穴場後方要有較高的山丘當靠山，稱為「玄武山」，也稱為「來龍」。這四個方向的山，其作用就是將氣有效地蓄積在這個穴場中，如果這四山太接近穴場，氣就會凝滯不通，分得太開，氣又散了，所以四山的位置，必須要恰到好處、遠近適中。

傳統風水上，所講究的重點，就是龍、穴、砂、水、向和運，透過分析穴場周圍的山脈及來龍的方向與形勢，明堂前方的砂水配合狀況，再來決定穴場朝向的位置。決定朝向的位置前，也要考慮到地運的問題，依照元運，找出最佳的朝向會更理想。當然，理論上雖是如此，但要找到一塊理想之地也不容易，這也與個人的福報因緣有關，無法強求。有時候雖然明堂及案山極佳，但背後玄武無靠，也同樣是屬於陰陽不平衡的狀態。明堂與前途財運有關，以這種狀況而言，雖然發達賺錢，但也不能持久。

以上講的原則雖然是指陰宅，但運用在陽宅上，也同樣適用。

一個好的地點，主要就是因為它能聚氣，聚氣之後才能丁財兩旺，即能人丁綿延，財運亨通。

以陽宅而言，最理想的風水寶地應該是：房宅前方的「朱雀方」要明堂開闊平坦，但前方稍遠處，要有山丘或樓房屏障，更遠處要有更高的山陵或樓房遮圍，即近有「案山」，遠有「朝山」，讓氣聚於明堂之處，才不會讓氣散掉。

屋宅左邊要有山丘或樓房，稱為「青龍山」；屋宅右邊要有山丘或樓房，稱為「白虎山」。

在不考慮住宅前方水流方向的前提下，一般而言，屋宅左邊的山丘或樓房，要略高過又略長過屋宅右邊的山丘或樓房，且左右兩邊的山丘或樓房，對屋宅成擁抱護衛之勢，將氣聚在明堂之中；屋後則要有較高的山丘或樓房當靠山，稱為「玄武山」。

原則上雖然是如此，但還是有比例原則，朱雀方要開闊平坦，但若太開闊而沒有屏障關攔的話，就會洩氣，無法藏風納氣。屋宅前方要有案山和朝山，但案山不能太近，太近就會開門撞山壁，容易短視，心胸狹隘，不利事業前途。屋宅後方要有玄武做靠山，但若玄武太高，稱為「玄武高壓」，意味著職場的長官或家中的長輩高壓，事事要下指導棋，自己難以發揮。

所以不是有山就好，也要看和穴場或住宅的相對距離舒不舒適，「距離產生美感」或「保持距離，以策安全」，這兩句話也適用於此。除此之外，山峰是否秀美或醜惡破碎，也是決定吉凶的重點。

以現代的都市環境而言，住宅的前方，有寬闊的公園，

宅後玄武山高聳且離屋宅太近，會造成逼壓

明堂前有河流環抱，河流後有案山、朝山

如同明堂一般，公園的盡頭要有樹林遮圍，如案山的功能一般。而住宅的後方，也要有比本宅高的樓房當作依靠，才是比較理想的格局，當然住宅兩側也要有樓房護衛，讓氣場更加凝聚。風水上的考量，能「藏風納氣」，才具備了風水好格局基本且必要的條件。

「四靈山訣」是風水學上，最為人所知而琅琅上口，這是風水上最基本的原則。但淺顯基本的東西，是不是就很粗淺呢？其實不然，淺顯的東西，就是因為它的使用簡單、清楚明白，而且應用效果良好，才能被廣為流傳。

明堂開闊，前有案山、朝山

風水上，雖然有許多精深的學理，值得被深入研究，但是不是全都要懂，才能看風水呢？筆者認為倒不盡然，但該掌握的精髓，必須要能充分掌握，而且做到靈活運用，不可以只讀死書。若是學了許多精深的學理，但在運用的時候，不知道要用哪一個，甚至連「四靈山訣」的基本法則都忘了先考慮，那就本末倒置了。

二、山水有情，陰陽結合

好的風水環境是大家所追求嚮往的，我們喜歡好山好水、富山貴水、山明水秀的居住環境，而對窮山惡水的環境，避之唯恐不及。風水上強調「山管人丁，水管財」，說明山的好壞，會影響到人丁的興旺與健康；而水的好壞，則影響到財運。住在好山好水中，才會地靈人傑，財運亨通。

依山傍水

富山貴水，地靈人傑

那什麼是富山貴水呢？富山是指「有情山」，一座山草木蓊鬱，代表這座山有水氣的孕育，有好的氣場能量，對居住其間的人，會產生保護的能量。又如住宅後的山巒秀美，就是玄武有靠，代表有貴人扶持。若是山峰嶙峋光禿，即為「無情山」，居家環境面對無情山，風水上認為家中就容易出匪類。

山形圓潤、草木蓊鬱的有情山

山巒秀美、生意盎然的有情山

好的水稱為「有情水」，必須要水質清淨，氣味清新，水流安靜且蜿蜒曲折，如玉帶環腰般的彎抱水。古人形容這種水流蜿蜒曲折的狀態，就像水流離開家門時，還不斷地向家門方向顧盼流連，不忍離去，非常深情。而玉帶環腰的彎抱水，則是指水流彎曲，如古代當官的人，腰上的玉帶環繞一樣，彎曲的部分，像是擁抱屋宅的狀態。有以上特徵的水，就統稱為「有情水」。

山體被破壞的無情山

嶙峋光禿的無情山

相對地，若水質汙穢，氣味腥臭，水聲嘈雜，又有反弓，即水流像彎弓一樣流經家門前方，但不是在彎曲擁抱的那一側，而是在面對彎道突出的那一側，河道突出的位置，剛好是向著家門的位置。或是有水流沖射，像箭一樣直線沖射家門前方，或是橫向水快速流過家門前方，有以上特徵的水，就統稱為「無情水」。其中包括了臭味的味煞，噪音的音煞，及反弓沖射的形煞。

水質汙濁的無情水

以上不管是由風水的角度，或是以科學的角度來分析都很合理，一座山若是光禿禿，表示「水不涵木」，山體中的水源，無法供應山林中的樹木植被水分，一座沒有水的山，基本上能量已經枯竭。另一方面，如果濫墾濫伐，也會產生水土保持的問題，容易出現土石流的危機，當然會對居家的風水，產生不良的影響。

水質的清澈甘甜，是居家良好風水的必備條件之一，從古至今，生活中缺少不了飲用水，水的好壞對人的生命延續影響巨大。若居家附近有工廠排放廢水，或附近池塘的水不流動，就會產生臭味，味道令人難以忍受，對人的健康有極其負面的影響，在這種渾濁的氣場中居住，思慮自然不清，容易導致錢財不聚，甚至有大破財的危機。

若流水聲大，這也代表了水流離房宅太近，房宅的地基容易有被侵蝕之虞，這種嘈雜的水流聲，讓人聽了容易心生煩躁。若是水流、游泳池或池塘離住宅太近，居家影像直接映照在水面上，形成房宅上下顛倒的影像，風水上稱為「血盆照鏡」或「血池照鏡」。這個名詞聽起來非常駭人，風水上認為這種煞氣容易招陰，會導致家運敗壞，家人精神狀況會變差，且容易發生意外。以實際狀況而言，如果水流、游泳池或池塘離家太近，也有發生意外跌落之虞。

而水流快速會造成不聚財的結果，所以有些河道工程將河流截彎取直，對風水也是會造成影響的。為什麼水流快速會導致不聚財呢？我們把水流想像成道路的話，快車道兩旁商店的生意為什麼不好呢？因為車速過快，有車潮但沒有人潮。只有慢車道或是有行人步道的

血池照鏡

商圈，人潮才會聚集，有人潮才會帶來錢潮，因為人行速度緩慢，才會停留在店鋪消費。因此蜿蜒的有情水才會聚財，快速橫流的無情水則無法聚財。

城市中可將道路當作水，為「虛水」的概念，道路的彎曲，對建築物而言，也可分為玉帶環腰和反弓。玉帶環腰的道路為「有情水」，而反弓的道路為「無情水」，是一種煞氣，面對道路反弓的房宅，也有被失速車輛撞上的隱患。

湍急且嘈雜的無情水

風水堪輿中，分析判斷外在砂水是否「有情」於「我」（穴場、陽宅），可說是巒頭風水中重中之重的觀念，清楚地掌握了「有情」的這個核心原則，在判斷風水吉凶時，就不會感到困惑。

有情山水除了需要有以上所提及的外在呈現外，其中也需要具備陰陽結合之道。

有靈氣的龍脈，必須要有山巒起伏蜿蜒的形勢，因為山屬「陰」，山巒起伏屬「陽」。山巒要能夠起伏，才代表龍脈是活龍，而且充滿生機活力，起伏的型態，可以是上下起伏，或者是左右搖擺，如此才是陰中有陽。如果一座山死板板的，像心電圖停止一樣的一條線沒有變化，或是亂石嶙峋，或是非常臃腫不靈活，或草木稀疏且枯黃，那麼在這座山裡面，肯定也找不到好的穴場。

有情山的陰中有陽

山巒起伏，陰中有陽；水流彎抱，陽中有陰

古人說：「一流地師望星斗，二流地師看水口，三流地師滿山走」，所謂的「星斗」，講的並不是天上的星斗，因為風水是看地理，所以重點是看地理的山峰，而古代的風水師，將不同的山形，賦予不同的星斗名稱，所以星斗是指山的外貌型態，如貪狼山、破軍山……等，這些都是以星斗的名稱來命名山巒，所謂「在天成象，在地成形」。「一流地師望星斗」，也就是指一流的風水師，只要遠遠地觀看這座山及周圍山巒的型態，就能知道這座山會不會結出好的穴場，值不值得做進一步的堪輿。不會結穴的山，就不用浪費時間和體力進山去堪輿。

風水上，極為重視山巒的生命力，一座死板板且光凸凸的石頭山是沒有生機的，因為孤陰不生、獨陽不長的緣故。對水的看法也是如此，要能夠陰陽交媾，才是屬於有生命力的水。水屬「陽」，因為水會不斷流動的緣故，但如何才能找到水中屬於「陰」的部分呢？關鍵就是在水流停蓄迴旋的地方，如湖泊或河流玉帶環腰的「水聚」之處。氣和水的特性都是喜迴旋而忌直沖，在水流的迴旋之處，即水的陽中有陰的部分。而水聲如果太過嘈雜，或者是快速的橫流水，這也都是陽的表現，就沒有辦法體現陽中有陰，既然無法陰陽相交，就不是好局，就不是有情水。

陰中有陽的山，與陽中有陰的水相交，在這個地方就可能會產生好的穴場。晉朝的郭璞先生所著的《葬書》中提到：「氣乘風則散，界水則止，古人聚之使不散，行之使有止，故謂之風水。」因為氣界水則止的緣故，山脈中的氣，在運行的過程當中，遇到水流之處，氣就會停蓄在這個位置，在這個位置附近就會出現穴場，這就是所謂的「二流地師看水口」。

通常「水口」是指「水相交聚合處」，如果在水流相交聚合處的五公里範圍內有秀美山巒，該地就容易結穴。「水口」也可以是指水流玉帶環腰處，即後有秀美山巒，前有彎抱水，氣場就容易凝聚，在這山環水抱處就會結穴。或是指「水口關攔」處，所謂的「水口關攔」，是指穴場的前方，河流流經的下手去水處，即「去水口」的位置，出現層層護衛般的山丘(砂)，稱為「下手砂」，也稱為「捍門關攔」，關攔越多層，代表越富貴，如同執干戈的衛士守護著整個堂局一般，將堂局的氣場緊緊地捍衛關鎖，在視線範圍內，看不到去水的流向終點。要注意的是，「去水口關攔」的位置必須是在堂局內，譬如水流由左到右，在堂局的右前方，需要有「白虎砂」或「捍門關攔」做為「水口關攔」。若是已經超出這個堂局的範圍，就算有「關攔」的山丘(砂)，也與此堂局無關。以此堂局而言，水流由左到右，住宅左方的青龍砂可以略短，從住宅可以遠遠地就見到豐沛的來水，而右方白虎砂宜長，以做為「水口關攔」，緊緊地鎖住水口，而看不到去水的流向，即稱為「天門開，地戶閉」，就如同賺得多而花得少，當然這就是一個旺財及聚財的堂局。

古人說：「登山看水口，入穴看明堂」，因此就算無法像一流風水師，遠遠地觀看這座山的型態，就能知道這座山會不會結出好的穴場，但至少要能辨識出山水相交的水口處，也較容易找出結穴的位置，這就是所謂的「山止水聚必有穴」，因為水流攔阻的緣故，山脈之氣會被攔截，氣就會蓄止在這個位置而形成穴場。

山脈之氣界水則止

如果無法遠遠地觀看這座山的型態，就能判斷出這座山會不會結出好的穴場，也不知道要如何才能找到山水相交的水口處，這個陰中有陽、陽中有陰的結穴處，就會成為「三流地師滿山走」，心中全無目標，拿著羅盤滿山滿谷地四處亂走，瞎碰運氣，不但耗時也耗體力，而且往往徒勞無功。當然，好的風水師除了要有判斷星峰吉凶，與辨識水口的能力外，也要有可以滿山走的體力，要親自到穴場或陽宅，去觀察感受周圍的砂水對我是否有情，站在不同的位置及角度，所見到的外巒頭吉凶也會有所不同，這就是證穴的重要。但此處的滿山走是心中有目標的滿山走，不能只是「Working Hard」，也要「Working Smart」，即要找到方法和重點，才有實效而事半功倍。

三、七分巒頭，三分理氣

從一個人的八字，可以推算出此人一生的禍福窮通。同樣地，由理氣計算出來的宅飛星盤，也可以推斷出這間房宅的禍福吉凶。但這只是一個基本的參考值，並不是絕對的吉凶，必須要配合房宅的內外格局，才能做出綜合判斷。在風水堪輿上，要遵循「巒頭為主，理氣為輔」、「七分巒頭，三分理氣」的原則，即滿分是100分的話，巒頭的分數佔了70分，理氣只佔了30分。

有好的巒頭，理氣即使不佳，可能還可以勉強及格；若巒頭醜惡破碎，理氣雖佳，也是不及格。如住在高壓電廠旁，就算房宅在理氣格局上是「旺山旺向」的旺宅，最好還是趕緊搬家。又如大門打開就看見山壁逼壓，地勢前高後低，住到這種房宅也是要盡早搬離。

好的巒頭就如同上一節所提的「有情山」和「有情水」，「有情山」可以是秀美的山巒，也可以是富麗堂皇而充滿貴氣的大樓；「有情水」可以是乾淨清澈蜿蜒的河流、湖泊，也可以是乾淨的人工噴水池、游泳池。

「無情山」可以是光禿禿的山脈，山壁因砂石開採而被剷削，也可以是廢墟或久未整修的破落戶；「無情水」可以是被排放汙水而凝滯髒汙的河流，或是久未清理的游泳池。

遭開採而巒頭破碎的無情山

廢墟也是無情山

不好的理氣組合，如果有好的外巒頭，還不一定發凶。但不好的理氣，遇到不好的巒頭，再加上流年凶煞之星加臨，該方又遇到動土，凶煞之氣就會被啟動，肯定發凶，必須要提早進行化解，以避免憾事發生。

巒頭和理氣在風水堪輿上的實際運用，必須要相互整合性地使用，所謂「巒頭無理氣不靈，理氣無巒頭不驗」、「體無用不靈，用無體不應」。如果只是單看巒頭的部分，可能只知道巒頭的好壞，但卻無法精準預測吉凶；而如果只是單看理氣，而不看巒頭，那只是在憑空想像，根本沒有用，如同有靈魂但沒有身體，無所依附。唯有將理氣的推算結果，結合外巒頭砂水的美惡及配置，才能知曉何時會應吉和發凶。不好的巒頭，就是一種煞氣，會發散出傷害性的負面能量，但卻不一定會立刻發生凶應，如透過理氣計算後，不但能預測何時會發凶，也能知道會有哪方面的影響，可以提早預防化解，做好「趨吉避凶」。

參

風水辨正，導正視聽

參 風水辨正，導正視聽

在本篇中，筆者會將某些錯誤的坊間風水觀點提出說明，並讓讀者瞭解什麼才是正統風水，即傳統風水的內涵，而哪些部分並不屬於真正的傳統風水內涵。

此外，筆者也會提出某些玄空飛星學上被誤用的觀點，讓讀者能夠有正確的知見，不會被誤導而人云亦云。有關這些玄空飛星學上的論述，對沒有基礎的讀者而言，可能不一定能夠馬上理解，可以先閱讀之後的篇章，對玄空飛星的理氣格局有所認識後，再回過頭來看這些問題時，就會有較清楚的瞭解。

一、正統風水和民俗風水

不同的風水師有其個人背景，有些人修習道教法門，有些人修持佛教密宗，因此會把法門內的某些觀念及做法，結合運用在平日的風水堪輿中，也因此形成了「風水道教化」及「風水密宗化」的現象。

而「風水道教化」及「風水密宗化」的現象，就是把許多民間信仰、道教物品或密宗法器，帶入了風水堪輿之中。如八卦鏡、山海鎮、乾坤太極圖、麒麟踩八卦、貔貅、三腳蟾蜍、金雞母、懸掛令旗或貼符咒……等等，這些都是屬於道教物品。而天馬旗、九宮八卦牌、八吉祥、十相自在圖、轉經輪、財寶天王、唐卡……等等，則是屬於密宗法器。甚至還有使用泰國的佛牌、蝴蝶牌……等等，真可謂是八仙過海、各顯神通。

在民俗或道教的說法中，強調開光過，或拿到廟裡的主爐順時鐘過火三圈的山海鎮、乾坤太極圖，有移山倒海、倒轉乾坤的功效。而擺放麒麟，可化解火煞、樑煞、動土煞。如果要求子，可以在麒麟的肚子裡裝五色豆；如果要招財，可以在麒麟的肚子裡放五色水晶，麒麟可說是一種多功能的神獸。若要招財，在家中的玄關處，也可以擺放開光過的貔貅、三腳蟾蜍。可在貔貅的嘴巴放真鈔以招財，且據說貔貅嗜睡，因此要常常搖其胸前鈴鐺，提醒要努力幫主人咬錢。三腳蟾蜍的頭，白天要朝大門外咬錢招財，而晚上要轉向朝屋內。因為三腳蟾蜍的特性，白天咬錢，晚上會吐錢，到了晚上，三腳蟾蜍的頭如果還是朝向門外的話，就又會將錢吐出。可放鑽石在三腳蟾蜍的嘴上，稱為「吻鑽」，即「穩賺」的諧音。

在佛教密宗的說法中，提到「九宮八卦牌」的功效，可防範多種凶煞，配戴或懸掛九宮八卦牌可以趨吉避凶，轉禍為福，不論求財、求桃花、求子、求福、求壽，都有效果。此外，也可以迴避太歲、歲破、劫煞……等凶煞，可說是一種全方位多功能的護身符。又如懸掛「十相自在圖」，可以調節氣場，帶來吉祥，能使眷屬和睦、身心安康，並有極強的驅邪避凶的力量。

貔貅

筆者想告訴讀者的是，在正統或傳統的風水中，是不講開光的，也不用貔貅、三腳蟾蜍、山海鎮、乾坤太極圖、天馬旗、九宮八卦牌、十相自在圖……等這一類的宗教物品或法器，這些都不屬於正統或傳統的風水意涵。

這些內容或物品，已經將道教或佛教密宗的教義或宗教法器，摻入了風水之中。傳統的風水中，是用五行生剋來做風水調理，並計算理氣的變化，基本上是不用這些物品的。

我們也不能把民間信仰或「風俗」當作是「風水」，譬如拜送子觀音、拜土地公、拜地基主，這些也都是屬於民俗信仰的部分，並不是正統或傳統的風水意涵，風水要回歸到易經五行的研究與運用。「五里不同風，十里不同俗」，各地的風俗民情不同，東方的民俗風情，也不見得適用於西方，這些民俗風情信仰，你相信它就產生功效，不相信它也沒有什麼大礙，這是屬於傳統文化上的心理暗示，及集體意識的部分，與真正的風水無關。

當然，這些物品或觀念也不是不能用，所謂心誠則靈，將其適當地運用，也是具有文化、宗教及心理暗示的效果。以台灣人的背景而言，許多民眾對民間信仰，都有一定程度的瞭解，也經常會到廟寺拜拜祈福，來祈求平安順利。因此若將這些民間信仰或道教、密宗法器，與風水做結合，也是能起到安定人心的心理暗示作用，達到改變磁場的某些功能。但讀者還是要明白，這些物品或內容，都不是屬於正統傳統風水的意涵。

但當「風水道教化」及「風水密宗化」的現象及觀念，經過各種媒體的推廣，已經被一般大眾所接受認同後，當風水師單純地想要用傳統正統的巒頭理氣知識，去幫委託人做調理，反而容易受一般人質疑，看到戶外壁刀真的可以不用山海鎮或乾坤太極圖來化解嗎？真的不需要用貔貅、三腳蟾蜍來招財嗎？真的只要調整室內五行，就可以催吉化煞嗎？當很多人都這麼相信時，想單純地使用傳統正統的風水調理五行生剋，反而需要跟委託人解釋個半天，好像不能免俗地要建議放個山海鎮，才是在看風水，才是懂風水，這真是個奇特的現象。

其實這是一種集體意識的現象，就如同「國王的新衣」的故事一樣，眾人明明看見國王沒穿衣服，但為了不讓人覺得自己愚笨，也和眾人附和，說國王的衣服很華麗。又如在古代，當時的人相信地球是方的，你如果告訴別人地球是圓的，別人肯定會認為你的頭腦有問題。此外，我們在看中古世紀的歷史，數以萬計的良家婦女，被誣陷為「女巫」，或被斬首示眾，或被殘忍地處以火刑。這種我們現代人看來既無知且殘忍的獵巫行為，在當時卻被普遍地相信與接受。身處現代的我們，會懷疑當時的人怎麼會相信這些事，而集體做出這種愚蠢且殘忍的行為，但事實就是如此，不然也不會有這麼多無辜的女性受害。因此，當我們處在很多人都相信某種觀念的情境時，為了能被別人接受而不受排擠，我們也會不自覺地相信這些觀念。

筆者並不是要將「風水道教化」及「風水密宗化」的現象或觀念，與以上所說的現象畫上等號，這樣子就太冒犯現在的許多風水前輩了。筆者所要表達的，僅是指集體意識的力量影響之大。其實筆者在運用風水調理時，也不是單純地僅運用傳統風水的五行調理，還是會適當地整合運用招財化煞物品的心理暗示，與宗教祈福的方式。但還是必須要讓讀者有正確的觀念，瞭解什麼是傳統的風水，而哪些部分不是屬於傳統風水的運用。

傳統風水分為巒頭派和理氣派，但通常是巒頭與理氣一起結合運用。在巒頭的部分，風水師會站在穴場或房宅處，觀察分析周圍的巒頭形勢、方位、走向及範圍，包括前方近處的案山及遠方的朝山，與堂局的狀況如何；後方山脈來龍的方位，尤其是入首三節龍的型態，即穴場或房宅後方的三座山巒是否為吉峰，周圍是否有隨護的山峰；左青龍、右白虎的山丘護砂，環抱穴場或屋宅的狀況如何。也會觀察分析穴場或屋宅四周的水流範圍，以及來水和去水的方位，去水處是否有水口關攔。透過觀察巒頭和水路的方向，綜合分析外圍環境，所帶給穴場或屋宅的吉凶影響。計算理氣的部分，則是在確認穴場或屋宅的座向後，再根據元運，排出飛星盤，結合外巒頭砂水，以推算理氣吉凶與地運長短，這就是「龍、穴、砂、水、向、運」的簡單敘述。

傳統風水極為強調要「以人為本」，認為有人的存在才有風水，不管陰陽宅都是如此。如臥房的風水，有些風水派別會以床鋪立極，向八方輻射，代表八個方位，再按照推算出來的結果佈局，而這種以床鋪為房間太極點的做法，是風水上的祕訣，也是一種「以人為本」的體現。而在玄空飛星學派中，同樣的飛星組合，也會因為居住的對象不同，而會有不同的斷語分析。

在風水調理的過程中，無須放置任何文化宗教，或有心理暗示的吉祥、招財、化煞……等象徵物品，也不用進行任何靈修或宗教的儀式，譬如持咒、祭祀、拜神、拜神獸……等等宗教儀軌。

以上所論述到的內容，就是正統傳統風水的內容，不涉及文化、宗教及民俗信仰上的觀念及儀軌。筆者認為，風水這件事，必須要回歸到傳統風水的基本功上，對巒頭及理氣要有深入的認識，且能正確地運用羅盤，唯有如此，風水才能看得精確。而不是只是擺擺物件，就認為能淨化磁場，這些都是屬於民俗文化及心理暗示的部分，而不是正統傳統的風水操作。

所以我們必須要能夠分得清楚，什麼是屬於真正風水的實質內涵，而什麼不是傳統風水的內容。

但在實際的應用時，不屬於風水的部分，是不是就絕對完全不能運用呢？筆者認為倒也不盡然，因為住宅是人與地理磁場的交流共振，如果能適當地透過這些有心理象徵意義的物品擺設，而提升人的磁場，這也是有利於地理磁場的改變。

筆者認為這些屬於招財或化煞的物品，對人的心理，也會產生某種層面的影響力，簡言之，就是因為心理作用所產生能量的影響。

對於傳統風水學早已熟練精純的風水師，在實踐的過程中，就算加入這些並不是屬於真正風水內涵的象徵物品，在觀念上也應該不會混淆才對，不至於將放置這些物品的操作，當作是風水的核心思想，只是把擺設這類招財、化煞或吉祥物，當作是一種幫助委託人安定心靈的力量。

但重點是一個「度」的問題，所謂的「度」，指的就是能掌握節度、分寸，且僅是適度地運用。這些象徵性的招財、化煞、幸運物品，適度地用一下還無妨，但如果使用太過，就變成喧賓奪主、反客為主，乞丐趕廟公，那就已經不是風水，而脫離正道了。若是假藉這些所謂的開光物品，向委託人索取高額費用，以牟取暴利，那就更不應該了。

而且一般不太瞭解風水的人，經過媒體以誇大的商業手法，渲染這些理論或物品的神奇後，往往會誤認為只要擺放招財、化煞及吉祥物，就可以改善風水，而造成了以訛傳訛、混淆視聽的現象，其結果是真正的風水精髓沒學到，只學到旁門左道之法。

二、風水招財化煞物的迷思

在上一節中，筆者已經提到，很多人誤認為只要擺放招財、化煞及吉祥物，就可以改善風水，而造成了以訛傳訛、混淆視聽的現象。甚至在媒體的大肆渲染下，把這些招財化煞物，說成是無所不能的神奇寶物，在經常洗腦的情況下，也讓許多人趨之若鶩，不惜花高價購買，但其實這是「風水招財化煞物的迷思」。

把這些不屬於真正的風水內涵，似是而非的觀念，說成是風水的王道，真的是本末倒置，也是在誤導大眾。但也正因為一般大眾都喜歡追求速食文化，想要用最不動腦筋的方式處理問題，看到風水節目或購物頻道，提到什麼物品能開運或化煞，就立刻去購買。有些人的家中甚至懸掛了數個山海鎮，家中到處堆滿招財化煞物，完全不管自家的環境是否適合，也造成了家中磁場的混亂。就如同看購物頻道買藥吃一樣，完全不管自己的體質是否適合，隨便亂買亂吃，花錢不但沒有消災，反而吃出一身病。

姑且不論那些不學無術、存心斂財的風水江湖術士，有些學有專精的風水老師，原本可能也想要教育觀眾風水的正知正見，但可能因為觀眾對這類風水正道學理不感興趣，因為這也不是一時片刻就能懂、能用，對收視率沒有幫助。無奈之下，只能迎合世俗地說一些「娛樂風水」，諸如風水招財物、化煞物之類的物品及功效。這也是因為觀眾愛看，而且不用動腦筋，重點是看了會買，達到商業行銷的效果，也造成了這種乞丐趕廟公的現象。「高手在民間，大師在流浪，小丑在殿堂」，也說明了這個現象，不過筆者這裡的高手、大師、小丑，並不是指人而言，「高手、大師」指的是正統的風水觀念，「小丑」指的是商業化的「偽風水」現象。

舉例而言，坊間說法，開光過的清朝古銅幣五帝錢或六帝錢，可用來招財或化煞。所謂的五帝錢，就是指清朝盛世的五位皇帝：順治、康熙、雍正、乾隆、嘉慶年間所通行的銅幣，若是六帝錢就再加上道光通寶。坊間說法，可藉由這五位皇帝盛世的力量，來加強財運及鎮宅化煞，是一種多功能的化煞物，但其實這只是一個被媒體過分炒作渲染的商業現象。

試想一個問題，就算真的是清朝的古董真品，這種來歷不明的錢幣，是不是從墳墓堆中挖出來也不得而知，我們真的敢用嗎？第二個問題，哪來這麼多古錢幣，購物網站上到處可見販售五帝錢、六帝錢，有良心的商家，還會註明是仿古做法。但更多的商家，只是標榜著「招財化煞五帝錢」，有些商家甚至會透過化學方法，刻意地將五帝錢做仿舊處理，看起來就像真的從地下挖出來的古幣一樣。商人為了賺錢，真的是費盡心思，以符合大眾期待心理，顧客想要什麼，商人就製造什麼。

筆者認為五帝錢在風水上的意義，只能當作是「五個串在一起的金屬銅片」，是屬於一個可增加五行中「金」能量的物品。

坊間說法，用開光的清朝古銅幣五帝錢或六帝錢，可以用來招財或化煞

在風水上要化二黑、五黃星的流年方位煞氣，有些風水師會採用六帝錢，原因是因為二黑、五黃的五行屬土，可以用六帝錢的金性，去洩土煞的力量。而數字「五」在後天洛書的五行中屬土，而數字「六」在後天洛書的五行中屬金，因此要化二黑、五黃屬土的煞氣，會採用六帝錢而不是五帝錢。正確地說，是用了六個仿古的銅片，來洩土過多的能量。其實有效的原因，除了心理因素上，認為有清朝盛世皇帝的加持外，主因就是因為金屬銅片屬金，金能洩土煞。我們也可以放置六個現代通行的銅幣，或擺放銅鑼、銅鈴來化解，效果也相同。

有關二黑、五黃等理氣問題，在第陸篇〈玄空飛星，順逆飛泊〉，及第玖篇〈流年飛星，風水輪轉〉中，會有更深入的說明。

所以讀者不要再被媒體誤導了，五帝錢和六帝錢在真正風水意涵的使用部分，只是取其五個或六個金屬銅片，屬於「金」的五行能量，僅此而已，因其五行屬金，而金會洩土氣，因此，可以用它來化解流年二黑、五黃等土煞。至於其他的部分，諸如用清朝皇帝盛世的力量，來加強財運及鎮宅化煞等功能，這都不是真正的風水內涵，充其量只是心理暗示而已。此外，有些風水師認為可以用五帝錢、六帝錢來招財，但筆者認為五帝錢和六帝錢無法招財，原因是因為目前是處於八運，當旺的財星為八白土星，而五帝錢、六帝錢的金屬性會洩土氣，如果放在八白土星當旺的宮位上，反而會造成漏財。

風水調理的重點，就是在五行上的生剋化洩，萬事萬物都有其五行，都可以將其歸類，風水上的運用，就是用五行來做調整。不一定要用昂貴之物，如擺放瑪瑙、紫水晶洞……等物品，但要瞭解每樣物品的五行屬性。瞭解物品的五行屬性之後，就可以善用這些物品，來進行五行生剋化洩的調理。

瑪瑙

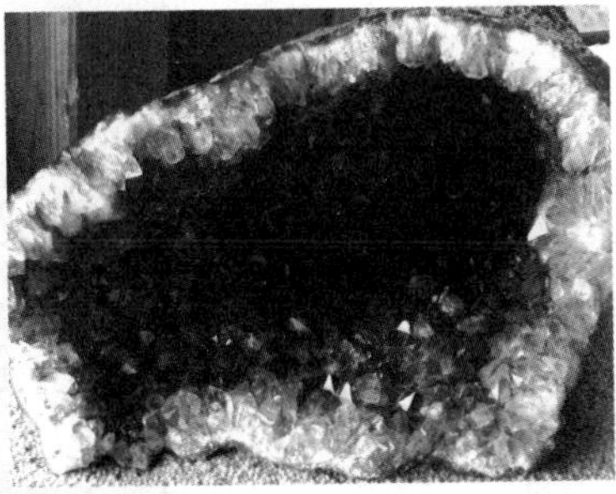

紫水晶洞

至於說五帝錢和六帝錢的心理暗示部分有沒有效果，就取決於個人相信的程度，如果當事人很相信的話，力量就會大些。這也就是為什麼有些人花了高價，買了這些宣稱開光過的物品後，就覺得被加持了，運勢也變好了，但這只是自我暗示下的心理作用，自我感覺良好而已。其實與擺放「五個金屬銅片」的效果相同，問題是一般人看到「五個金屬銅片」的感覺如何呢？會覺得尊貴嗎？會覺得有被加持的殊勝感嗎？「莫將輕易得，便作等閒看」，把同樣品質的香水放在普通的塑膠瓶中，和放在冠有英文名稱的高級精美水晶香水瓶內，在使用起來的心理感受肯定不同。

其實若要招財的心理暗示，與其用一個已經被改朝換代的錢幣，還不如用現代流通的錢幣，來招現代的財，效果更佳。

所以從現在開始，讀者們就要學會辨識什麼才是真正的風水意涵，這也是筆者寫作本書的目的之一。

三、風水化煞要符合邏輯

煞氣的種類，可分為形煞、音煞、味煞、陰煞……等，這些煞氣必須要采取適當且正確合理的化解方式。風水上的化煞之法，可以用遮、擋、化、鬥、避等方法，鬥是鬥法，盡量不用，損人不利己。其他的方法，可以針對煞氣問題對症下藥，如面對鄰近建築物的尖角沖射、反光煞、植物陰煞……等屋外煞氣，可以在陽台或屋外種植植物遮擋，只要還可以看到天空就無妨，對煞氣是「眼不見為淨」。

建築物的尖角沖射

尖角屋脊煞及尖刺沖射造型

植物陰煞

植物陰煞

對於複合型的煞氣，有些風水師會建議懸掛「山海鎮」或是「乾坤太極圖」來化煞，但這樣的化煞效果究竟有多少，實在是令人存疑，因為就算是懸掛了「山海鎮」或是「乾坤太極圖」後，煞氣還是在那裡，眼睛還是可以看得到。

如出門看見壁刀的問題，就算是在大門口上方懸掛了「山海鎮」或是「乾坤太極圖」後，門一打開還是可以看得見壁刀，看到之後還是會產生心理上的不舒適感，筆者認為面對壁刀煞氣，採用懸掛「山海鎮」或是「乾坤太極圖」的做法，只是在「掩耳盜鈴」，自己安慰自己，並沒有太大的實質化煞效果。像這樣子的狀況，應該要採用遮擋或其他的化解方式，眼不見為淨會較恰當。

當煞氣是屬於有形的煞氣時，如大樓「天斬煞」（強風由兩棟大樓間的縫隙，如刀斧般斬劈而來）或壁刀的強風，沿著牆壁不斷地吹過來，懸掛了「山海鎮」或是「乾坤太極圖」之後，風切的狀況還是依然存在，這種有形的風力，對人體所造成的不舒適感，及對屋宅所造成氣流紊亂的影響，這都不是「山海鎮」或是「乾坤太極圖」可以解決的，應該要在陽台種植植物，去阻擋這類的煞氣，如同防風林擋風的作用，如此才能夠更實際有效地擋住強風的煞氣，再加上安裝氣密窗，以起到雙重保險的效果，這才是真正的風水解決之道。

在陽台種植植物，如同防風林擋風的概念

所以對於不同的煞氣，必須要採取相應且適當合理的化解方式。如面對大樓的凹風煞及音煞的鬼哭神號，需要加裝氣密窗化解，難道懸掛了「山海鎮」，就不會聽到這些噪音，就不會造成腦神經衰弱了嗎?遇到對面大樓玻璃幕牆所造成的「反光煞」，光線非常刺眼，且會造成心情煩躁、精神不集中、反應遲鈍、心神不寧，需要在玻璃窗貼上半透明的磨砂膠紙，或加裝厚重窗簾，或在陽台擺放闊葉盆栽遮擋以化解。附近有垃圾場、菜市場，有異味、臭味、腥味飄入屋內，解決之道，以搬家為首選，否則就必須緊閉門窗，開冷氣或開空氣清淨機，以及用室內芳香劑或薰香精油來化解，這些問題都不是懸掛「山海鎮」、「乾坤太極圖」或「九宮八卦牌」可以處理的。

譬如說住宅門口面對路口的剪刀煞，或是理氣上為衰煞宮位的路沖方位，筆者認為擺放堅實厚重的大石塊，上面寫上「泰山石敢當」，或是在這些位置上，多種些圍籬樹牆，對居住者而言，在心理上會較有安全感。萬一當車子失速撞上來時，也多了緩衝的空間，較能夠抵擋得住衝擊。上述的這些綜合處理，會比只懸掛山海鎮或乾坤太極圖更具實際效果，也更符合科學性和邏輯性。

筆者認為風水的調整，應該要符合普世適用的原則，東西方人都能接受的方式，體現風水之道與精髓，除了要掌握風水原則，也要能結合室內設計的整體氛圍與美學概念。如樑壓灶的問題，筆者不採用民俗上麒麟踩八卦，或放葫蘆之法，改用儲物櫃來去形除煞，如果還有壓樑的疑慮，可在儲物櫃中擺放水晶柱來頂樑。並善用燈光，如以間接照明來化樑煞、補缺角。運用物品材質、顏色及形狀的五行屬性，來進行室內能量的調整。

用立燈間接照明，以修飾樑柱壁刀

化解戶外煞氣的方式，可透過種植福木以擋煞，或是將盆栽墊高，以高於人的身高為原則來遮擋化煞。或是面對煞方，採用厚重窗簾遮擋，也可以擺放魚缸或加裝造霧器的水缸，藉水波折射的原理或形成水牆般的作用以化解。這些方式都是藉由物品佈局的擺設，來形成屋宅「結界」的做法，同時也達到眼不見為淨的效果。

不同類型的煞氣，也要採取不同的處理方式，就像是不同的疾病要吃不同的藥，吃錯藥不但沒有幫助，反而會對身體產生危害。而相同的病症，也有輕重程度的不同，所使用的藥量也會不同，病重而藥輕，則藥力不足，治病的效果也是相對有限。

譬如說遇到天斬煞之類的風煞，強風朝著住家吹襲過來，若不用擋法，如種植植物的方式，像防風林一樣地擋住強風。而是用遮法，只拿塊布遮住，或想用五帝錢或山海鎮之類的物品化解，問題還是化不掉。因為就算是遮了布，懸掛了五帝錢或山海鎮，強勁的風速氣流還是照樣衝擊屋宅，一樣會影響居家磁場及居住其中的人，因此用這些方法，等於吃錯藥，效果自然不佳。

因此，化煞要選對方法，以合理符合邏輯的方法正確應對，才是真正的風水之道。

四、將四綠星的方位當成文昌位的錯誤

家中有孩子的家長，在做風水佈局時，常常會考慮到要布置一個好的文昌局，能讓孩子的學業成績突飛猛進，名列前茅。但是你的文昌佈局是否做對了呢？筆者在這裡要告訴讀者，很多人的文昌位佈局都做錯了，為什麼會做錯呢？因為對文昌星認知錯誤的緣故。

以下就以玄空飛星學的理論，對一般坊間書籍找文昌位的錯誤看法，提出澄清說明。

在玄空飛星學的名篇《紫白訣》中提到：「四一同宮，準發科名之顯」，即是指在宅飛星盤中，四綠星和一白星的組合位於同一個宮位中，而四綠星為山星，一白星為向星，就能興旺文昌，會大利於讀書、考運、升職及升官運。因此，在玄空飛星學的理論中，一白星和四綠星與文昌讀書考運關係密切，但這段話卻也造成許多人的誤解與誤用，認為只要在四綠星的宮位佈局，就能旺文昌。

四綠「文曲星」又被稱為「文昌星」，因此很多坊間的風水書籍都會告訴讀者，文昌位要找四綠星飛到的位置來進行佈局，但其實這是一個不但錯誤而且危險的觀念。

玄空飛星學極為重視飛星的當令或不當令，即每顆飛星目前是處在當運得令或是失運不得令的狀態。2004 年—2023 年是屬於八運，當令旺星是八白土星，而未來的九紫火星和一白水星，也是屬於吉星。除了這三顆星外，其他的星曜目前都不當令，也就是處在失運的狀態。

因此，四綠星在目前的八運，是屬於失運的狀態，所以不是吉星，至少還要等四十幾年後的二運期間，四綠星才會漸漸轉為吉星。

以目前八運（2004 年—2023 年）而言，八白土星、九紫火星和一白水星才是吉星。每顆星曜可以為吉星，也可以為凶星，當運得令時，就是吉星；失運不得令時，就是凶星。

以四綠星而言，雖然也被稱為「文昌星」，在得令時，可以「四一同宮，準發科名之顯」，如元運為三運或四運時，在山星四綠星的方位佈局，以理氣而言，就會旺文昌，會大利讀書考試運。但四綠星在目前的八運是失運的狀態，因此目前不是吉星。當一顆星不是吉星時，也就代表它是顆凶星。而當四綠星是凶星時，它就不會「準發科名之顯」，反而是代表「桃花劫」，也就是會犯爛桃花的意思。

如果在山星四綠星飛到的宮位佈局，反而會容易產生浮蕩、爛桃花…等情事發生，不但不能「準發科名之顯」，反而會發生《飛星賦》中提到的：「當知四蕩一淫，淫蕩者扶之歸正」的禍端，這是被許多人所忽略的重點。所謂的「四蕩一淫」，四是代表風的遊蕩，一是代表水淫的意思，意謂著心思容易浮蕩，無法專心學習，或在感情上容易招致爛桃花。

有人為女兒布了一個「四一同宮」的局，想幫助女兒能順利升遷，想不到不但沒有升遷，反而造成女兒生活糜爛，還不斷換男朋友，甚至還搭上有婦之夫，成為別人的情婦，這就是因為受到「四蕩一淫」的理氣影響。

也有人幫家中孩子佈下「四一同宮」的局，想藉著四綠星的力量，讓孩子能學業進步，但結果事與願違，孩子變得更貪玩，這也是因為住在該房間，受到「四蕩一淫」的理氣影響。

所以，在宅向四綠星或流年四綠星的方位做文昌佈局，這是一個以訛傳訛的錯誤觀念，不但錯誤，而且非常危險。

再舉一個例子，讓大家更加清楚當令不當令的問題，《紫白訣》中提到：「交劍煞興多劫掠」，意思是當飛星組合遇到六七同宮時，即六白金星和七赤金星在同一個宮位的組合時，稱為「交劍煞」，就像是兩把刀劍互砍一樣，也代表會遇到吵架爭鬥之事。

但是在《玄機賦》中也提到：「執掌兵權，武曲峰當庚兌」，「武曲峰」是指武曲星六白金星，「庚兌」是指七赤金星，這也是一個六白金星和七赤金星的組合，但這個組合的結果，是能在軍界中掌握重權。為什麼同樣的六七飛星組合，卻有吉凶截然不同的結果呢？這是風水學上的祕密，說白了其實就是飛星當令不當令的問題。目前是八運，六白金星和七赤金星都已經退運失令了，因此，這兩顆星的組合結果，只能是「交劍煞」，而不可能可以執掌兵權。

相信透過上述的例子，讀者就能瞭解在目前八運不要去布「四一同宮」的局了。關於「四一同宮」的局，本節最後，會以七運子山午向的宅飛星盤舉例說明，讓讀者更加明白。

當然，並不是只要是「四一同宮」一定會發凶，還是要配合巒頭整體來分析，即內外格局的情況，如果是壞的理氣，再加上見到壞的巒頭，如外在的山形破碎，譬如山巒因土石開採而遭到破壞，或該宮位的房間被鄰居屋簷的尖角沖射，或見到不流通的死水，這才會裡應外合，就會啟動凶煞之氣。

當四綠星當令時，「四一同宮」可以功名發顯，但還是要配合該房間外巒頭的狀況，必須要見到秀峰秀水，才能啟動這個好的理氣，如果看到的是型態醜惡的砂水，理氣再好也沒有用處。

因開採砂石而造成山形破碎，變成壞巒頭

秀峰

秀水

反之，當四綠星失運時，「四一同宮」就變成了「四蕩一淫」的壞理氣，如果再遇到型態醜惡的砂水，就會被啟動發凶；但如果在該房間外，是見到秀峰秀水則無妨。

因此，在四綠星失運的情況下，家中出現了一個「四一同宮」的格局，如果外巒頭秀美，只是不發凶，也不會「準發科名之顯」，但萬一遇到外巒頭醜惡，肯定會造成「四蕩一淫」的下場。

萬一不小心在該方位又剛好擺放了四盆植物或四棵幸運竹，再加上一盆水的搭配，也可能會啟動「四蕩一淫」的壞理氣。因為四盆植物或四棵幸運竹代表四綠木星，一盆水代表一白水星的緣故。

在「四一同宮」處，放了四棵幸運竹再加上一盆水，可能反而會啟動「四蕩一淫」的壞理氣

那麼在目前要如何找到文昌位呢？風水上提到「山管人丁，水管財」，因此有關考運、升遷、人倫關係……等和人丁有關的問題，要看宅飛星盤中山星的部分。因此，筆者建議讀者在山星一白星的宮位處佈局，現在是八運，即將進入九運，一白星是未來吉星，這才是正確的文昌位佈局。找出山星一白星的宮位處佈局，在八運、九運及一運時都適用，即從現在2021年算起，還有四十幾年可以用。

所以，目前不管是宅向文昌位或流年文昌位，也都是要以一白星來佈局，而不是以四綠星來佈局，而且要盡量避免有「四一同宮」的狀況發生。「四一同宮」的房間，盡量當作非主要使用的空間，如客房、娛樂室……等。

以七運子山午向的宅飛星盤為例，如下圖：

午↑

4 1 六－巽宮	8 6 二	6 8 四
5 9 五	3 2 七	1 4 九－兌宮
9 5 一	7 7 三	2 3 八

子

我們可以看到在這間七運子山午向的屋宅飛星盤中，東南方巽宮有阿拉伯數字41的飛星組合，代表「四一同宮」，如果將東南方的房間當作臥房，就會影響住在該房間的人員。東南方在洛書方位中是屬於巽宮，巽宮是對應到家中的長女，因此會對女孩的影響特別大，女孩住在這個房間，就可能會受到「四蕩一淫」的壞理氣影響，而招致爛桃花。當然前文已提及，還是要看該房間外的巒頭美惡狀況，才能加以論斷。此外，這個房間也犯了山星的「單宮伏吟」，有關「伏吟」的問題，在本書第柒篇的第六節〈伏吟、反吟〉中會有所解釋。但幸好在這個飛星盤中，全局山星和元運星「合十」，代表在理氣格局上會旺人丁，也會有貴人相助，降低了巽宮「伏吟」及「四蕩一淫」的風險。有關「合十局」的部分，在本書第柒篇的第九節〈合十局〉中會有所說明。

而在西方兌宮有阿拉伯數字14的飛星組合，可在這個方位做文昌佈局，為什麼同樣是1和4的組合，卻有不同的結果呢？前文提及「山管人丁，水管財」，因此有關考運、升遷、人倫關係……等和人丁有關的問題，要看山星的部分。以東南方巽宮41的飛星組合而言，4為山星，和人丁有關；1為向星，和財運有關，而4為退運星，會導致「四蕩一淫」；但西方兌宮中14的飛星組合，1為山星，是未來吉星，則有利於文昌。《玄機賦》提到：「木入坎宮，鳳池身貴」，木指三碧木和四綠木，坎宮指一白水，即為13和14的飛星組合，當山星一白水星當令時，在古代代表能夠進入朝廷為權貴，在現代則可以解釋為通過國家考試或被提拔晉升，成為政府權貴要員。

五、認為玄空飛星學無效的誤解

有一位風水老師在YouTube的影片上批評玄空飛星學，他認為自己學派的方法，優於玄空飛星學派，而且認為玄空飛星學派的觀點不合理，因此在應用上無效。

由於筆者是以玄空飛星學理做為風水堪輿的主軸，因此對別的風水老師在批評玄空飛星學時，會特別留意對方所說的觀點是否有道理。他舉出一個例子說，玄空飛星學是以座向排出飛星盤後，依照飛星盤去論吉凶。那如果建商建了一排房子，因座向相同，肯定會排出相同的飛星盤，既然飛星盤相同，因此每個住戶的吉凶也會相同，所以不合理。此外，住在八運宅（在 2004 年—2023 年間所興建的房宅）「旺山旺向」理氣格局房宅的人，也不見得財運都會很好，因此他認為玄空飛星學不準。

針對這個問題，乍聽之下似乎說得很有道理，但其實是未能深入研究玄空飛星學的緣故，以下就筆者的理解，對上述疑問提出解答：

1. 玄空飛星風水的堪輿，除了理氣格局的分析外，還必須要結合房宅所見到的外巒頭情況，如外巒頭砂水的美惡及外煞的情況，才能做出綜合考量判斷。同一排的房宅，有些房宅前面會見到不同的形煞，如開門見柱、見壁刀、見大樹、路沖、巷沖、天斬煞、剪刀煞、對面房屋屋簷的尖角沖射……等，會導致產生不同的相應結果。就如同整排房屋對面有反弓水，面對反弓突出頂點的那一戶，肯定受到反弓水煞氣最大的影響。又如同一棟大樓中，尖角沖射煞氣在二樓高的位置，對一、二樓的住戶影響極大，但對十樓的住戶卻是一點影響也沒有。同一排的房宅，也可能會有左右地勢高低不同的問題，將這種種因素都納入考量後，也會得到每戶有不同的分析結果。

2. 此外，也要考慮與外巒頭砂水對應的狀況，以座北朝南的房宅而言，若在這排房宅中間段的正前方出現了一棟樓房或水池，對這排房子中間段的房宅而言，這棟樓房或水池是位於南方離宮的方位；但對左側段的房宅而言，這棟樓房或水池就位在西南方坤宮的方位；而對右側段的房宅而言，這棟樓房或水池就位在東南方巽宮的方位。當然，與外巒頭對應的宮位不同，對飛星組合「收山出煞」的結果也會不同，有關「收山出煞」的問題，在本書第柒篇的第十三節〈收山出煞〉中會有所解釋。

3. 有人可能會感到困惑，認為住在理氣格局為「旺山旺向」房宅的人，照理來說應該都能發達致富，但為何有些人還是依然窮困潦倒？這個原因是雖然在理氣上的局是「旺山旺向」，但如果外巒頭不佳，照樣也是不能發達，必須要砂水與理氣格局搭配得當，才是名符其實的「旺山旺向」。

4. 用羅盤測量房宅座向，雖然是量測地理方位，但有一個很重要的因素，往往會被人所忽略，那就是「人」的因素。是什麼人住在這間屋宅內，也會影響到這間屋宅的磁場，這就是所謂的「人宅合一」，因為人和房宅的頻率會產生共振的緣故。屋宅的磁場頻率會影響到居住的人員，而宅中之人的心念氣場頻率，也會影響到屋宅的磁場頻率，住的時間越久越明顯。所以為什麼說「福人居福地」，有福之人居住久了，房宅的磁場也會改變。讀者不妨實驗一下，在同一排住戶屋前下羅盤，看看是否是每一戶都是得到同樣的度數。

5. 風水上強調「以人為本」的考量，就算是同樣的飛星盤，同樣的飛星組合，對不同年齡、性別、工作、身分的居住者，就會有不同的解讀與判斷，讀者可參考第捌篇的第九節〈飛星組合的分析要點及以人為本的考量〉。

任何風水學派能流傳至今，肯定有它不被淘汰的原因。玄空飛星學以「憑星斷事」精準，在風水界中赫赫有名，許多玄空飛星派的風水師有著高深「憑星斷事」的功力。但任何學派從入門到臻於上乘，總是需要下一番紮實的工夫，並非一蹴可幾，就算是同一派的風水師，也有功力深淺之別。

在《葉問》的電影當中，有一個人的名字叫「金山找」，這個人要找葉問宗師挑戰功夫，最後落敗認輸，他認為是北方拳法輸給了南方的詠春拳法，結果被葉問宗師指出問題所在，這不是南北拳法優劣的問題，而是他個人學藝不精的結果。

在玄空飛星學派中，能做到「憑星斷事」精準，這才是功力所在。是否能學習到真正的精髓是重點，當然這也是需要時間和經驗的累積，再加上用心研讀玄空飛星風水古籍，及現代的玄空風水名家之作，精益求精，不斷地體悟，最後才能爐火純青。別派的風水師認為玄空飛星學派有問題與應用無效，難道就真的有問題，真的就不行嗎？風水師會因其因緣，選擇與其契應的風水派別做研究實踐與執業，但對其他的風水法門就不一定能深入瞭解了。人的一生精力有限，又能花多少時間去研究別派的理論呢？就算略知一二，也不一定有機會去實踐嘗試。因此，我們要有雅量去接受其他風水老師的批評指教，才能精益求精，但自己若是對其他風水派別的學問研究未能深入，則不應輕易批評。

也有些人總是懷疑自己本門的功夫不行，羨慕起別派的法門，但其實是自己的功夫不行，不是本門的功夫不行，就如同葉問宗師回答金山找的話一樣。學習風水和學習功夫，所學的東西雖然不同，但道理卻是相同。

六、過度追求旺山旺向的誤解

以玄空飛星風水而言，有一種理氣格局稱為「旺山旺向」，或稱為「到山到向」。在八運時（2004年—2023年）中，有六個「旺山旺向」的格局：乾山巽向、巽山乾向、亥山巳向、巳山亥向、丑山未向、未山丑向。以一般的理氣說法而言，「旺山旺向」是主丁財兩旺的格局。如何排出「旺山旺向」的飛星盤，在第柒篇〈飛星盤內，理氣吉凶〉的第一節〈旺山旺向〉

中會有所說明。

很多人在學習玄空飛星風水時，會問到一個問題，我家的房宅是不是「旺山旺向」呢？似乎認為只要是立了一個理氣上「旺山旺向」的局，就一定會發達。如果自己的房宅不是在「旺山旺向」的座向方位上，就感到很失落，認為風水不佳而無法發達致富。其實這是認知上的誤解，也是一個一知半解的錯誤與執著。

我們以常識來思考一下，風水師在勘驗風水寶地的過程中，首先一定是要先「尋龍」，找到真正的龍脈後，才在這條真龍身上「點穴」，只有在「龍真」的前提下，才有機會能點出「真穴」，若龍不真，穴也不可能真。接著要判斷穴場是否明堂開闊平坦，案山型態是否良好，後方玄武來龍是否有氣勢，能與明堂成陰陽平衡，左青龍山和右白虎山是否對穴場有合抱環衛之勢。再透過一些方法證穴，確認這是「龍真穴的」的風水寶地後，接著才會考慮到理氣的問題。找出方位朝向的大方位(即八個方位，含四正位的東、西、南、北，與四隅位的東北、東南、西南、西北)之後，再依照三元玄空元運的飛星盤，配合理氣計算，最後稍微調整朝向角度，找出最佳的立向，讓這個穴場的地運可較長久，這才是一個正確的風水堪輿流程。

而不是說拿著「旺山旺向」的飛星盤方位，到處去找有沒有符合這個方位的穴場。必須要先看外巒頭，再來搭配理氣計算，這有著先後順序的原則。

所以為什麼有「巒頭為主，理氣為輔」、「七分巒頭，三分理氣」的原則，巒頭要先是個好格局，接著才會來考慮到理氣的問題，這才比較合乎程序及邏輯。

而「旺山旺向」是指理氣上的格局而言，但並不是說，有這些方位的房宅，就必然會成為「旺宅」，必須要配合外巒頭來分析。

就如同八運時的乾山巽向，在理氣上雖然是「旺山旺向」的格局，但如果是開門見壁，如鄰近住宅前方就是一棟高聳的大樓，那也是敗局。如果是開門可見到寬闊的明堂，或能見到清澈乾淨的有情水，前有案山、朝山，後方有玄武靠山，左右龍虎砂合抱護衛，這四個方位的山勢、建築或地形，與住宅的距離，符合適當的比例原則，而能藏風納氣，這當然就是名符其實的「旺山旺向」格局。所以理氣是要配合巒頭來看，才會產生作用。

因此，不能認為在理氣上有「旺山旺向」的格局，就必能發達致富，就一定會成為「一貴當權，諸凶懾服」的旺宅，這也就是為什麼有些人，雖然是住在理氣上為「旺山旺向」的房宅，但由於房宅的內外巒頭不佳，也會導致生活依然窮困潦倒，或有意外血光之憾事發生。當然，為什麼會住到如此格局的房宅，這也是福報因緣所致。

所以「旺山旺向」的概念，只是因為「坐」和「向」在同一條直線上，因此備受一般風水師青睞，但其實二十四山都可能會成為「旺山旺向」，也有可能會變成「衰山衰向」。主要是看與外環境「砂水」的配合狀況，所謂的「砂」，指的就是房宅周圍的山丘或是樓房。由宅飛星盤推算後，在本宅外相對應的理氣方位，該見到山（砂）的方位要見到山，而且不能是巉巖破碎的山；該見到水的方位要見到水，而且不能是沖射反弓之水。以現代的都市情況而言，房宅外相對應的理氣方位，該見到山的方位，要見到富麗堂皇的樓房，這也是一種「富山」的概念，就算不是富麗堂皇，至少由外觀看起來不能醜陋破落。而該見到水的方位，要見到寬闊平坦的地形，如寬闊的道路、公園廣場或水池，水也必須要清澈乾淨，這才是合局，不然空有好的理氣也沒用。就如同沖泡咖啡一樣，無論咖啡師的烘焙和沖泡技術再怎麼高明，面對品質極差的咖啡豆，也是英雄無用武之地。

就算在理氣上是「旺山旺向」，但如果該見到山的方位，不見山反而見到水；而該見到水的方位，不見水反而見到山或樓房，這就變成了「上山下水」的壞格局。所以座向方位沒有絕對的吉，也沒有絕對的凶，重點是理氣與外在巒頭的對應狀況，要能「相應則吉」。什麼是「上山下水」的理氣格局，在第柒篇的第二節、《上山下水》中會有詳細說明。

所以在這裡，我們要先釐清一個觀念，就是先有巒頭，後有理氣，理氣是為巒頭服務的。理氣是在好巒頭的基礎上，讓它的立向更加地加分，這個原則在陰陽宅的風水堪輿中都適用。

以陽宅而言，要買地建房的原則也是如此，想找到一個好的建房地點，也是依據明堂開闊，前方的案山或建築物型態良好，住宅的左右兩側有樓房如龍虎般的護衛，住宅後方要有樓房做玄武靠山，這就是一個適合居住的好地點，找出朝向的大方位後，再根據這個大方位中最佳的理氣方位，來立房宅的朝向。

以一個大方位四十五度而言，又可以分成三個十五度的小方位。但這三個小方位，卻有著不同的吉凶，有些小方位在當時是好的理氣格局，而有些小方位則為不佳的理氣格局。如八運時的丑山未向，在理氣上是「旺山旺向」的旺宅，但八運時的艮山坤向或寅山申向的房宅，在理氣格局上，反而是「上山下水」的衰宅。丑山、艮山和寅山同在東北方艮宮，但在八運時，吉凶卻截然不同，因此風水上說：「羅經差一線，富貴不相見」，這個部分在第柒篇的第五節〈一個方位含三山，有吉有凶〉中，會有更深入的說明。

以上的例子是在尚未建房打地基前，可以做這樣的規劃，先找到好的建房地點，定出朝向的大方位後，再根據最佳的理氣方位調整房宅朝向。但若是已經建好的房宅，只要在當令山星的宮位處能見到秀峰，而當令向星的宮位處能見到秀水，也可以說是「旺山旺向」的格局。

因此，筆者要告訴讀者的是，所謂「旺山旺向」的排列組合，只是一個理氣格局的概念，其他的理氣格局，只要是外巒頭上的相應方位，在該見到山的方位有山，該見到水的方位有水或地勢開闊低平，且外巒頭是秀峰秀水，也可以稱為是「旺山旺向」的局。在砂水配合下的「旺山旺向」，才是真正名符其實的「旺山旺向」。所以，我們要破除八運的「旺山旺向」格局只有：乾山巽向、巽山乾向、亥山巳向、巳山亥向、丑山未向、未山丑向這些座向的迷思。

七、對正神與零神觀點錯誤的理解

在一些坊間風水書籍中，經常可以看到有關「正神」、「零神」的說法。但其中有部分說法，卻與玄空飛星學理的核心原則相悖，筆者會先說明這些說法的不當之處，並提出正確的解釋。有關這些玄空飛星學上的用語，讀者可能一下子還不易瞭解，但只要閱讀完本書第柒篇〈飛星盤內，理氣吉凶〉後，再回過頭來看這些問題時，就會有較清楚的理解，多看幾次就懂了。

有些坊間的風水書籍提到，「正神」和「零神」主要是以元運來推算哪一個方位開門為吉，哪一個方位見水為吉。所謂的「正神」，就是代表當運；所謂的「零神」，則是代表失運。而「正神」所在為旺方，「零神」所在為衰方。旺方適合開門，接納旺氣，但不可以見到水。譬如在旺方的方位，屋外不能見到河流、湖、海，而屋內旺方的方位，則不能見到流水盆、魚缸……

等。而水是以衰方為旺方，衰方見到水，反而是好事，能旺財，見水則吉。

這個說法還提到，八運最大的特徵，就是西南方見水會旺財，東北方見水則破財，認為這就是「零神水」和「正神水」的差別。如果在2004年—2023年這二十年的八運中，屋宅在西南方有泳池或湖、河、海，這間房宅稱為「撥水入零堂」，具有旺財風水屋的理氣外格局。

這是以元運對照洛書元旦盤來看，現在是八運，八運的8，對照洛書元旦盤，就是在東北方。東北方為「正神」，東北方開門主旺財，但不可以見水，見水為凶，主破財。而東北方正對面的方位是西南方，西南方則稱為「零神」，可見水，見水為吉，主旺財。

以上就是某些坊間風水書籍的說法，但這個說法和玄空飛星學的基本核心法則有所相悖。以這個說法而言，八運的東北方可以開門，但不能見水，見水就會大破財。但八運中有一個「旺山旺向」的座向是未山丑向，而未山丑向正是座西南朝東北。飛星盤如下圖：

未

6 3 七	1 7 三	⑧ 5 五 坤宮
7 4 六	5 2 八	3 9 一
2 ⑧ 二 艮宮	9 6 四	4 1 九

↙丑

筆者在上一節中已經提到，在當令山星的宮位處能見到秀峰，而當令向星的宮位處能見到秀水，就是理氣格局與外在砂水配合下的「旺山旺向」。以八運中的未山丑向而言，如果在東北方開門，明堂開闊且見到水光，則主旺財。而坐山西南方的坤宮，如果可見秀麗山巒或富麗堂皇的建築，則旺人丁；若西南方的坤宮不見山反而見水，則是「山上龍神下水」，會損家中人丁。

以飛星組合結合外巒頭的砂水來判斷吉凶，這是玄空飛星學的基本核心法則，也是玄空飛星學的基本常識。但以上有關「正神」、「零神」這部分的坊間說法，提到八運時不能在東北方見水，而可以開門，以及西南方見水則大發的說法，顯然與以上未山丑向的情況相悖。因此，這是一個錯誤的觀點，不符合玄空飛星學的基本法則。因為八運的未山丑向房宅若能在東北方開門，而明堂開闊且見到水光，主旺財；而西南方則是要見山，若見水而不見山，則會損人丁。因此，筆者認為這些坊間風水書籍，對於「正神」、「零神」理論中，有關上述部分的理解有誤。

《天玉經》提到：「正神正位裝，撥水入零堂」，清朝溫明遠先生的《地理辨正續解》提到：「山上排龍，要旺星排到實地高山，即為正神正位裝；向上排龍，要旺星排到水裡低處，即為撥水入零堂。」簡言之，即當令山星的方位能見到秀峰，就是「正神正位裝」；當令向星的方位能見到秀水，即為「撥水入零堂」。如果當令向星在向方，而當令山星在坐方，則要結合屋前見水，屋後見山的外巒頭格局，才能合局，這才是名符其實的「旺山旺向」，這樣的解釋，才符合玄空飛星風水學的基本法則。

清朝沈竹礽先生的《增廣沈氏玄空學》，為玄空飛星學派的重要鉅著，他在《零神方位源出先天卦序》一節中，提到：「章氏仲山於三元九運中，每取五里山為正向者，即隱寓零神於向首耳。然水裡排龍，星仍用順。苟當令旺星挨到水裡，即為『撥水入零堂』也。……山上排龍，旺星挨到高山實地，為之『正神正位裝』。」在這一段話所提到的「向首」，即為房宅向方的正中位置，如果當令向星飛到這個宮位，而房宅的前方又見水，稱為「撥水入零堂」，即「水裡龍神下水」；而房宅的正後方為坐方，如果當令山星飛到這個宮位，而房宅的後方又見山，則稱為「正神正位裝」，即「山上龍神上山」，這就符合外在砂水與理氣相應的「旺山旺向」格局。

因此，好的風水理氣，必須要與房宅的外環境結合來看，在房宅向方的飛星，如果能有當元旺星飛到，如現在是八運當運，向星8飛到向方，而向方的外環境，又可以見到秀水，這樣就合局。而在房宅坐方的飛星，如果能有當元旺星飛到，如八運的山星8飛到坐方，而坐方的外環境，又可以見到秀峰，這樣就合局。

對於玄空飛星學已經有所涉獵的讀者，相信在以上筆者的解釋闡述後，就能清楚地明白這些坊間風水觀點的錯誤所在，但對風水初學者而言，可能一下子還無法明白以上的論述，可先參閱研讀本書第柒篇〈飛星盤內，理氣吉凶〉的第二節〈上山下水〉，及第拾篇〈飛星佈局，五行開運〉的第五節〈如何在內格局中造砂造水〉的內容，就能清楚明白了。

肆

座向判斷，按部就班

肆　座向判斷，按部就班

本書的重點，是要將玄空飛星學的基礎核心知識介紹給讀者。而玄空飛星學的特色，就是藉由排出來的飛星盤來「憑星斷事」，分析每一個宮位的飛星組合，並參照風水典籍中的風水斷語，及對照外巒頭的美惡來判斷吉凶。

但要排出飛星盤之前，就必須要用羅盤或指南針來量測出房宅方位，傳統風水學上，將圓周分成二十四山，即每個方位有十五度，依此去決定房宅的精確方位。

但要用羅盤或指南針來量測房宅方位前，有一個重要的關鍵問題，必須要先解決，而且要釐清清楚，那就是房宅的座向判斷問題。

雖然是說座向判斷，但其實重點是著重在「向」的部分，即找出「宅向」的位置。判斷出哪裡才是屋宅的向方，即找出房宅主要納氣口的位置。當然向方找出來，自然就知道坐方位在何處，坐方就在向方正對的方位。

要先判斷出屋宅的向方在何處，才能決定在何處使用羅盤量測。這個問題不先釐清確定，後面的步驟都無法進行。不管多麼會計算飛星盤，但當宅向確認錯誤時，就如同輸入的數據錯誤，也會導致後續的計算結果完全錯誤。

一、屋內或屋外的立極定向

在探討房宅的座向判斷之前，要先來思考三個問題。

第一、座向量測是要在屋外量測，還是要在屋內量測？

第二、如果是在屋外量測，是在大門口處量測，還是在陽台或最大的採光面處量測？

第三、公寓大樓的座向量測，和一般平房或透天厝的座向量測有何差異？

筆者就為讀者一步一步地解析這些問題，古代房宅多為磚瓦木造，樑柱及接榫處也大多是木頭，居家用品也多是木製品，因此在房宅的中心點測量宅向，對以前的磚瓦木造房宅而言，沒有太大問題。但現在的房宅大都是鋼筋鋼樑結構，牆壁夾層中也佈有許多電線的線路，居家中也有許多電器產品，因此宅內的磁場，肯定會受到這些鋼骨結構、電線電流及電器產品的影響，所以一定要在屋外空曠處量測，才不會產生誤差。

筆者曾堪輿一處房宅，大門外的屋頂很長，此處延伸的屋頂天花板內裝設電燈，該區域的磁場極度不穩，最初筆者站在大門外兩公尺處量測，得到一個座向數據。為了保險起見，再站到離大門外五公尺及七公尺處量測，結果在五公尺及七公尺處，量測出來的座向數據相同，但與兩公尺處測得的座向數據不同，因此，最後以離大門口外五公尺處測得的數據為準。委託人也告訴筆者，他家收音機的訊號，在大門口的區域也會受到干擾，證明這一個區域的磁場極為不穩，易受干擾，應該是受到大門外天花板內電線的電流影響。因此在使用羅盤量測時的距離，還是要根據實際的狀況做彈性的調整。

由以上的實例可知，連在屋宅外量測的數據，都尚且可能會受到電磁場的影響，更何況是在屋內量測，量測的數據就更易失去精確性了。

在屋外量測之後，再進來室內的太極中心點立極定向。將在室內太極中心點所量測出來的角度，與在屋外所量測出的角度，做校對調整即可。如果在室內太極中心點量測出來的角度，比在屋外的角度量測偏右五度的話，那麼就可瞭解，以室內太極中心點立極定向的偏左五度，才是真正的宅向定位。

如何找出房宅的太極中心點，即如何立極的方法呢?這個位置就是在房宅對角線的中心

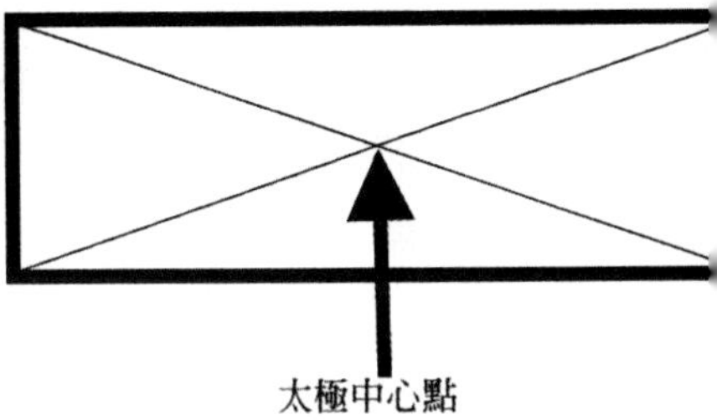

點上，該處也稱為「宅心」，或稱為「皇權位」。

立極定向的目的，主要是站在房宅的太極中心點，以向外輻射的方式，畫出八個方位，即八卦的八個宮位，去推算相對應的家中成員的財運與健康等狀況。如下圖：

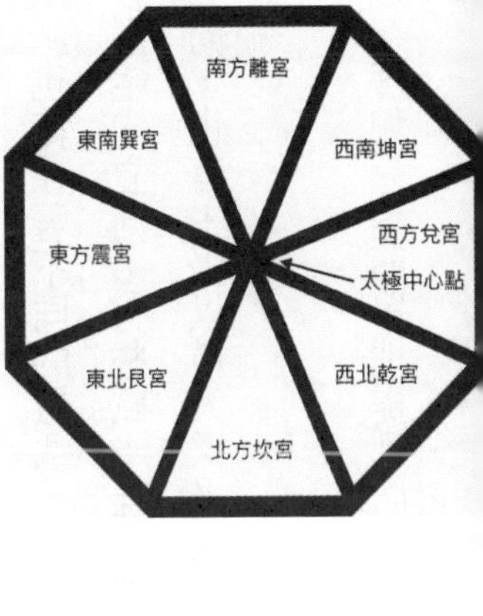

有些房宅不是方形，有凸角或缺角，如果只是小凸角或小缺角，可忽略不計。如下圖：

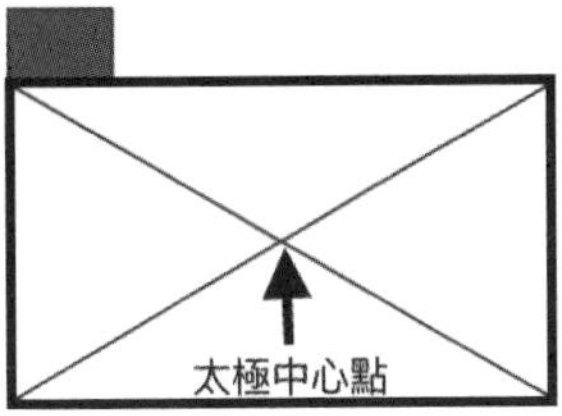

如果是較大的凸角，就要沿著凸角，畫出延伸線，加入計算，如下圖：

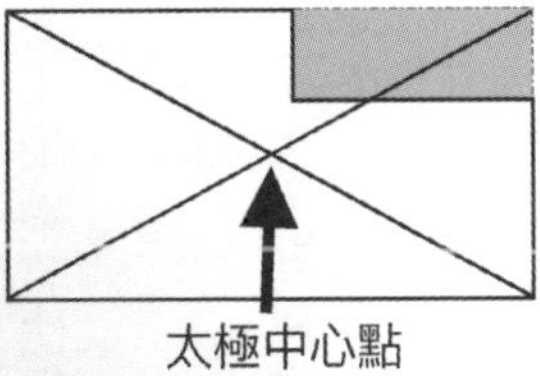

以上這個立極的方式，提供給讀者參考。另一個方式是九宮格的方式，也是筆者使用的方式，在後文會有介紹。

因此，在屋外先定好向後，再進來屋內的太極中心點下羅盤就沒有問題了，因為已經知道戶外量測所得的正確宅向度數了。

接下來就要進入到第二個問題了，也就是如果是在屋外量測，到底是要在大門口處量測，還是在陽台或最大的採光面處量測?這就牽涉到座向判斷的問題。

判斷座向是風水堪輿中非常重要的步驟，座向的定位錯誤，就會影響到之後的宅飛星盤的推算，可說是一步錯，步步錯。但由於現代建築的複雜性，座向也變得不易判斷。

判斷座向這麼一件重要的事，但怎麼做出判斷，卻是一個極具爭議性的問題。座向的判斷，不但是各個風水學派的說法歧異，甚至連同在一個學派中，也存在著不同的做法。例如在玄空飛星學派中，也有不同的看法，有些風水老師認為要在屋宅內立向，有些風水老師則認為要在屋外立向。在屋外立向的看法中，有主張在大門外立向，也有主張以最大採光面處立向，這種種的爭議性，確實會令風水初學者莫衷一是。

有些風水書籍中，也不太敢去談這個問題，就模糊地帶過，譬如只是簡單地提到居家陽宅的座向量測，要找到屋宅之「陽台或大門出入口之氣口處」，問題是陽台和大門出入口的位置不同，到底是要量測陽台還是大門出入口的位置呢？

座向判斷不出來，之後的宅飛星盤等理氣步驟，也都無法操作計算。所以，這是一個不能跳過不管或模糊帶過的問題，必須要做個徹底地解決，讓大家能有清楚的認識，不再感到迷惘困惑。

對於這個極具爭議性的問題，筆者會為讀者做一番剖析。在剖析之前，筆者先提出結論，座向的量測，需要根據不同的屋型，及面對主要道路的狀況，而做出不同的判斷。最後有可能是要在大門口處量測，也有可能是需要在陽台或最大採光面處量測，主要是取決於哪個位置，才是屋宅的「主要納氣口」。找到這個「主要納氣口」後，就在該位置進行量測。

到目前為止，筆者還沒有看到有任何單一的座向判斷方法，可以一體適用於所有的屋型狀況。對於這個棘手的座向判斷問題，以筆者所體悟整合出的座向判斷法，可以調和解決這個爭議，下文會提出來做為讀者的參考。

二、座向判斷的爭議

目前針對如何判斷房宅座向，風水師大略有以下幾種看法：

1. 以大門為向：

以大門為宅向，這是一種非常傳統的看法，但目前仍然有許多風水師採用這種方法量測。這種方法是站在距離大門口外約三步的距離，即七個腳印的距離，面對大門口測量。

但是這種以大門門向做為宅向的定向方法，已經無法應付現代不同房型的實際狀況，這是因為建築設計古今差異的緣故。古代典型的房宅設計，大門的朝向，通常就是房宅的朝向。大門口就是房宅的「主要納氣口」，而且是位在主要道路側，因此在古代可以使用大門的朝向，來決定房宅的朝向。

但在現代的建築中，卻往往不是這樣的情況，在現代的房宅設計中，建築強調要有特色性，不但缺角缺得厲害，門向也常常跟宅向不一，有些大門的朝向，是朝向房宅或公寓大樓的側面，甚至是朝向後方。如下圖所示：

此外，現代公寓大樓中每一個住戶的大門，和傳統房宅大門的意義和特點上，有極大的不同。因此，在公寓大樓中每一個住戶的大門，只能視為一個氣的進出口。

而且現在也有許多住商混合的大樓，大樓的一樓，在面對主要道路的那一側設為店面，而樓上住戶所使用的大門，則改開在建築物的另一側，因此這種使用大門來判斷宅向的方法，無法正確地判斷所有房宅的座向。如下圖所示：

商鋪上方的二樓為住家，
出入口在後方（正面拍攝）

商鋪上方的二樓為住家，
出入口在後方（後方拍攝）

住戶信箱
商鋪上方二樓的住家，
由大樓後方的門出入

商鋪上方的二樓為住家，
出入口在後方（後方拍攝）

2.以最大的採光面為向：

也有許多風水師採用以最大的採光面為向，最大的採光面，通常是在陽台落地窗拉門處的位置。

有些風水師在判斷宅向時，會將第2點以最大的採光面為向，和第3點以路為向（最繁華的那一面），結合起來彈性地來看，會以陽面、較多活動的一方為向。如面對主要道路或是最大的採光面為向，以陰面、安靜的一方為坐。

以最大的採光面來判斷房宅宅向，也是無法適用於所有的房宅。因為現代有些建築在設計上，會讓陽光可以從各個面向進入，房宅每一面的採光都很好，那麼究竟要以哪一面為向呢？因此以最大的採光面做為判定宅向的位置，也同樣無法適用於所有房宅的狀況。

3. 以路為向（最繁華的那一面）：

以路為向的看法，即是以面對最熱鬧的那一條主要道路為向，找出這棟建築物最繁忙、有最多活動的那一面為向，譬如是面對主街或是最繁忙的街道的那一面。

但有些房宅，在接近主要道路的那一面，是比較短的一面，可能只有窗戶，而沒有門，甚至是連窗戶都沒有的牆壁。風水上說「窗為眼，門為口」，窗戶不能成為房宅的「主要納氣口」，至少要有一個落地窗的拉門，才有可能成為一個「主要納氣口」。

因此，以面對主要道路為向的這個說法，也不見得適用於所有的房宅狀況。

4. 以屋內格局定座向：

有風水書籍提到以客廳在前為宅向，坐山通常為後面房間、廚房及廁所較陰暗的部分。

筆者認為，這種看法是假設建商都懂風水，都懂得坐山要暗，客廳朝明的原則。但實際的情形，會碰到各種可能的狀況，因此要以外格局來看，不能按照房宅的內格局來判斷。

5. 以建築物外形判斷：

也有風水老師主張以建築物的外形來判斷宅向，即不管大樓或屋體有幾面，找出房宅形象上最具特色的那一面做為正面，將最有特色的這一面當作是宅向的位置。

但有時建築物並沒有哪一面特別有特色，或因為某些原因，大門並不在最有特色的那一面。

綜合以上所述，相信讀者能初步地瞭解，因為古今屋型設計不同，如有些住商合一的大樓，大門開在大樓後方，或建築設計不同，建築的三、四面採光可能都很良好的種種狀況，因此在判斷宅向時，必須要依實際的狀況判斷，重點是要找出房宅的「主要納氣口」。

三、公寓大樓座向判斷的爭議

筆者在本篇一開始提到判斷座向前，要先思考三個問題，第三個問題是公寓大樓的座向量測，和一般平房或透天厝的座向量測有何差異？因為平房和透天厝為獨門獨戶，座向判斷相對還比較單純。但公寓大樓，是屬於集合式的住宅，不同住戶的大門及陽台朝向位置可能不一致，有些住商兩用大樓，一樓是店面，二樓以上可能是辦公室或住戶，住戶所使用的大門，可能開在大樓側邊或後方，座向的判斷，就更加不易。針對公寓大樓住戶的座向判斷法，至少有以下三種不同的看法，也是存在著相當大的歧異性。

1. 各自為向：

有風水老師認為公寓大樓中，各個住戶單位要各自為向，即每個住戶單位有其獨立的座向。

2. 一到五樓以整棟樓為向，但五樓以上各自為向：

有些風水老師則認為一到五樓，受到地面磁場的影響比較多，需以大樓的整體座向為向。而五樓以上受地面磁場的影響較小，則以各個住戶單位各自為向。也有另一種說法，認為一到九樓，需以大樓的整體座向為向，而九樓以上才以各個住戶單位各自為向。

3. 以整棟樓為向：

對於以上第1、第2點，也有風水老師相當不認同，其認為公寓大樓的座向，不管樓層高低，都必須以整棟大樓為向。

此種看法，反對將每個公寓大樓住戶的單位，都視為獨立的房宅，可以擁有自己專屬座向的觀點。因為在同一棟整體的大樓結構，同一個屋頂下，不分樓層，所有的住戶就是屬於同一個座向。因此，在獨棟大樓中，所有的住戶，不管朝向哪個方向，皆要視為同一個大樓座向。座向既然相同，那麼所使用的宅飛星盤自然也會相同。

四、王氏座向系統判斷法
——系統邏輯性的座向判斷原則

綜合上述各種房宅的狀況，筆者認為今日房宅的座向判斷，有可能是以大門口為向，也有可能是要以最大的採光面處為向。具有最大採光的那一面，通常也是落地窗拉門或陽台的位置，這也是一個門，一個納氣口，因此要看實際的屋型及屋宅的周遭環境而論。

因此，筆者認為由大門口來定宅向方位的方法，這只能當作是一個參考，不能將古代以大門的位置當作宅向的判斷方法，做為現代房宅決定宅向的唯一考量。最主要還是要由整體綜合分析來判斷，重點是要找出房宅的「主要納氣口」。

筆者認為，以平房或透天厝而言，最大採光面的落地窗拉門和大門都是門，哪一個門比較大，位在最繁華熱鬧的位置，那個門就是房宅的主要納氣口。門的作用是納氣，門為口，嘴巴的功用是在吃東西，從哪個位置的口，可以吃進最豐盛的食物，納入最繁華的氣，那個位置的口就是「主要納氣口」。

以今日複雜且有許多公寓大樓的建築而言，單一的一種座向判斷法，確實已經無法應對多元化的屋宅狀況，話雖如此，但我們有沒有辦法歸納出，一個對屋宅座向判斷先後順序的原則呢？

經過筆者不斷地思索體悟，總結整合出一套系統邏輯性的座向判斷步驟法則，命名為「王氏座向系統判斷法」，提供給讀者做參考。

透過這種依照屋宅狀況，按部就班的判斷，是相對嚴謹的方式，也可以調和以上各家的爭議。因為每一種方法，都有其適用的狀況，因此都值得參考。但也因為這些方法，都有其侷限性，無法一體適用於目前所有的房宅狀況，因此筆者所提出來的這一套系統邏輯性的座向判斷法，就具有極大的適用性。就如同中醫的辨證論治，只要辨出疾病的證型，就能開立出相對應的處方一樣。

（一）一般樓房座向判斷法

1. 先在房宅外走一圈，如果大門口明顯與屋宅前的主要道路同向，即大門口位於主要道路的那一側，就以大門為向。可以不用考慮屋宅前後左右的長短問題，也不用管哪一側有最大的採光面。因為此時的大門口開在主要道路側，已經可以納入主要道路的繁華旺氣，門為口，在這裡嘴巴可以吃進最豐盛的食物，納入最繁華的旺氣。所以不用懷疑，這裡大門的朝向，就是屋宅的宅向。

大門與主要道路同側，就以大門為向

2. 當大門與屋宅不同向，而面對主要道路側有大面的落地窗拉門，要以這面落地窗拉門的位置為向，即以陽為向之意，因為在這面大落地窗拉門的位置，能吸納主要道路的繁華旺氣。

大門與屋宅不同向，要以靠近主要道路那一側的落地窗拉門為向

3. 如果房宅位於道路的轉角處，主要道路的那一側是房宅的牆壁，因此大門口不在主要道路的那一側，而是位在與主要道路交接的次要道路上，這種情形，以位於次要道路上的大門為宅向。如下圖：

4. 有些庭園住宅兩側都有鄰居的房宅，而靠主要道路側又是該房宅的牆壁。以這種情況而言，就要以陽面為向，尋找最大的採光面納氣口，以有景觀且採光良好的大面落地窗拉門或陽台處，做為第一優先考量。此時，就不能以大門口做為主要的考量了，因為大門口已經失去了吸納主要道路能量的功能，所以要找最大的採光面納氣口，來做為宅向的方位。見下圖：

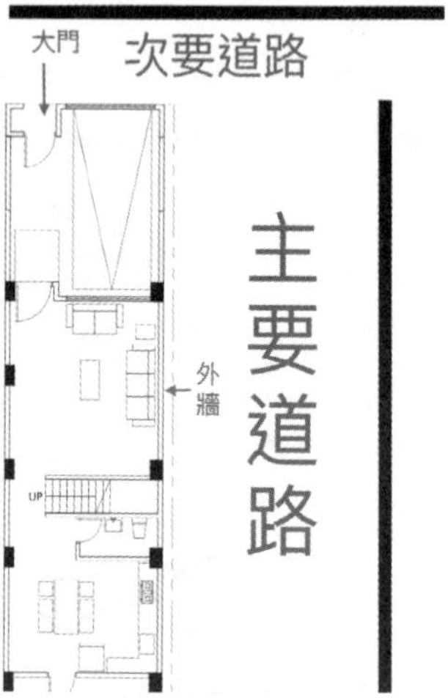

當大門口已經失去吸納主要道路能量的功能時，就要找最大的採光面納氣口，進行羅盤量測

通常這樣有景觀、採光良好的落地窗拉門或陽台處，可能會與大門同側。如果同側的話，會與大門的方位角度相同。但更大的可能性，會是不與大門同側，而在與大門牆壁鄰接的另一側。以邏輯性而言，應該不會是在大門的對側，因為將最大的採光面設計在大門對側的話，以這種房宅而言，大門反而變成後門，不合常理的設計，看起來不但尷尬怪異，氣場也會混亂。

5. 如果大門雖然不是與主要道路同側，然而屋宅也沒有其他的落地窗拉門或陽台，還是要以大門為向，因為這代表大門口還是該房宅的「主要納氣口」。

6. 有些連棟房宅的車庫，設計在房宅的後方，車子開入車庫後，有通往房宅內的內門。即使經常由此車庫門進出，但也不能將該車庫門視為大門或用來判斷宅向，判斷法則仍要按照前述的順序規則。

大門與主要道路雖不同側，但仍然是住宅的主要納氣口

車庫設計在房宅後方

以上的判斷原則，相信可以適用於絕大多數的平房或透天厝。對極少數特異不易判斷宅向的房宅，還是要掌握最重要的原則，觀察房宅的屋型門窗，及外環境的街道狀況，找出「主要納氣口」，來判斷宅向。

（二）公寓大樓座向判斷法

公寓大樓的座向判斷法，與平房和透天厝的判斷法不同，因為公寓大樓是「集合式住宅」，然而每一個住戶不能視為獨門獨戶。筆者將公寓大樓的座向判斷，簡化成以下定義：「一棟公寓大樓只有一個朝向，要以這棟公寓大樓的主要納氣口位置來定向」。

對於公寓大樓的座向判斷法，筆者做較深入的說明解釋如下：

1. 一棟公寓大樓就如同一個站立的人一般，「主要納氣口」就如同人的嘴巴一樣，一個人一張嘴巴，人面向何處，嘴巴就朝向何處。因此公寓大樓的座向，要以整棟大樓的朝向為向，不能以大樓內的各個住戶單位各自為向。一棟大樓內，所有的住戶單位都是生命共同體，要使用共同的飛星盤計算。然而雖然是使用同一個飛星盤，但因為每個住戶單位有其室內格局的差異性，如住戶單位位於大樓的後方區域，與大樓的整體方向相背，即使是使用同一個飛星盤套入時，也會得出不同的結果。又如不同樓層所見到的明堂、砂水與外煞均不同，也會導致有不同的分析結果。此外，由於居住者的年齡、工作、性別、身分不同，也會讓飛星盤的分析解讀不同，因為風水上強調「以人為本」的考量。

2. 而整棟大樓的朝向，是以最熱鬧繁華的那一面，即靠主要道路那一面的共同出入口為向。

3. 有些住商合一的大樓，在面對最繁榮的主要道路側，一樓設計為店面，而沒有出入口，出入口位在大樓的另一側。還是要以靠近主要道路，最繁榮的那一面為向，因為這一面才是正面，能夠吸納最旺最繁華的氣場，此時就不能以後面或側面的出入口為向。

4. 多棟大樓的社區，需以各自大樓獨立的出入口來判斷，而不是以整個社區的總出入口來判定。這個社區是指自成一格，相對封閉的幾棟樓的範圍，而不是指與繁華地段相連的大社區，如果是這種情況，就以不能違反第3條為前提。

以上這個座向判斷先後順序的法則，是筆者整合歸納風水前輩們的說法，經過不斷思索體悟後，所總結出來的一套整合及創新的座向判斷原則。以這套具有系統邏輯性的方法來判斷房宅座向，找出宅向的位置，相信可以適用於絕大多數的現代房宅，在此提供給讀者做參考。

這一套系統邏輯性的操作法，有著古今風水前輩方法的傳承，也有著筆者個人的整合創見與體悟。如果讀者能按照以上筆者「王氏座向系統判斷法」的操作程序，做出按部就班的判斷，見到不同的房宅，而做出不同的判斷，就能找出房宅的「主要納氣口」，對於判斷宅向，就不會再感到迷惘困惑了。

筆者的重點，只是在幫助讀者，整理出一個思路，而不是在評斷其他風水老師的說法正確與否，因為各家有其獨特判斷宅向的心法與經驗，外人實不得而知，其所堅持的座向判斷方法，可能還更適合其風水學派的理論與應用。

最後，筆者要補充說明的是，對獨棟平房或透天厝而言，一戶承擔了理氣的全部吉凶；而集合式的公寓大樓住宅，理氣的吉凶，會被這棟公寓大樓的所有住戶分擔稀釋，因此吉也不會太吉，凶也不至於太凶。此外，在一棟公寓大樓一個朝向的原則下，住戶本身的陽台位置方位，確實也值得納入考量，如住戶的主要陽台，是否會受到寒風侵襲或西曬⋯等問題，在購買前也都需要納入考量。

伍

羅盤使用，審慎量測

伍 羅盤使用，審慎量測

在上一篇中，讀者已經瞭解了如何判斷座向，即找出房宅的「主要納氣口」，做為宅向的位置。找出宅向的位置後，接下來就要在這個位置上，對房宅的方位做出更精準的量測，此時就需要用到風水羅盤或指南針來量測。

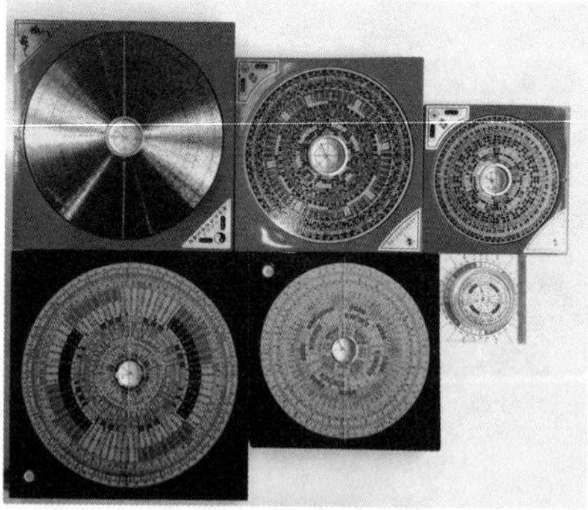

筆者的大小羅盤

一、使用羅盤或指南針前需具備的觀念

風水羅盤是風水專業人士立向佈局的重要工具，羅盤是由位於羅盤中央的磁針，和一系列的同心圓所組成的。每一層的同心圓，都是代表某一個層次的資訊，如卦象、五行、二十四

山……等等，內容可謂是包羅萬象。這一層一層的文字訊息，其實就是風水師的小抄，因為一般人很難記得住這麼多風水堪輿的相關知識，所以就把這些資訊設計在羅盤上，以供隨時參考檢索。

坊間的羅盤非常多元化，不同的風水派別，也會設計出不同的羅盤，如三元盤、三合盤、三元三合綜合盤、易盤、玄空飛星盤……等，以提供該學派的風水師所使用。有些玄空飛星盤的設計，在找出房宅方位後，羅盤上就有直接對應宅飛星盤的飛星數字，使用上相當方便。

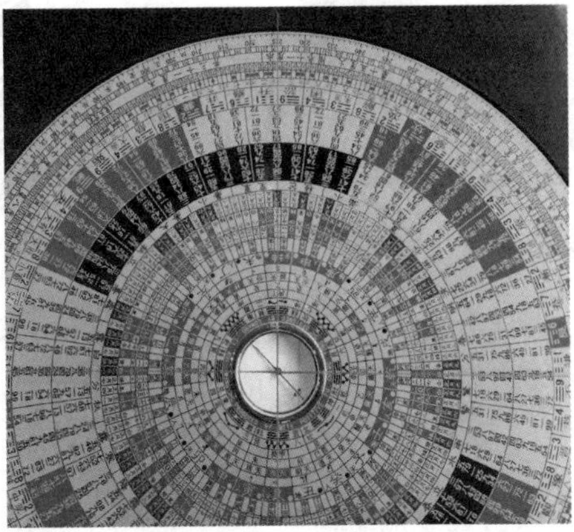

有些玄空飛星盤，在找出房宅方位後，羅盤上就直接有對應宅飛星盤的飛星數字

對風水初學者而言，看這些資訊就如同看天書一般。但在初學的階段，只要能先瞭解其中最重要的「地盤正針二十四山」即可。

對風水初學者而言，量測房屋座向，所使用的工具，可以用羅盤，也可以用指南針，只要知道指南針量測出來的度數，是對應到羅盤「地盤」二十四山中的哪一山，即可推算宅飛星盤，不一定要使用羅盤，最重要的是讀取出來的度數。

因為我們量測座向時，用的是磁北，因此看的是羅盤中的「正針二十四山」，也就是「地盤」，「地盤」是位於接近中央天池側的二十四山。如果還是不知道哪一圈是「地盤」，也可以查閱羅盤說明書。在本書中所提到的二十四山，都是指「地盤」二十四山，之後不再贅述。

讀者首先要知道座向的角度量測，這是非常重要的一個步驟，如果量測錯誤，就會導致全盤錯誤。這種錯誤就如同士兵用無線電呼叫砲兵、艦砲或轟炸機火力支援，結果座標報錯了，導致己方或友軍被砲擊的烏龍事件。

風水學上，也有「分金差一線，富貴不相見」，或是「羅經差一線，富貴不相見」的說法，即是指量測的座向角度稍有偏差，就會與富貴無緣相見。說的就是，風水師需要以相當審慎嚴謹的態度，做出精確的量測。

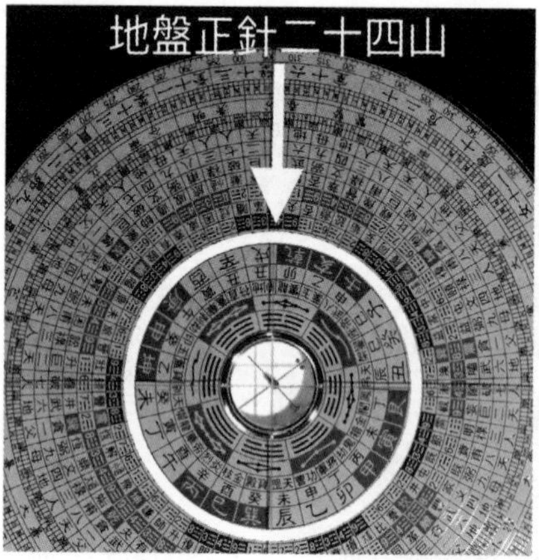

用羅盤地盤的二十四山來量測宅向

在風水羅盤的運用上，不講八方，即不講東、西、南、北、東北、東南、西南、西北等八個主要的大方位，而是講二十四山。即一個大方位，可分成三個小方位，這個小方位，就稱為「山」。一個大方位是45度，因為圓周360度除以8等於45度，但再分成三個小方位，一個小方位，就是15度。

舉例而言，屬於北方坎宮的方位，涵蓋45度的範圍，可分成三個山的小方位，羅盤上用壬、子、癸代表。西方人不懂中文字，就用N1、N2、N3來代表壬、子、癸，意思相同。壬、子、癸三山，每座山包含15度的範圍。

因為在一個大方位之中，有三個小方位的緣故，其中有些小方位在當時的理氣是吉的，但有些小方位的理氣則是凶的，必須要經過推算才知理氣吉凶，在這裡只是給讀者一個簡單的概念。在第柒篇的第五節〈一個方位含三山，有吉有凶〉中，會做詳細地說明。

在量測方位時，不能只是標示座向是座

與地盤二十四山對應的角度

角度	二十四山	英文代號	方位		角度	二十四山	英文代號	方位
337.5°-352.5°	壬	N1	北方		157.5°-172.5°	丙	S1	南方
352.5°-7.5°	子	N2			172.5°-187.5°	午	S2	
7.5°-22.5°	癸	N3			187.5°-202.5°	丁	S3	
22.5°-37.5°	丑	NE1	東北		202.5°-217.5°	未	SW1	西南
37.5°-52.5°	艮	NE2			217.5°-232.5°	坤	SW2	
52.5°-67.5°	寅	NE3			232.5°-247.5°	申	SW3	
67.5°-82.5°	甲	E1	東方		247.5°-262.5°	庚	W1	西方
82.5°-97.5°	卯	E2			262.5°-277.5°	酉	W2	
97.5°-112.5°	乙	E3			277.5°-292.5°	辛	W3	
112.5°-127.5°	辰	SE1	東南		292.5°-307.5°	戌	NW1	西北
127.5°-142.5°	巽	SE2			307.5°-322.5°	乾	NW2	
142.5°-157.5°	巳	SE3			322.5°-337.5°	亥	NW3	

北朝南，而是要更詳細地量測出是壬山丙向，還是子山午向，或是癸山丁向。以英文代號而言，壬山丙向記為 Sitting N1 Facing S1，子山午向記為 Sitting N2 Facing S2，癸山丁向記為 Sitting N3 Facing S3，讀者如果不想記傳統羅盤的二十四山，也可以用英文代號記憶。

二、羅盤的外形結構

羅盤的結構，是由「天池」、「內盤」和「外盤」組合而成。以下筆者對羅盤的結構稍做介紹：

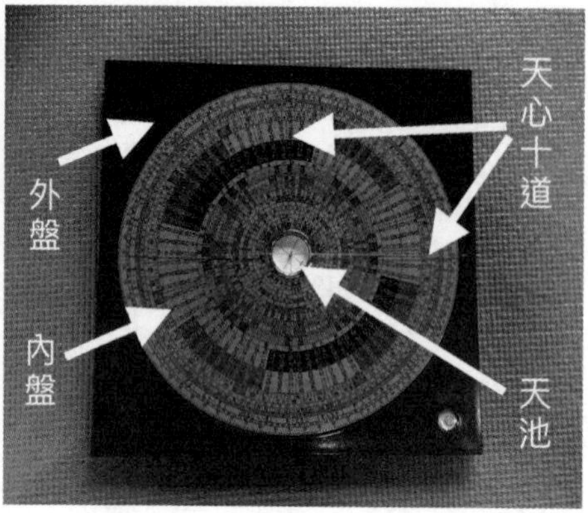

羅盤的中央部分，稱為「天池」，又稱為「海底」，海底的圓盒，是標準的圓柱體，海底底部是白色底部，畫上用來定位的紅色「海底十字線」，要呈九十度直角，「頂針」固定在海底十字線的交點上。有些羅盤的海底底部，不用紅色十字線，而是只有一條紅線，紅線是以南北定位的，紅線下方有兩個點，有兩個點的方位就是正北方。上面有一根很靈敏的磁針，磁針有一端，是有兩個像牛角般的尖狀物，在轉動內盤做方位校正時，這兩個牛角般的尖端，要正好落在兩個紅點上。

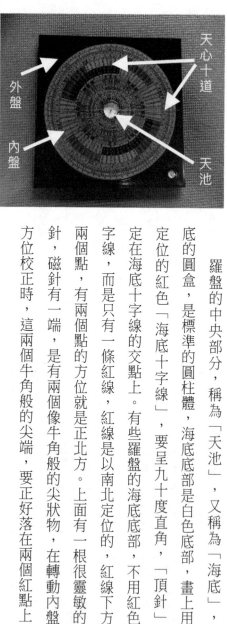

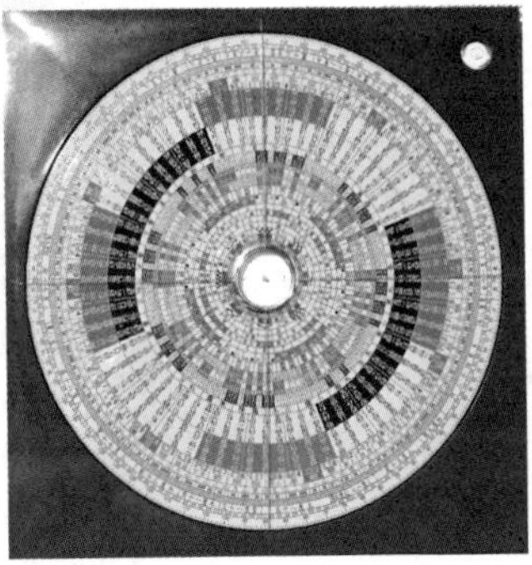

黃色內盤的羅盤，看起來較不傷眼力

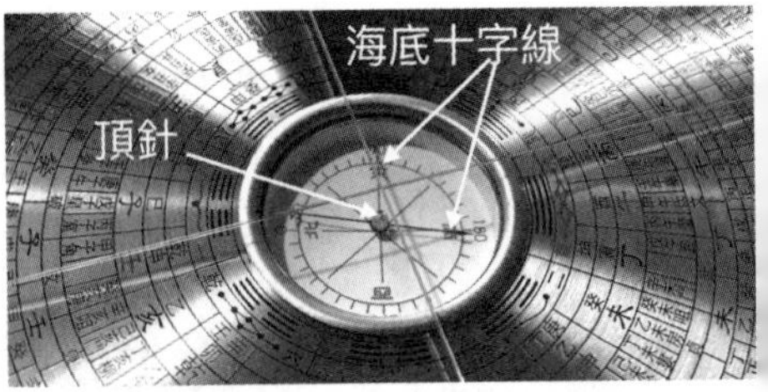

天池有兩條東西南北成直角的海底十字線，頂針在十字線交叉的位置

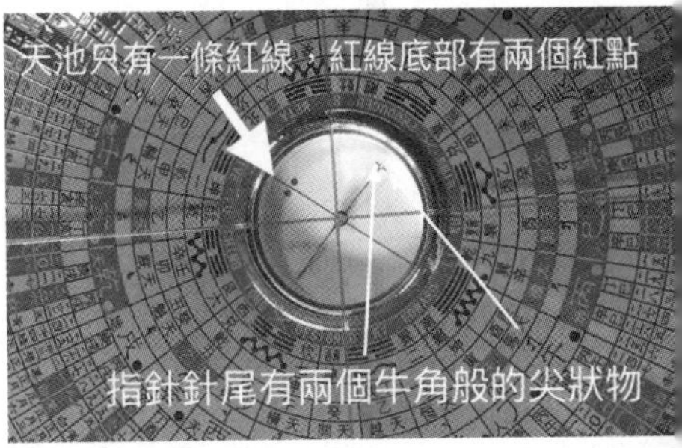

有些羅盤的天池只有一條紅線，紅線的底部有兩個紅點

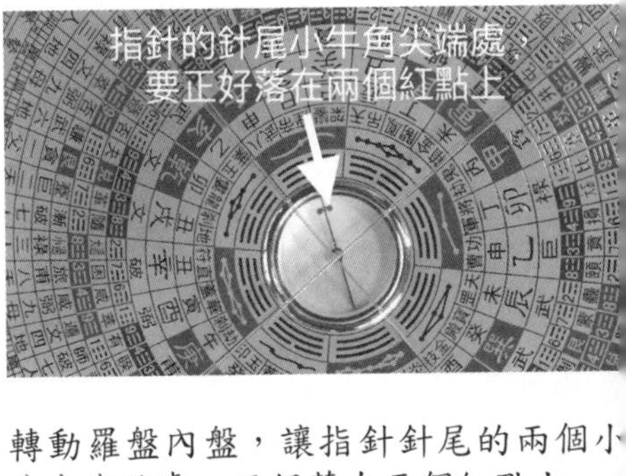

轉動羅盤內盤，讓指針針尾的兩個小牛角尖端處，正好落在兩個紅點上

天池（海底）的外面，是銅面黑底金字或金底黑字或黃底的圓形活動轉盤，稱為「內盤」或「圓盤」。金底黑字的內盤看起來比較吃力，尤其在陽光下更會反光刺眼，而黃色的內盤，則較不傷眼力。

羅盤內盤盤面層次繁多，上面有一圈圈的文字，從五行八卦、天干地支、節氣方位到天文曆法……等，習慣上一圈稱為一層。羅盤有各種大小尺寸，層數也不同，但無論是哪個風水門派的羅盤，中間必有一層是「地盤」二十四山方位。從北方開始依順時針排列，分別是壬子癸、丑艮寅、甲卯乙、辰巽巳、丙午丁、未坤申、庚酉辛、戌乾亥，共二十四個方位。

這二十四個方位包括八天干（甲、乙、丙、丁、庚、辛、壬、癸，不包括戊、己，因為戊己的方位是屬於中央），加上十二地支（子、丑、寅、卯、辰、巳、午、未、申、酉、戌、亥），再加上四隅卦（乾、坤、艮、巽），又稱為二十四山。

內盤的外側是一方形盤身，稱為「外盤」或「方盤」，市面上常見電木材質的盤身。外盤有四個小孔，分別由兩根魚絲或膠線，以十字形穿於四邊中間的小孔內，它是用來定坐山和向山的，這兩條垂直的十字魚絲線，稱為「天心十道」或「十字天心」。

沒有天池的小自動羅盤，
也有地盤二十四山

三、羅盤座向測量法

在使用羅盤之前，有以下幾點需特別注意：

1. 必須先將身上的鐵器（金屬項鍊、皮帶銅釦）、電器用品，如手機或是會干擾羅盤磁場的物品全部取下。尤其現在的手機護套都有磁鐵，影響很大，手機一接近羅盤，馬上會造成磁針劇烈地轉動，接近久了，磁針可能就失效了。

2. 注意量測的地點附近，沒有鐵器、電線桿、電箱、電塔……等任何可能會干擾電磁場之物品。

3. 羅盤的盤面必須要保持水平，指針不可一邊往上翹或往下掉（除了在接近南北極的地區例外，筆者在紐西蘭使用，羅盤的指針就常有這種狀況）。通常羅盤旁邊會有一個水平儀，只要氣泡在小圓圈當中，即說明羅盤已經是端平了，如果氣泡在小圓圈外，則說明羅盤沒有端平。有些羅盤的水平儀，設計為兩條垂直狀的水平儀，用來校正前後左右的傾斜程度，設計雖然不同，但意義和用法相同。同時也要注意銅製轉盤與盤體的接合處是否密合，不可有鬆動、破裂，因為這都會影響到量測的結果。

4. 檢查羅盤是否正常，若有彎曲變形則不得使用。

開始用羅盤量測：

首先根據第肆篇〈座向判斷，按部就班〉所提供的座向判斷法找出宅向。量測者面向房宅，雙手分別托住羅盤外盤兩側，雙腳略為分開。

將羅盤放在胸腹之間的位置上，保持羅盤水平狀態，不可傾斜。

再調整羅盤，羅盤上方的十字魚絲線，其中一條需與宅向切面保持平行，另一條則與量測者呈垂直。確認了十字魚絲線的位置之後，則要開始轉動內盤做方位校正，天池內的指針會開始轉動，要讓指針尾部兩個牛角般的尖端處，正好落在兩個紅點上，或是讓針尾落在正北方0度的線上。

如何將羅盤與宅向切面保持平行，說起來簡單輕巧，但其中卻有很大的學問，一般的風水書籍也不會詳細說明，只是提到說與最大採光面或大門平行就一筆帶過，但如何平行，以避免「羅經差一線，富貴不相見」的狀況呢？

以前的人在量測陰宅時，有風水師會把羅盤外盤的邊緣，頂在墓碑邊緣量測，這確實是一個精準量測的好方法，因為墓碑的石頭沒有磁性，抵住邊緣，角度也不會偏掉。但現在的房宅內有鋼筋鋼樑，大門附近也有許多會影響磁針量測的因素，且在住宅旁和離住宅兩公尺外量測出來的數據，也會有所不同。即使是在屋外量測，有時也會受到附近電磁場的干擾，因此在量測時的距離，還是要根據實際的狀況做彈性的應變，有時必須要站在更遠的地方量測。

經驗豐富的風水師，能快速精準地以羅盤測出精確的角度，但對風水初學者而言，這的確是一個難題，然而在一般的風水書籍中，並不會教導讀者如何做出精確的量測。

筆者在這裡給風水初學者，提供一個筆者自己體悟出來的方法，配合羅盤使用，可以做出精準測量。讀者可自行設計一個長方形柱體，木製或塑膠製品皆可，只要沒有磁力的就可以。接縫處不可用鐵釘，只能用沒有磁性的釘子釘入，或使用快乾等強力膠水黏合，以避免鐵釘的磁力影響指針。在要量測住宅切面的大門或陽台處，找兩個相鄰近的點，分別以皮尺拉出兩公尺的長度，在地上做記號，再將兩點以粉筆在地上畫出一條直線，這條線就會和宅向切面精準平行。這個步驟也可以採用先進的紅外線測距儀，以取代皮尺進行量測長度，並使用紅外線標線儀的紅外線筆直光束，可取代粉筆所畫的直線。這也是目前筆者所採取的量測方法，相信會比手捧著羅盤，僅靠目測的量測方式精準。

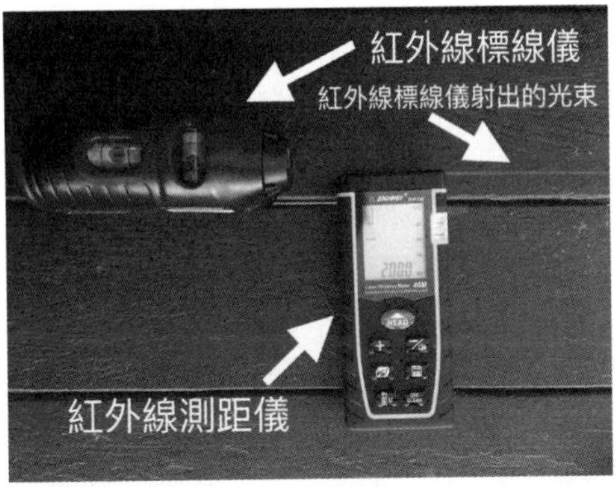

將所準備的長方柱其中一面，與地面上所畫出來的粉筆線切齊固定，或與紅外線標線儀的紅外線筆直光束切齊，再將羅盤放在長方柱上。羅盤的邊緣，與長方柱面對宅向的這面邊緣切齊即可。

長方柱的長寬，以略大於所使用的羅盤即可，高度到使用者胸腹之間的高度。長方柱的高度若是偏低也無妨，只是使用者需要蹲低操作。在長方柱底下的四個角，也可做成可調式高度的設計，如電冰箱的四個可調式的腳一樣，以因應不同的地形，根據羅盤的水平儀做校正微調。

這麼做的原因，就是要盡量避免因為持羅盤的角度，與屋宅宅向切面不平行而導致的偏差。但要依不同房宅的狀況，做實際操作的調整，但大原則就是如此。

有些讀者可能會為了方便起見，直接把羅盤放置在地面。筆者並不認同這種做法，羅盤是我們量測風水的重要利器，要保持恭敬心對待與愛惜，就如同軍人尊敬愛惜自己的槍一樣。而且將羅盤放置在地面，不但看起來很隨便、不專業，也容易造成羅盤的損傷。

在確認羅盤與所面對的宅向切面精準平行後，再開始轉動內盤，用來校準磁針。用雙手的大拇指轉動圓形的內盤，當內盤轉動時，天池內的磁針也會隨之轉動。將內盤轉動到磁針與天池內的紅線重疊在一起，並且靜止下來為止。讓指針的牛角尖端處，剛好落在天池紅線底部的兩個紅點處，或是天池紅色十字線寫「北」字的正北方，即0度的位置，即可取得房宅的座向及角度。

此時，察看羅盤上與持羅盤者的身體呈垂直的紅色魚絲線，是壓在二十四山的哪一個字

如果背對房宅量測，就要以靠近持羅盤者胸部這側的山為坐山，而面對的方向是向山

以接近房宅的那一側為坐山，以靠近量測者身體的這一側為向山

上，是以接近房宅的那一側為坐山，以靠近量測者身體的這一側為向山。譬如靠近量測者身體這一側的字若為「午」，而接近房宅那一側的字為「子」，則稱這間房宅的座向為「子山午向」或「坐子向午」，而不稱為「座北朝南」。

也有風水師量測的方式，是背對房宅的，這種方法讀取出來的結果，就是以靠近持羅盤者胸部這側為坐山，而面對的方向是向山。方法不同，原理相同，看個人喜歡用那種方法量測。以筆者個人的看法而言，面對房宅做量測的精準度應該會較高，因為背對房宅量測，沒有房宅這個參照物可做目測對照，可能較容易出現誤差。

用羅盤或指南針找出屋宅的座向，如得出子山午向、壬山丙向……等座向後，我們就可以開始進入宅飛星盤的理氣計算應用了。

陸

玄空飛星，順逆飛泊

高級專利羅盤
專利字號M 272081

陸 玄空飛星，順逆飛泊

風水理氣派別極多，玄空飛星學只是其中的一種學派，運用九宮飛星飛泊的理論及方法，來分析及調整居家能量。

雖然在風水堪輿上有不同的派別，重點是要能對所學習的風水法門專精深入，才能幫助自己或委託人「趨吉避凶」。以下就正式進入玄空飛星學的基礎核心知識的學習，讀者若能掌握這些內容，在參考一些其他的坊間風水書籍時，就能夠有辨識的能力，才不會被一些似是而非的觀點誤導，也有利於玄空飛星學進階的學習。

一、玄空飛星的理論

玄空飛星，或稱為「九宮飛星」，是一門研究飛星飛泊的風水堪輿學說，講究的是風水會隨著時間的推移，不同飛星的飛泊所到之處，會產生不同的吉凶變化。我們研究玄空飛星風水，就是要分析飛星的組合變化，並透過五行生剋補洩之法，做適當的興旺吉星和化解煞星等風水調理。

在玄空飛星風水學中，九宮飛星的方位和吉凶，會隨著時間的推移而產生變化。而固定的洛書八卦方位，所代表的意義，是不會隨著時間的推移而產生變化的。

玄空飛星是由洛書演變而來，不管是固定方位所代表的意義，還是九星飛泊的順序，都和洛書有極為密切的關係。

（一）洛書與方位

雖然是風水初學者，但洛書的數字順序不能不知道。洛書的口訣：「戴九履一，左三右七，二四為肩，六八為足，中央居五」。

將以上的數字結合相對位置，套入以下表格就是：

4	9	2
3	5	7
8	1	6

如果再套入八卦的卦名、方位與家中成員代表，就會如左圖所示：

東南－4 (巽卦、長女)	南方－9 (離卦、中女)	西南－2 (坤卦、母親)
東方－3 (震卦、長男)	中宮－5	西方－7 (兌卦、少女)
東北－8 (艮卦、少男)	北方－1 (坎卦、中男)	西北－6 (乾卦、父親)

每個方位所代表的意義，與家庭成員及身體健康的關聯，我們也可以簡單地用左邊的圖表來做連結。

八卦方位與家中成員及對應臟器檢索表

方位	卦位	陰陽	五行	家中成員	對應臟器
西北	乾	陽	金	父親	肺、喉嚨、鼻、頭、大腸
西南	坤	陰	土	母親	腹、脾胃
東方	震	陽	木	長男	肝、足、神經系統
北方	坎	陽	水	中男	腎、膀胱、耳朵
東北	艮	陽	土	少男	脾胃、手
東南	巽	陰	木	長女	膽、大腿
南方	離	陰	火	中女	心臟、血液、眼睛、頭
西方	兌	陰	金	少女	肺、口腔、喉嚨、鼻

以上都是由洛書的方位，所衍生出來的相關系列，而最原始的以五居中的洛書九宮格，稱為「元旦盤」。

（二）三元九運

讀者先就以上的內容，做個初步的瞭解後，接下來我們就可以開始進入九宮飛星的部分。在羅盤的量測後，可以得知房宅座向，再瞭解該房宅是在何時所建造的，就能推算出這間房宅的飛星盤。

「宅飛星盤」就如同人的八字一樣，因此又稱為「宅命盤」，其中所包含的訊息量極大，根據飛星組合的吉凶，瞭解其中的生剋關係，可用來推算居住者的健康、人倫關係、財運……等狀況。而每年有不同的流年飛星加臨，也會產生不同的變化，就如同人的八字中，也有大運及流年。透過流年飛星，結合洛書方位所對應的家庭成員及相關臟器，可預測該年在該方位之吉凶。

比如，某一年九星中的流年二黑星飛入東方震宮，退運的二黑星是一顆一級凶煞之星，也是一顆「病符星」。而東方震宮代表長子，也代表肝、足、神經系統。那麼在該年中，長子的健康，或家人的肝、足、神經系統，可能就會出現問題。

透過這些收集來的資訊及數字進行分析，做為風水調整的根據，最後能達到趨吉避凶，這也是研究玄空飛星學的目的。

簡單的比喻，就如同中醫透過望、聞、問、切等診斷方法，瞭解到病人生了什麼病，之後再對症下藥一樣。要瞭解九宮飛星之前，我們必須先來簡單瞭解什麼是「三元九運」。

在曆法上，每六十年稱為「元」，上元掌管六十年，中元掌管六十年，下元掌管六十年，三元總共一百八十年。

將九宮的這九顆星，套進去這一百八十年當中，每一顆星分別掌管二十年。這九顆星的名稱，分別為一白星、二黑星、三碧星、四綠星、五黃星、六白星、七赤星、八白星和九紫星，分別掌管一到九運，每個元運各二十年，總共一百八十年。當一百八十年結束的時候，又再由一白星掌管一運，如此循環不息。

目前正處於八運（2004 年－2023 年）的時期，因此掌管八運的八白星稱為「當令星」。在這二十年當中，八白星所飛到的方位，稱為「當時得令」，是一個旺方。

如果門向開在八白星的向星方位，就能啟動這顆大財星的磁場，在理氣上可以稱為「當時得令」，有較大的旺財機會。在八運當中，八白星稱為「當令星」，而掌管九運的九紫星，和掌管一運的一白星稱為「未來星」。在八運時，九紫星也稱為「生氣星」，是一顆充滿生機的吉星，而一白星也稱為「遠生氣星」，是屬於一顆未來吉星。

當令星和未來星都是吉星，這代表在八運的二十年當中，九紫星所到之處，也能夠帶來吉運，尤其九紫星也是一顆喜慶星，因此可說是吉上加吉。

而一白星也是如此，不過效力不如九紫星。在八運時，當令星八白星才是最強的吉星和財星。以旺財的狀況而言，當令星是現在就旺財，而未來的吉星，則代表未來才能旺財，適合做長期理財投資的規劃，有可能要等到二、三十年後才會旺財。譬如在八運中，大門的向星是一白星，因為是未來星，要等到二十幾年後，才會當時得令。在這裡所提到的向星這些名詞，之後會加以說明。

在八運時，二黑星到七赤星都稱為「退運星」，也稱為「失令星」。退運星中，以二黑星和五黃星最為凶險，是一級凶煞星。對於凶星所到的方位，需要通過風水的五行化洩，來化掉凶煞。不同的方位有著不同的含意，而不同的飛星，在得令和失令時，也有著不同的吉凶意涵。

（三）九星的屬性及意涵

筆者整理以下圖表，讓讀者可以快速掌握九星所代表的屬性及意涵。

對於九星中的某些特性，以下再略做補述。一白、三碧、六白、八白為陽星；二黑、四綠、七赤、九紫為陰星。飛星盤的任一宮位，都是喜歡陰陽相配，所謂異性相吸，而忌諱純陰或

九星所代表的屬性及意涵

序號顏色	陰陽屬性	五行	星名	主要影響	當運	失運
一白	陽	水	貪狼星	桃花文職	桃花感情順遂，官運及財運亨通	破財、損家、爛桃花、流落異鄉
二黑	陰	土	巨門星	身心病痛	位列尊崇，成就偉業	為病符星，遭破財橫禍、病痛不斷、死亡絕症
三碧	陽	木	祿存星	官非鬥爭	辯才無礙，適合當律師、法官	為官符星，有官非訴訟、意外、破財招刑罰、盜賊入屋
四綠	陰	木	文曲星	讀書考試	文化藝術，才華洋溢	為桃花劫星，招酒色之禍、淫亂
五黃		土	廉貞星	災病凶煞	位極尊崇，顯貴無比	為正關煞，易有死亡絕症、血光之災、家破人亡，動土則遭凶煞
六白	陽	金	武曲星	軍警官運	軍警獲拔擢，武將勛貴，丁財兩旺	失財星，可令傾家蕩產
七赤	陰	金	破軍星	盜賊破財	大利以口才為主的職業，如歌星、演說家、占卜家、記者等	口舌是非，易有火災，及開刀手術、呼吸系統的問題。出外易招盜賊，小人環伺
八白	陽	土	左輔星	富貴功名	為九星中第一吉星。富貴功名不絕，發財添丁，廣置田產	為失財失義
九紫	陰	火	右弼星	福祿喜事	喜事臨門，有情人成眷屬，為一級喜慶星及愛情星，代表桃花人緣，貴客盈門	為桃花劫星，亦主火災、心臟病、眼疾、流血

純陽之數，因為孤陰不生、獨陽不長的緣故。

一白、六白和八白，是九星中的三大吉星。在九宮飛星中，每顆飛星都有其代表的顏色。在各種顏色中，紫、白是代表吉星，所以一般簡稱為「紫白飛星」。

退運的二黑星又稱為「病符星」，會造成病痛不斷。當前是八運，即將進入九運，二黑星要到二運才當令，所以在八運剩下的這幾年，再加上九運的二十年，這顆凶星會持續保持破壞力。

退運的五黃星又稱為「正關煞」或「戊己大煞」，目前是八運，要再等一百年後五黃星才會當令，最快也要到三運時，也就是六十年後，五黃星才會漸漸轉為吉星，因此至少在這六十年間，五黃星都會是顆一級煞星，必須要做化洩處理。

一般風水師，對五黃星避之唯恐不及，但有些功力深厚的玄空風水師，反而對五黃星愛不釋手，認為因五黃星力量強大，若能善用，反而是可以成為調換星辰，催財化煞的關鍵。在此只是提出來讓讀者知道有這個概念即可，天下之事沒有絕對，水能載舟亦能覆舟，刀能傷害人亦能保護人，端看使用者如何運用。就像是中藥中有附子、大黃這兩味藥，許多中醫師不敢使用，視之為毒蛇猛獸，但懂得原理及正確使用之法的中醫師卻超愛使用，因其力量強大，收效快速。筆者就經常使用含附子、大黃的科學中藥方劑，如「四逆湯」和「復元活血湯」，「四逆湯」對現代人愛喝飲料、吹冷氣，而導致陽虛疲勞、手腳冰冷等症狀的治療效果良好，而「復元活血湯」對於跌打損傷效果良好，可活血祛瘀。同樣地，五黃星的原理也是如此，因其力量強大，若能知道如何善用駕馭其力量，當然可獲得良效。但在風水初學的階段，還是以保守操作，安全謹慎為宜。

五黃星的方位，是屬於煞方，一般都是宜靜不宜動，五黃最忌聲響，若遇到剛好又是「歲破方」，凶性更大，重則損丁損財。「歲破方」的方位，可參閱第玖篇〈流年飛星，風水輪轉〉的第十二節〈流年太歲方與歲破方〉中的說明。遇到五黃煞，要用金來洩，不要用剋法，越剋越凶，就如同打罵叛逆期的孩子，越打罵就越叛逆。這顆凶星所在的方位，如果是飛入吉星的宮位，如八白星或九紫星的宮位，或許可以略減凶性；但若是飛入二黑星、三碧星等凶星的宮位，那就是雪上加霜、凶上加凶，必須要做化解，否則容易有重病、血光之災等不幸事故發生。

二、如何排出宅飛星盤

我們已經瞭解九星的特性後，接著要來學習實際操作的部分，即如何排出宅飛星盤。筆者先來介紹九星的飛泊順序，九星會依照洛書元旦盤的方向進行飛泊，有些風水書籍稱為「飛伏」，意思一樣。這種飛泊方式，有些風水書籍也稱為「九九八十一步量天尺」。

（一）九星的飛泊順序

根據洛書元旦盤的數字，如左圖：

4	9	2
3	5	7
8	1	6

再套入方位，可以得到左圖：

東南－4	南方－9	西南－2
東方－3	中宮－5	西方－7
東北－8	北方－1	西北－6

我們可以看到數字移動的順序，從中宮的5→飛到西北方的6→飛到西方的7→飛到東北方的8→飛到南方的9→飛到北方的1→飛到西南方的2→飛到東方的3→飛到東南方的4→最後飛回到中宮的5。

我們可以將5進入中宮的飛星飛泊軌跡圖示如下：

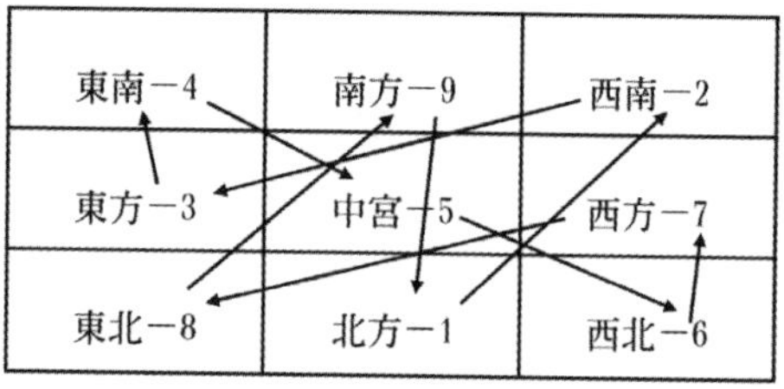

這是以5入中宮的飛星飛泊軌跡，但當其他飛星飛入中宮時，只是代入的數字不同，但飛泊軌跡完全一樣。

如以一白星的1飛入中宮，如下圖：

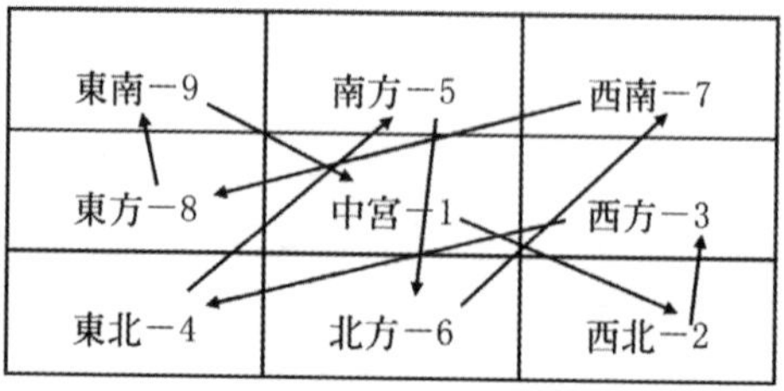

在上圖的九宮格中，中宮位置是1，即一白星。對於這張圖，我們不用去記住每個飛星的位置，因為這些位置都是會變化的，重點是一定要記住圖中箭頭的軌跡，這就是九宮飛星飛泊的順序。同時，筆者也已經註明方位，這張圖是上南下北，左東右西，洛書的九宮方位就是如此。

我們以下圖再來練習以二黑星飛入中宮的飛泊順序，箭頭方向就是九宮飛星的飛行軌跡。其他的飛星數字入中宮時，也是以此類推。

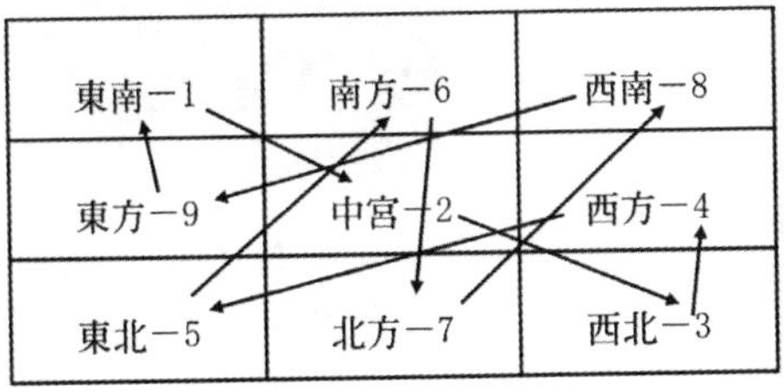

（二）依元運與座向排出宅飛星盤中宮的山向星

依照玄空飛星學的三元九運理論，每個元運各二十年，總共一百八十年為一個循環。以下筆者列出離我們最近的一到九運，給讀者做參考。按表查一下你家的住宅建造於哪一年，就是屬於那一個元運的屋宅。

一運：1864 年-1883 年

二運：1884 年-1903 年

三運：1904 年-1923 年

四運：1924 年-1943 年

五運：1944 年-1963 年

六運：1964 年-1983 年

七運：1984 年-2003 年

八運：2004 年-2023 年

九運：2024 年-2043 年

以該元運星入中宮，再加上量測出的房宅座向，就可以排出該房宅的「飛星盤」。「飛星盤」亦稱為「宅飛星盤」、「飛星圖」、「宅命盤」。讀者可以參照下圖，以對照羅盤地盤二十四山的角度。

與地盤二十四山對應的角度

角度	二十四山	英文代號	方位
337.5°-352.5°	壬	N1	北方
352.5°-7.5°	子	N2	
7.5°-22.5°	癸	N3	
22.5°-37.5°	丑	NE1	東北
37.5°-52.5°	艮	NE2	
52.5°-67.5°	寅	NE3	
67.5°-82.5°	甲	E1	東方
82.5°-97.5°	卯	E2	
97.5°-112.5°	乙	E3	
112.5°-127.5°	辰	SE1	東南
127.5°-142.5°	巽	SE2	
142.5°-157.5°	巳	SE3	

角度	二十四山	英文代號	方位
157.5°-172.5°	丙	S1	南方
172.5°-187.5°	午	S2	
187.5°-202.5°	丁	S3	
202.5°-217.5°	未	SW1	西南
217.5°-232.5°	坤	SW2	
232.5°-247.5°	申	SW3	
247.5°-262.5°	庚	W1	西方
262.5°-277.5°	酉	W2	
277.5°-292.5°	辛	W3	
292.5°-307.5°	戌	NW1	西北
307.5°-322.5°	乾	NW2	
322.5°-337.5°	亥	NW3	

透過羅盤方位，讀者可以認識地盤二十四山的位置

現在我們就正式進入計算房宅飛星盤，我們以一間建於1976年的王山丙向房宅為例，對照以上元運，得出這是屬於建於六運的房宅。

首先，先畫出九宮格，將元運星六代入中宮，依飛星順飛的飛泊軌跡順序，依次填入九宮格中，得出以下結果。

丙↑

五	一	三
四	六	八
九	二	七

壬

筆者在北方坎宮下方註明王，讓讀者知道坐山是王山，在南方離宮上方註明丙，讓讀者知道向山是丙山，並用↑表示屋宅朝向的方向。本文中所提到的房宅飛星盤，都是以此法標記，不再贅述。

因為座向為王山丙向，王山在北方坎宮，將坎宮的數字二，放在中宮元運星六的左上方，改以阿拉伯數字書寫為2，代表坐山的「山星」，也稱為「坐星」，一般習慣上稱為「山星」。

接著找丙山，丙山在南方離宮，將離宮的數字一，放在中宮元運星六的右上方，改以阿拉伯數字書寫為1，代表向山的「向星」，也稱為「水星」，一般習慣上稱為「向星」。這個步驟很重要，不要將山星和向星的位置弄錯了，一旦弄錯，全盤皆錯。

下一步更重要，也是較需要動腦筋的部分，主要是牽涉到飛星順飛和逆飛的順

丙↑

五	一	三
四	2 1 六	八
九	二	七

壬

序。所謂的順飛，是從中宮開始，按照九宮飛泊的順序順著飛，如6→7→8→9→1→2→3→4→5。所謂的逆飛，是從中宮開始，也是按照九宮飛泊的飛行軌跡，但數字要逆推，如6→5→4→3→2→1→9→8→7。因此，不管順飛或逆飛，飛泊的軌跡都一樣，主要的差別在順飛是數字順推，逆飛是數字逆推。

（三）山星與向星的順飛和逆飛

要知道山星與向星如何順飛和逆飛，坊間的風水書籍有不同的推算方法，在此筆者將兩種推算方法提供給讀者做參考。

第一種方法：

要運用第一種方法時，必須要將洛書元旦盤和四正位、四隅位及其陰陽排序一起結合來看。筆者提供以下圖表，讓讀者參照。

根據洛書元旦盤的方位與數字對照，如下圖：

洛書元旦盤的方位與數字對照表

東南巽宮－4	南方離宮－9	西南坤宮－2
東方震宮－3	中　　宮－5	西方兌宮－7
東北艮宮－8	北方坎宮－1	西北乾宮－6

首先，要先知道二十四山，在四正位與四隅位中，每山的順序及其陰陽排序。四正位即東、西、南、北；四隅位即東北、東南、西南、西北。四正位三山的陰陽排序為陽、陰、陰，而四隅位三山的陰陽排序為陰、陽、陽。見下方圖表：

四正位與所屬之山及其陰陽

北方	坎宮	壬	陽
		子	陰
		癸	陰
東方	震宮	甲	陽
		卯	陰
		乙	陰
南方	離宮	丙	陽
		午	陰
		丁	陰
西方	兌宮	庚	陽
		酉	陰
		辛	陰

四隅位與所屬之山及其陰陽

東北方	艮宮	丑	陰
		艮	陽
		寅	陽
東南方	巽宮	辰	陰
		巽	陽
		巳	陽
西南方	坤宮	未	陰
		坤	陽
		申	陽
西北方	乾宮	戌	陰
		乾	陽
		亥	陽

四正位及四隅位每一山的順序不能錯亂顛倒，如坎宮的順序為壬、子、癸，不能記成子、癸、壬，會計算錯誤。又如艮宮的順序為丑、艮、寅，也一定要按照丑、艮、寅的順序排列，順序不能顛倒。

以上一節提到的六運壬山丙向房宅為例，以元運星六代入中宮順飛，得出六運的元運盤後，再將山星2放在中宮元運星六的左上角，將向星1放在中宮元運星六的右上角，如下圖：

丙↑

五	一	三
四	2 1 六	八
九	二	七

壬

接下來要開始推算山星和向星需要順飛或逆飛的問題，首先來看山星的部分，中宮山星為2，參照前文「洛書元旦盤的方位與數字對照表」，可知2在洛書元旦盤中為坤宮，坤宮是屬於四隅位，而坤宮的三山為未、坤、申，參照前述「四隅位與所屬之山及其陰陽」的陰陽排序為陰、陽、陽。而坐山為壬山，在坎宮三山的排序為壬、子、癸，因此壬山對應到坤宮的未山，而未山的陰陽排序為陰，陰代表要逆飛，因此從中宮開始，按照九宮飛泊的飛行軌跡，但數字要逆推，即2→1→9→8→7→6→5→4→3，這就是山星的飛泊順序。

壬↓未－陰↓逆飛

子↓坤－陽

癸↓申－陽

接下來看向星的部分，中宮向星為1，參照前文「洛書元旦盤的方位與數字對照表」，1在洛書元旦盤中為坎宮，坎宮是屬於四正位，而坎宮的三山為壬、子、癸，參照前述「四正位與所屬之山及其陰陽」的陰陽排序為陽、陰、陰。而向山為丙山，在離宮三山的排序為丙、午、丁，因此丙山對應到坎宮的壬山，而壬山的陰陽排序為陽，陽代表要順飛，因此從中宮開始，按照九宮飛泊的飛行軌跡，數字順推，即1↓2↓3↓4↓5↓6↓7↓8↓9，這就是向星的飛泊順序。

丙↓壬－陽↓順飛

午↓子－陰

丁↓癸－陰

最後，得出六運壬山丙向的飛星盤如下：

丙↑

3 五	7 一	5 三
4 四	2 1 六	9 八
8 九	6 二	1 七

壬

丙↑

3 9 五	7 5 一	5 7 三
4 8 四	2 1 六	9 3 八
8 4 九	6 6 二	1 2 七

壬

此外，要注意的是，如果山星或向星為5的話，則要依照四正位三山的陰陽排序是陽、陰、陰，而四隅位三山的陰陽排序是陰、陽、陽來推算。

以八運艮山坤向的宅飛星盤為例，坐山艮山是在艮宮的宮位，在八運中艮宮的元運星為二。將艮宮的數字二，改以阿拉伯數字書寫為2，代表坐山的「山星」，將山星2放在中宮元運星八的左上角。向山坤山是在坤宮的宮位，在八運中坤宮的元運星為五。將坤宮的數字五，改以阿拉伯數字書寫為5，代表向山的「向星」，將向星5放在中宮元運星八的右上角，如下圖：

坤↗

七	三	五
六	2 5 八	一
二	四	九

艮

按照之前所說的方法，先推算山星是順飛還是逆飛。因為中宮山星是2，在洛書元旦盤中2為坤宮，坤宮是屬於四隅位，而坤宮的三山是未、坤、申，四隅位的三山陰陽排序為陰、陽、陽。而坐山為艮山，在艮宮三山的排序為丑、艮、寅，因此艮山對應到坤宮的坤山，而坤山的陰陽排序為陽，因此要順飛。

丑→未－陰

艮→坤－陽→順飛

寅→申－陽

坤↗

1 七	6 三	8 五
9 六	2 5 八	4 一
5 二	7 四	3 九

艮

接著我們來計算向星的飛法，因為中宮向星為5，因此計算的方法要根據四正位三山的陰陽排序是陽、陰、陰，而四隅位三山的陰陽排序是陰、陽、陽的方法來推算。向山為坤山，坤山位在坤宮，是屬於四隅位，四隅位的陰陽排序是陰、陽、陽，而坤宮三山的排序是未、坤、申，因此坤為陽，所以要順飛。最後，得出以下完整的飛星盤。

未—陰

坤—陽→順飛

申—陽

坤

1 4 七	6 9 三	8 2 五
9 3 六	2 5 八	4 7 一
5 8 二	7 1 四	3 6 九

艮

第二種方法：

要使用第二種方法時，同樣也要知道二十四山在四正位與四隅位的順序。

四正位

北方	坎宮	壬
		子
		癸
東方	震宮	甲
		卯
		乙
南方	離宮	丙
		午
		丁
西方	兌宮	庚
		酉
		辛

四隅位

東北方	艮宮	丑
		艮
		寅
東南方	巽宮	辰
		巽
		巳
西南方	坤宮	未
		坤
		申
西北方	乾宮	戌
		乾
		亥

我們只要知道四正位及四隅位每一宮的順序即可，順序不能顛倒錯亂，前文已提及，不再贅述。

接著我們來看中宮山星和向星的數字，只要是中宮的山星或向星，出現奇數1、3、7、9，對應的陰陽排序就是陽、陰、陰；若出現偶數2、4、6、8，對應的陰陽排序就是陰、陽、陽。如果是5的話，則是看本來的坐山或向山的陰陽排序。

筆者還是以六運壬山丙向的房宅為例，如下圖：

丙 ↑

五	一	三
四	2 1 六	八
九	二	七

壬

先以中宮山星2開始推算，2是偶數，偶數對應的陰陽排序是陰、陽、陽，而對應到坐山宮位坎宮的三山是壬、子、癸。因此，對應的結果如下：

陰—壬↓逆飛

陽—子

陽—癸

而本宅是壬山丙向，因此壬山是對應到陰，陰代表要逆飛，因此從中宮開始，按照九宮飛泊的飛行軌跡，但數字要逆推，即2↓1↓9↓8↓7↓6↓5↓4↓3。

丙↑

3 五	7 一	5 三
4 四	2 1 六	9 八
8 九	6 二	1 七

壬

接下來看向星的部分，中宮向星為1，1是奇數，奇數對應的陰陽排序是陽、陰、陰，而對應到向山宮位離宮的三山是丙、午、丁。因此，對應的結果如下：

陽－丙↓順飛

陰－午

陰－丁

而本宅是壬山丙向，因此丙山是對應到陽，陽代表要順飛，因此從中宮開始，按照九宮飛泊的飛行軌跡，數字順推，即1↓2↓3↓4↓5↓6↓7↓8↓9，最後得出完整的飛星盤如下圖：

丙↑

3 9 五	7 5 一	5 7 三
4 8 四	2 1 六	9 3 八
8 4 九	6 6 二	1 2 七

壬

因此，確定了山星逆飛和向星順飛的飛泊後，就能推算出本宅的飛星盤。

此外，要注意的是，如果山星或向星為5的話，則要依照四正位三山的陰陽排序是陽、陰、陰，而四隅位三山的陰陽排序是陰、陽、陽來推算，這裡的計算方法和第一種方法相同，就不再贅述。

要提醒讀者的是，宅飛星盤又稱為「宅命盤」，就如同人的八字命盤一樣，是不會變的。

在玄空飛星學中，如果是六運時建造的房子，就是以六運的元運星入中宮，去推算宅飛星盤。就算是到了八運，還是要以原六運的宅飛星盤，分析與周遭砂水的對應情況而來推斷吉凶。不能認為現在已經到了八運，就可以改以八運的元運星入中宮，除非是把房宅剷平，在原地基上重建新宅，那才可以改成以新的元運計算，因為那已經算是一棟新的房宅，等於是房宅新生命的開始了。如果只是做室內的整修裝潢或室內翻新，都還是要以原元運的飛星盤計算。

此外，讀者也要注意，六運的房宅到了八運時，在分析當令旺星時，是以8的那顆星來分析，而不是以6的那顆星來分析，因為6的那顆星已經退運了，在八運時，8的那顆星才是當令旺星。

三、南半球的九宮飛星運用

我們在使用羅盤看風水時，是使用屬於地盤的二十四山，而地盤的北極是指「磁北」。既然是以磁北來定向的話，不管南北半球，磁北永遠都是磁北，也就沒有所謂南北半球不同的問題。所以在北半球，可以用羅盤的地盤來量測二十四山，在南半球照樣也可以用羅盤的地盤，來量測二十四山，因為磁北是相同的。

因此，不管在南北半球，使用羅盤的方式一樣，方位也一樣，不用將羅盤南北顛倒來使用。

有些人可能會想，就算如此的話，那麼原本按照洛書飛行軌跡的九星飛泊法，是否也有南北半球的不同?筆者認為，飛星的飛泊軌跡是屬於天體運行的事，跟地理的南北半球無關。

因此，在南半球使用羅盤定位的方法，及九宮飛星飛泊法，和在北半球所使用的方法完全一樣。

柒
飛星盤內，理氣吉凶

柒　飛星盤內，理氣吉凶

由確認宅向位置，到用羅盤定好方位，再依照元運星排出住宅的「宅飛星盤」，這已經是完成重要的基本程序了。就如同將一個人的生辰排出八字，或紫微斗數的命盤後，接著就是要進入到重要的分析解讀步驟。

由人的八字命盤，可以分析出此人一生的禍福窮通。同樣地，由宅飛星盤也可以分析出這間房宅，在理氣上的禍福吉凶。飛星盤是玄空飛星學派的風水師共同所使用的語言，看到飛星盤的推算結果，基本上大概就知道這間房宅的吉凶。但這只是一個基本參考值，並不是絕對的吉凶，必須要配合上房宅的內外格局，及瞭解是什麼人住在其中，才能做出綜合判斷。風水上，要遵循「巒頭為主，理氣為輔」、「七分巒頭，三分理氣」及「以人為本」的原則。

不好的理氣格局，如果有好的外巒頭，還不一定會發凶；但不好的理氣格局，遇到不好的外巒頭，再加上流年凶煞飛星加臨，該方又遇到動土，凶煞之氣就會被啟動，必須要事先提早做化解，否則就容易發生令人遺憾之事。

本篇的重點，會放在飛星盤的解讀上，著重在理氣上的「局」的理解，即理氣格局的吉凶，但讀者要知道，這只是屬於紙上談兵的局。一個理氣上的局會不會是好局，有沒有「合局」，必須要參照外環境的局。譬如理氣上的格局雖吉，但若是外巒頭凶，其結果也不會應吉，只是暫時不發凶。就如同由宅飛星盤推算起來，理氣上是屬於「旺山旺向」的局，結果外巒頭不佳，如開門撞山壁，或看到殘垣破壁，或面對臭水溝，那也是「不合局」而成為敗局。

一、旺山旺向

「旺山旺向」又稱為「到山到向」，即飛星盤山星的當元令旺星飛到「坐山」，稱之為「旺山」；而向星的當元令旺星飛到「向山」（或稱「向上」、「向首」），稱之為「旺向」。山星也稱為「坐星」，向星也稱為「水星」，風水上提到「山管人丁，水管財」，因此，當元令的山星飛到坐山就是旺山，旺山就代表旺人丁；而當元令的向星飛到向山就是旺向，旺向則代表旺財。當然，這僅是理氣上的「旺山旺向」，必須要和外巒頭的砂水搭配得宜，才是真正名符其實的「旺山旺向」。

理氣上「旺山旺向」的局，必須要和外巒頭相應才能「合局」，「坐山」處需要見到「好山」，「向山」處要見到「好水」，這才是丁財兩旺的大吉大利格局。好山好水，即第貳篇中所提到的「有情山」和「有情水」。

在八運時（2004年－2023年）中，理氣上「旺山旺向」的格局，有以下六種座向：乾山巽向、巽山乾向、亥山巳向、巳山亥向、丑山未向、未山丑向。以一般坊間的理氣說法而言，「旺山旺向」是主丁財兩旺的格局。

在第參篇〈風水辨正，導正視聽〉的第六節〈過度追求旺山旺向的誤解〉中，已經說明了過於強調「旺山旺向」的觀念是一個誤解，必須要有好巒頭格局的搭配前提下，才是真正的「旺山旺向」。因此，「旺山旺向」只是指理氣上的局而言，並不是說在這些方位上的房宅，就一定是「旺宅」，必須要配合外巒頭來判斷。

其實二十四山都有機會可以成為「旺山旺向」，但也有可能會成為「衰山衰向」，主要是看與外環境「砂水」的配合狀況。所謂的「砂」，指的就是本宅外所見到的山丘或是樓房。由宅飛星盤推算後，在本宅外相對應的理氣方位上，該見到山的方位要見到山，而且不能是巉巖破碎的山；該見到水的方位要見到水，而且不能是沖射反弓的水。以現代的都市情況而言，房宅外相對應的理氣方位上，該見到山的方位，要見到富麗堂皇的樓房，這也是一種「富山」的概念，就算不是富麗堂皇的建築，但至少由外觀看起來不能醜陋破落。而該見到水的方位，則要見到寬闊低平的地方，如寬闊的道路、公園廣場或水池，水也必須要清澈乾淨，這才是合局，不然空有好的理氣也沒用。

什麼是該見到山的方位要見到山，而該見到水的方位要見到水呢？以玄空飛星學理而言，目前是八運，飛星8、9、1的這三顆星是屬於吉星。宅飛星盤中，在山星8、9、1的宮位處，若能見到秀美的山巒，或富麗堂皇的樓房，就可說是真正的「旺山」。而在向星8、9、1的宮位處，門窗外若能見到蜿蜒清淨的河流、水池或開闊低平的地方，如廣場公園，就可說是真正的「旺向」。這就是理氣格局與外巒頭的砂水搭配得宜，而成為真正名符其實的「旺山旺向」。

當然重點還是在當令星的部分，以現在八運而言，最重要的就是8這顆星，即八白星。只要在山星8的宮位處見到秀峰，而向星8的宮位處見到秀水，就可以說是「旺山旺向」。這個部分在第拾篇〈飛星佈局，五行開運〉的第五節〈如何在內格局中造砂造水〉中，會有詳細說明。

讀者一定要記得，理氣必須要結合外巒頭一起判斷，不然都是空談。既然迷思已經破除了，再來談「旺山旺向」的問題時，思維就不會被侷限住了。

以狹義的「旺山旺向」理氣格局而言，只要配合上背山面水的外巒頭，且外巒頭秀美就合局。以農村郊區而言，房宅背後需要有秀麗蓊鬱的山峰做為玄武山，但也不可以太過高聳或太接近本宅，不然會產生逼壓感。房宅前方要能見到玉帶環腰的水流環抱，或池塘、湖泊、水池或公園廣場等。如果外巒頭秀美，且能與理氣相應，屋主又是有福之人，就能丁財兩旺，即家中人丁興旺，身體健康，且能財運亨通，福澤綿延。

都市的大樓為砂

至於都市中的「旺山旺向」，住宅後方即使不見山，亦可將樹林或其他建築物視為「砂」；而住宅前方即使不見水，亦可將道路視為水。所謂「高一寸為砂，低一寸為水」、「高一寸為山，低一寸為水」，「砂」就是山丘，在都市中樓房就是砂，道路也可視為一種虛水、假水。

以下我們來探討「旺山旺向」的理氣格局，筆者舉八運丑山未向的飛星盤為例，飛星盤如下圖：

未 ↗

3 6 七	7 1 三	5 ⑧-向星 五
4 7 六	2 5 八	9 3 一
山星-⑧ 2 二	6 9 四	1 4 九

丑

在理氣上這是「旺山旺向」的旺宅，在坐山丑山宮位的山星是8，8是目前八運的當令星，因此山星8在坐山的宮位，就是最好的位置，稱為「旺山」，房宅後必須要有秀峰或富麗堂皇的樓房，才會合局，即該見到山的方位如果見到秀峰，主旺人丁。

而向山的宮位，向星是8，也是當元最旺的星，稱為「旺向」，向山的方位必須要見到秀水，或是有開闊的明堂，才能合局，水的位置離房宅不能太近，也不能離得太遠，以能見到水光為大發。

再舉一個八運乾山巽向的飛星盤，以加強讀者的理解，飛星盤如下圖：

↖巽

1 ⑧-向星 七	5 3 三	3 1 五
2 9 六	9 7 八	7 5 一
6 4 二	4 2 四	山星-⑧ 6 九

乾

八運乾山巽向的房宅，山星8在乾宮，向星8在巽宮，在理氣格局上，就稱為「旺山旺向」的局。山星8在坐山的宮位，稱為「旺山」，房宅後必須要有秀峰或富麗堂皇的樓房，才會合局，主旺人丁。而向山的宮位，向星是8，稱為「旺向」，向山的方位必須要見到秀水，或是有開闊的明堂，才能合局，水的位置離房宅不能太近，也不能離得太遠，以能見到水光為大發。但若是向山處不見秀水，反而見到逼壓本宅的大樓；或是坐山處不見秀峰反而見水，如河流、湖泊，就不合局。

除了這種坐和向在同一條直線上的「旺山旺向」之外，廣義而言，其他的局，只要是在住宅理氣相應的方位上，當令山星的方位，可以見到秀峰或富麗堂皇的樓房；而當令向星的方位上，可以見到秀水或地形開闊低平，也可以稱為「旺山旺向」的局。以六運壬山丙向的飛星盤為例，在八運時，因為當令山星8在艮宮，只要在艮宮處見到秀峰，或見到富麗堂皇的樓房，就是「旺山」。而當令向星8在震宮，只要在震宮處見到秀水，或地形開闊低平，在此處開大門，即為「旺向」。如果要將門向說得再細化一些的話，因為座向為壬山丙向，壬和丙都是屬於「地元龍」，所謂的「地元龍」，也就是在每一卦(每一宮)中的第一個山，如坎宮中壬、子、癸的壬山，離宮中丙、午、丁的丙山，震宮中甲、卯、乙的甲山。以理氣而言，甲和壬、丙同屬於「地元龍」，因此如果在震宮中開門，也要開甲門，即門開在甲山的範圍內，這才能與座向的地元龍通氣，達到「一卦純清」的效果。這只是順帶一提，讀者只要先有個概念即可，在風水初學的階段，只需知道這間六運壬山丙向的房宅，若能震宮見秀水，而艮宮見秀峰，就符合「旺山旺向」的條件即可，飛星盤如下圖所示：

丙↑

3 9 五	7 5 一	5 7 三
4 ⑧-向星 四 震宮	2 1 六	9 3 八
山星-⑧ 4 九 艮宮	6 6 二	1 2 七

壬

所以，以廣義的角度而言，二十四山都有機會可以成為「旺山旺向」，只要在該局的當令山星的宮位處見到秀峰，而當令向星的宮位處見到秀水，就可稱為「旺山旺向」。但若是該局當令山星的宮位處，反而見水而不見山，而當令向星的宮位處，反而見山而不見水，就會成為「衰山衰向」，因為不合局的緣故。

此外，要提醒讀者的是，如果房宅是在六運時建造的，現在已經是到了八運了，在看飛星盤時，分析山星和向星的旺星宮位，是當令星8的那顆星，而不是6的那顆星，8才是當令星，6已經是退運星了。而到了2024年的九運後，要分析山星和向星的旺星宮位，是當令星9的那顆星。所以說「風水輪流轉」，也許在六運時，山星6和向星6與外在的砂水配合不佳，既不旺人丁也不旺財，但也有可能到了八運時，山星8和向星8與外在的砂水配合得當，當令山星8的宮位處見到秀峰，而當令向星8的宮位處見到秀水，而成為「旺山旺向」，得丁財兩旺。

二、上山下水

接下來要介紹的格局，剛好與「旺山旺向」的格局相反。當令旺星的山星，不是位在坐山的宮位，反而飛到向首處，即向山的宮位；而當令旺星的向星，不是位在向山的宮位，反而飛到坐山的宮位。換句話說，就是當令的山星下了水，而當令的水星上了山，這是一種顛倒的格局，這種格局就稱為「上山下水」，以理氣而言，是一種極凶的格局，主損丁破財。

為什麼這種格局在理氣上是極凶的格局呢？《青囊序》有一段話說：「山上龍神不下水，水裡龍神不上山」，山管人丁，水管財帛，如果「山上龍神下了水」，則擅離職守，即山上龍神不去管山，反而跑去管水，不務正業所導致的結果，就會損人丁。所謂損人丁，包括了不利家人身體健康，或有意外血光之災，或因各種原因而導致家中人口減少；而如果「水裡龍神上了山」，即水裡龍神不去管水，反而跑去管山，不務正業所導致的結果，就主破財，但同時也可能會損人丁。

八運中有六種「上山下水」的格局：艮山坤向、坤山艮向、寅山申向、申山寅向、戌山辰向、辰山戌向。

以下舉八運的戌山辰向和艮山坤向的飛星盤為例，給讀者做參考，飛星盤如以下二圖：

↖辰

⑧ 6 七	4 2 三	6 4 五
7 5 六	9 7 八	2 9 一
3 1 二	5 3 四	1 ⑧ 九

戌

坤↗

1 4 七	6 9 三	⑧ 2 五
9 3 六	2 5 八	4 7 一
5 ⑧ 二	7 1 四	3 6 九

艮

我們假設房宅的大門，是開在向山的宮位，向山的宮位即在住宅的正前方中間的位置，最理想的向星是當令星8，原本應該要飛到向山的宮位，但現在向星8反而是飛到坐山的宮位，這就變成是「水裡龍神上了山」；而最理想的山星是當令星8，原本應該要飛到坐山的宮位，但這顆山星8反而飛到向山處，這就變成了「山上龍神下了水」。

雖然這種局稱為「上山下水」，但這只是在理氣上局的說法，並不是說這一種局，就一定是絕對的凶或無解。如果能在當令山星的宮位處見到秀峰，而當令向星的宮位處見到秀水，也是屬於平吉，即房宅前方見到秀峰，屋宅後方見到秀水的外巒頭，這又稱為「倒騎龍」的格局。

因此，理氣上的「上山下水」格局，如果屋宅的後方有平坦開闊的地形，或是地勢低窪，或能見到秀水，如有池塘、湖泊、游泳池或溪流環繞等。而房宅前面的地勢較高起，如有秀美的山峰或樓房，且不逼壓本宅，這樣也算是理氣與巒頭相應而「合局」。

在城市中，房宅後方要有寬闊道路、空地、廣場、公園或水池等，屋宅要開後門，引宅後之氣入宅內，而屋宅前方必須要有富麗堂皇的樓房，只有配合上這樣的外格局，才可以趨吉避凶。而且，房宅後方如有水流，必須是玉帶環腰的有情水，不能是反弓沖射的無情水；屋宅前方的山要秀美蓊鬱，或是有富麗堂皇的建築物，且與本宅需要有一段距離，不能有壓迫感而形成逼壓，這樣的外巒頭才算合局。

當然以實際而言，這種房宅以外巒頭來看，是一種不理想的格局，並不符合「四靈山訣」前低後高的原則。所以，只能說在這前高後低的外巒頭位置不佳的情況下，如果遇到「上山下水」理氣的格局，可以轉危為安，但並不能說這就是好局，因為外格局已經不佳了。

在思考「上山下水」的問題時，要先看外巒頭而後再看理氣，不能本末倒置。在風水堪輿時，要先檢視外巒頭，若是房宅前有山或大樓，後方有溪流、水塘或地勢較低，這種前高後低的外巒頭，一般而言，是屬於「退運屋」的不佳巒頭敗局。但如果外巒頭雖然是前高後低的格局，但在理氣上，剛好是「上山下水」的格局，就能負負得正，而得到平吉中帶小凶中的結果，雖能化險為夷，但還是不能因此就認為它就是好局。我們不能忘了「巒頭為主，理氣為輔」，及「四靈山訣」的大原則。

地勢前高後低的外格局

地勢前高後低的外格局

在風水堪輿時，也不能先看宅飛星盤，遇到「上山下水」的格局，再去看外巒頭是否為「倒騎龍」。風水堪輿的次序，是先巒頭而後理氣，不能本末倒置，次序和重點不能弄錯。

此外，以上述八運的戌山辰向和艮山坤向的飛星盤而言，如果屋宅後方是山丘或建築物，而屋宅前方平坦開闊、低窪或見水，這就成為真正的「上山下水」，是極凶的敗局。有風水老師認為只要透過改門向的方式，就可以化解這個問題。如將八運戌山辰向的辰門，改開成巽門，就能變成乾山巽向「旺山旺向」的局。將八運艮山坤向的坤門，改開成未門，就能變成丑山未向「旺山旺向」的局。這兩個座向的飛星盤，請參照本篇的第一節〈旺山旺向〉。這種改門向的做法，聽起來似乎是一種解決之道，但仔細想想，於邏輯上不通。房宅的座向，並不會因為稍微改了門向的角度，就能改變座向，這種改法，只能說辰門可以改成巽門，但座向不可能因此就由戌山辰向而變成了乾山巽向。同樣地，坤門可以改成未門，但座向不可能因此就由艮山坤向而變成了丑山未向。所以這種改門向的方式，只能說改變了「進氣口」，可能會有些短暫的效果，但若認為座向因此就會有所改變，變成「旺山旺向」的局，於理路不通，不合邏輯。

筆者在第肆篇〈座向判斷，按部就班〉中就已經提到，大門的朝向，不能做為決定宅向的唯一考量。只是把門的角度略做調整，宅向切面也不會有所改變，房宅座向還是一樣，當然宅飛星盤也不會因此改變。除非把格局做個大調整，譬如把大門改到後門的位置，且大門要有大門的格局，必須要成為房宅的主要納氣口，這樣的做法可能還另當別論。但進行所費不貲的大工程之前，必須先要考慮到做出這樣子的大調整，而造成的理氣格局的改變，是否就能與外巒頭的砂水相應，若不能相應，還是不吉。因此，若不是在外巒頭是前高後低的狀況下，有這種「上山下水」的理氣格局，還是以搬遷為上。

除了這種屬於理氣格局的「上山下水」外，之前筆者也提到，二十四山都可能成為「旺山旺向」，但也有可能會變成「衰山衰向」，主要是看與外在砂水的配合狀況，在該見到山的地方要見到山，在該見到水的地方要見到水。

《青囊序》云：「山上龍神不下水，水裡龍神不上山」，目前當元的「山上龍神令星」，即山星8的宮位，若不見山反而見水，就犯了「山上龍神下了水」，這就會產生損人丁的結果；而目前當元的「水裡龍神令星」，即向星8的宮位，若不見水反而見山，就犯了「水裡龍神上了山」，這就會產生破財的結果，甚至也可能會損人丁。

以八運時「旺山旺向」的乾山巽向為例，飛星盤如下圖：

↖巽

1 ⑧-向星 七	5 3 三	3 1 五
2 9 六	9 7 八	7 5 一
6 4 二	4 2 四	山星-⑧ 6 九

乾

山星8是目前當元的「山上龍神令星」，飛到坐山西北方乾宮為「旺山」，然而在這個宮位，也必須要合乎「山上龍神不下水」的條件，如果在這個方位沒有見到秀峰，反而見到水，如大海、河流、湖泊、池塘、泳池，便犯了「山上龍神下了水」，山上的龍神不管山，不務正業跑去管水，結果就會損人丁，因為「山管人丁，水管財」的緣故。損人丁泛指家人身體健康出問題，或有意外血光之災，或各種原因讓家中人口減少。

同理，向星8是目前當元的「水裡龍神令星」，飛到向山東南方巽宮為「旺向」，然而在這個宮位，也必須要合乎「水裡龍神不上山」的條件，如果在這個方位沒有見到秀水，反而見到高大山脈或高樓，便犯了「水裡龍神上了山」，水裡的龍神不管水，不務正業跑去管山，結果就會導致破財，但同時也可能會損人丁。

像這樣的狀況，理氣上雖然是「旺山旺向」的局，但和外巒頭的砂水不相配，變成不合局，反而成為「上山下水」，是損丁敗財的格局。如果外巒頭的型態醜惡，那就更加不吉了。

三、雙星會向

「雙星會向」，又稱為「雙星到向」，即當令的山星和向星，同時飛到向山（或稱為「向上」或「向首」）的宮位，如果外巒頭在向山的方位，只有見到水而沒有見到山，就犯了「山上龍神下了水」。這種理氣格局與外在砂水的配合下，就屬於「旺向不旺山」的格局，即「旺財不旺丁」的格局，會讓家中財運很旺，但會影響人丁興旺及健康。

以八運的子山午向為例，飛星盤如下圖：

午↑

3 4 七	⑧ ⑧ 三 離宮	1 6 五
2 5 六	4 3 八	6 1 一
7 9 二	9 7 四	5 2 九

子

當令山星8和當令向星8都飛到了向山的離宮，這就是「雙星會向」的格局。能與這種理氣格局相應的外巒頭，房宅前方必須要開闊低矮平坦，如有公園、廣場，或有池塘、湖泊，水後又見大樹林、山脈或高大建築物，能符合這樣條件的外巒頭，就是屬於砂水配合下的「旺山旺向」。如果向山方位有山無水或有水無山，都不合局。

有些坊間的風水書籍，提到「雙星會向」的理氣格局，就直接論斷為「旺財不旺丁」，這是一知半解的說法。是否會旺丁或旺財，主要是看理氣格局和外在砂水的配合狀況。「雙星會向」的理氣格局，如果宅前只見水而不見山，當然可論斷為只旺財而不旺丁；若是只見山而不見水，則是要論斷為旺丁不旺財；但若是先見水，水後又有山，則是屬於丁財兩旺的格局。

四、雙星會坐

「雙星會坐」，又稱為「雙星到坐」。即當令的山星和向星，同時飛到坐山的宮位。如果外巒頭在坐山的方位，只有見到山而沒有見到水，就犯了「水裡龍神上了山」。這種理氣格局與外在砂水的配合下，是屬於「旺山不旺向」的格局，即「旺丁不旺財」的格局，會讓家人身體健康、人丁興旺，但財運不佳。

屋宅前見水，水後有山

屋宅前見水，水後有山

以八運的壬山丙向為例，飛星盤如下圖：

當令山星8和向星8都飛到了坐山的坎宮，這就是「雙星會坐」的格局。「雙星會坐」的格局，必須要背水立局，房宅的後方，必須要有清澈乾淨的彎抱水，或有湖、池塘、水池或公園廣場、寬闊道路，水的後方要有山或高樓，能符合這樣條件的外巒頭，就是屬於砂水配合下的「旺山旺向」，此外，由於旺方在屋宅後方，需開後門以引旺氣入宅內。如果坐方有山無水或有水無山，都不合局。

丙↑

5 2 七	9 7 三	7 9 五
6 1 六	4 3 八	2 5 一
1 6 二	⑧ ⑧ 四 坎宮	3 4 九

壬

有些坊間的風水書籍，提到「雙星會坐」的理氣格局，就直接論斷為「旺丁不旺財」，這同樣也是一知半解，只知其一而不知其二的說法，前文已提及是否會旺丁或旺財，主要是看理氣格局和外在砂水的配合狀況。「雙星會坐」的理氣格局，如果宅後只見山而不見水，當然可論斷為只旺丁而不旺財；若是只見水而不見山，則要論斷為旺財不旺丁；但若是宅後見水，水後又有山，則是屬於丁財兩旺的格局。當然以實際而言，旺氣都集中在屋宅後方，要常去走後門以啟動旺氣，終究不如「雙星會向」的理想自然。

五、一個方位含三山，有吉有凶

前文已提及，房宅有八個大方位，而每一個大方位有四十五度，涵蓋了三個山的範圍，每個山有十五度，而理氣推算出來的結果，會產生不同的吉凶格局，這是因為山有陰陽的不同，飛星會產生順飛或逆飛的結果。

理氣必須要和巒頭相配合，才能判斷是好局或是敗局，二十四山都有可能會成為「旺山旺向」，但也有可能會變成「衰山衰向」。就算是「旺山旺向」的理氣格局，如果配上壞的

房宅後見水，水後有大樓為砂

外巒頭，也會成為敗局，相信讀者已經有了這種基本的認識。學習玄空飛星風水，必須要將理氣和巒頭砂水相配合，才能判斷是好局或是敗局的觀念，當作是一個基本常識。

因此，筆者以下所論述的，為避免贅述，就只針對理氣的格局做論述，不另外強調外巒頭砂水對應的問題。讀者瞭解了理氣格局的問題所在，再自行搭配外巒頭來思維即可。

以八運丑山未向的屋宅為例，這是在八運理氣格局上「旺山旺向」的旺宅，飛星盤如下圖：

但以八運艮山坤向或寅山申向的房宅而言，在理氣格局上，則成為「上山下水」的衰宅。以八運艮山坤向為例，飛星盤如下圖：

未↗

3 6 七	7 1 三	5 ⑧ 五
4 7 六	2 5 八	9 3 一
⑧ 2 二	6 9 四	1 4 九

丑

坤↗

1 4 七	6 9 三	⑧ 2 五
9 3 六	2 5 八	4 7 一
5 ⑧ 二	7 1 四	3 6 九

艮

丑山、艮山和寅山同在東北方艮宮，但在八運時，以理氣格局而言，吉凶卻截然不同，風水上也提到：「羅經差一線，富貴不相見」。

再舉一個例子，以加強讀者的理解。八運乾山巽向的飛星盤，當令向星8在向山的宮位，而當令山星8在坐山的宮位，以理氣上而言，為「旺山旺向」的格局。飛星盤如下圖：

↖ 巽

1 ⑧ 七	5 3 三	3 1 五
2 9 六	9 7 八	7 5 一
6 4 二	4 2 四	⑧ 6 九

但是八運戌山辰向的飛星盤，當令向星8飛到坐山的宮位，而當令山星8飛到向山的宮位，以理氣上而言，成為「上山下水」的格局，飛星盤如下圖：

↖ 辰

⑧ 6 七	4 2 三	6 4 五
7 5 六	9 7 八	2 9 一
3 1 二	5 3 四	1 ⑧ 九

戌

戌山、乾山和亥山同在西北方乾宮，但在八運時，以理氣格局而言，吉凶卻截然不同。八運的乾山巽向和亥山巳向的飛星盤，為「旺山旺向」的格局；而八運戌山辰向的飛星盤，則是「上山下水」的格局。

六、伏吟、反吟

飛星盤的山星或向星的飛泊順序，如果與洛書「元旦盤」（又稱為「地盤」）飛星的飛泊順序相同，便稱為「伏吟」。即飛星盤中山星或向星為5入中宮順飛，接著6到乾宮→7到兌宮→8到艮宮→9到離宮→1到坎宮→2到坤宮→3到震宮→4到巽宮。九宮的山星或向星數字，與洛書元旦盤的數字相同，這種理氣上的格局，即稱為「伏吟」。伏吟可分為「全局伏吟」和「單宮伏吟」。

我們先復習一下洛書元旦盤，以5入中宮順飛，如下圖：

洛書元旦盤的方位與數字對照表

東南巽宮－4	南方離宮－9	西南坤宮－2
東方震宮－3	中　宮－5	西方兌宮－7
東北艮宮－8	北方坎宮－1	西北乾宮－6

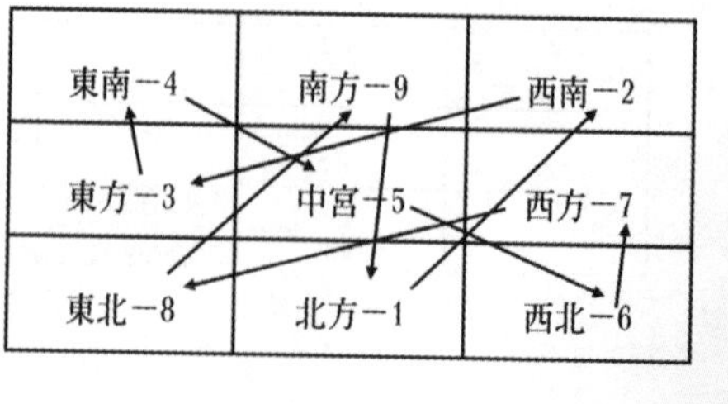

接著來看「伏吟」的例子，以八運艮山坤向的屋宅為例，即為「全局伏吟」，飛星盤如下圖：

坤 ↗

1 4 七	6 9 三	8 2 五
9 3 六	2 5 八	4 7 一
5 8 二	7 1 四	3 6 九

我們可以看到飛星盤的「向盤」，即九宮所有向星飛泊的數字，與洛書元旦盤的數字完全相同，所以稱為「全局伏吟」。

而「單宮伏吟」就是指在飛星盤中，有某一個宮位或某些個別宮位犯了「伏吟」，這可分成兩種情況，一種是山星或向星的數字，與該宮位洛書元旦盤的飛星數字相同；另一種則是山星或向星的數字，與該宮位的元運星數字相同。這兩種情況，都是在該宮犯了「伏吟」。因為「山管人丁，水管財」的緣故，該宮山星犯「伏吟」，就會影響住在該宮人員的健康，或發生意外血光……等屬於「人丁」的問題；若是該宮向星犯「伏吟」，則會影響住在該宮人員的財運，容易有漏財、破財、被劫財……等屬於「財」的問題。

以八運丙山壬向的屋宅為例，出現了兩個「單宮伏吟」的宮位，飛星盤如下圖：

丙

2 5 七	7 9 三 離宮	9 7 五
1 6 六 震宮	3 4 八	5 2 一
6 1 二	8 8 四	4 3 九

壬↓

我們可以看到震宮的向星6，和元運星六數字相同，因此犯了「伏吟」。而離宮的向星9，與洛書元旦盤的離宮數字九相同，因此也犯了「伏吟」，這兩種狀況都是屬於犯了「單宮伏吟」。因為「山管人丁，水管財」的緣故，而震宮和離宮的向星（水星）犯了「伏吟」，因此在這兩個宮位居住的人員，財運會不佳，也不宜在這兩個宮位開大門或作灶，宜保持安靜。由於這兩個宮位犯了「伏吟」，因此不是吉方。此外，在該飛星盤中，乾宮的山星則犯了「單宮反吟」，有關「反吟」的問題，下文會有所說明。

陽宅三要素：「門、主、灶」，指的是大門、主臥房和廚房（爐灶）。而「伏吟」的宮位，因為是凶方，不適合做門、主、灶的位置。在陽宅三要素中，大門和廚房（爐灶）是屬於動方，和向星有關；而臥房是屬於靜方，和山星有關。因此，以上例而言，因為都是向星犯「單宮伏吟」，因此，不適合將大門和灶的位置，規劃在這兩個宮位中。

而「反吟」則是指飛星盤山星或向星的數字，與洛書元旦盤該宮的數字相加為十。即飛星盤中的山星或向星，為5入中宮後逆飛，接著4到乾宮→3到兌宮→2到艮宮→1到離宮→9到坎宮→8到坤宮→7到震宮→6到巽宮，九宮飛星與洛書元旦盤的數字相加為十，這種格局就稱為「反吟」。「反吟」也有兩種情況，即「全局反吟」和「單宮反吟」。

以八運丑山未向的屋宅為例，這是在八運時「旺山旺向」的旺宅，如果與外巒頭配合得當，在八運時主丁財兩旺，但因有向星「全局反吟」的格局，所以八運一過，凶象會顯現。飛星盤如下圖：

未↗

3 6 七	7 1 三	5 ⑧ 五
4 7 六	2 5 八	9 3 一
⑧ 2 二	6 9 四	1 4 九

丑

八運丑山未向的飛星盤，由於向星5入中宮逆飛的緣故，我們可以看到每個宮位的向星數字，與原本洛書元旦盤該宮位的數字，相加起來都等於十（合十），所以稱為「全局反吟」。

而「單宮反吟」的情況，是指如果單一宮位的山星或向星數字，與該宮洛書元旦盤的數字合十，則稱此宮位的山星或向星犯了「單宮反吟」。

以七運丙山壬向為例，飛星盤如下圖：

丙

3 2 六	7 7 二	5 9 四
4 1 五	2 3 七	9 5 九 兌宮
8 6 一 艮宮	6 8 三	1 4 八 乾宮

壬↓

我們可以看到乾宮的向星4，和洛書元旦盤的乾宮數字六合十，合十也就是4加上六為十，這種情況就是犯了「單宮反吟」。而艮宮的山星8，與洛書元旦盤的艮宮數字八相同，因此犯了「單宮伏吟」。兌宮的山星9與元運星九相同，也是犯了「單宮伏吟」。因此，乾宮不適合規劃成大門和灶的位置，而艮宮和兌宮則不適合規劃成臥房。

「反吟」和「伏吟」是飛星盤中的大凶格局，《都天寶照經》提到：「反吟伏吟禍難當」，可見「反吟」與「伏吟」的凶禍之烈。對於「反吟、伏吟」的問題，我們可以歸結為以下幾點：

1. 因為「山管人丁，水管財」，因此山盤全局（九宮所有的山星）犯「反吟、伏吟」，主要的禍害是損人丁，損人丁包括各種原因使家中人口減少或影響家人健康；向盤全局（九宮所有的向星）犯「反吟、伏吟」的危害則是敗財。

2. 山向星的「單宮反吟」，只需要看山向星和該宮的洛書元旦盤數字相加是否合十。而「單宮伏吟」，則不但要看山向星和該宮的洛書元旦盤數字是否相同，也要看山向星和該宮的元運星數字是否相同。此外，若為全局山向星和元運盤數字相加都是合十，是屬於好的「合十歸中局」，這就不是「反吟」。山星與元運星能合十，代表旺人丁，也代表得人緣，貴人多助；而向星與元運星能合十，則代表財運亨通。

3. 「反吟」和「伏吟」相較之下，「反吟」的災禍更為嚴重。如果「反吟」與「伏吟」同時出現在同一宮位的話，災禍甚為猛烈。

4. 單宮犯「反吟、伏吟」，單宮不宜用事，即該宮位不適合做門、主、灶，否則就容易發生凶禍。門、灶宮位的向星犯「反吟、伏吟」，會較山星犯「反吟、伏吟」的影響更大；而主臥室宮位的山星犯「反吟、伏吟」，會較向星犯「反吟、伏吟」的影響更大。因為向星屬動方，山星屬靜方。大門經常有人出入，爐灶也要時常開伙，因此是屬於動方，所以要看向星；而臥房是屬於安靜休息的地方，因此是屬於靜方，所以要看山星。

5. 「全局反吟」或「全局伏吟」一般以凶論，除非是遇到「父母三般卦局」，或「連珠三般卦局」才能化解，而且也要與外巒頭配合得當。如果是「上山下水局」，須配合「倒騎龍」的外巒頭才能化解。

6. 如果「全局反吟」或「全局伏吟」遇到「旺山旺向」局，且外巒頭配合得當的話，也可以採用，但當旺星的運一過，就很容易出現災禍。即若見「旺山旺向」的當運之星則以吉論，因為「一貴當權，諸凶懾服」的緣故，但當旺星退運後，就容易產生凶災。所以「旺山旺向」局內如果有「全局反吟」或「全局伏吟」，若能與外巒頭配合得當的話，最多就是在該元運丁財兩旺二十年，之後就容易產生凶災，除非在下一個元運的山向星旺星，又能與外巒頭砂水配合得當，則又另當別論。如果單宮山向星犯「反吟、伏吟」，且此星同時也是當令之星，如八運的山星8雖犯了「反吟、伏吟」，該宮若能見到秀峰仍主旺人丁；或八運的向星8雖犯了「反吟、伏吟」，該宮若能見到秀水仍主發財。但一到九運2024年時，原局「反吟、伏吟」之凶煞便會凶象畢露。

7. 以羅盤立向時，如果出現了「反吟、伏吟」的情況，尤其是犯了「全局反吟」或「全局伏吟」，一般不予採用。除非是「反吟、伏吟」遇到當運的「旺山旺向」局，並且與外巒頭配合得當的話，也可以最多在該元運丁財兩旺二十年，但僅適合給只是短期居住，在旺星退運前，就會搬遷的人員。

8. 「反吟、伏吟」的危害，最凶險的是出現在向首(向山、向上)的位置。

9. 犯「反吟、伏吟」，除了有損丁破財的危機外，也主骨肉不同心，家中成員感情不和睦。

筆者舉一個筆者的委託人案例，以供讀者思考「反吟、伏吟」的問題及其影響。委託人的房宅為八運的丁山癸向宅，朝向15度，飛星盤如下圖：

丁

4 3 七－主臥	8 8 三－書房	6 1 五
5 2 六	3 4 八	1 6 一
9 7 二	7 9 四－大門	2 5 九

癸↓

從飛星盤中我們可以得知，這是屬於「雙星會坐」的格局，該房宅屋後高起且不見水，以理氣格局配合外巒頭來分析，這是屬於旺丁不旺財的「旺丁宅」。

我們來分析這個飛星盤的「反吟、伏吟」問題。東南方巽宮山星4與洛書元旦盤四相同，因此犯了「單宮伏吟」；西方兌宮的山星1與元運星一相同，也是犯了「單宮伏吟」。此外，在北方坎宮大門的宮位處，向星9與洛書元旦盤一相加為十，則犯了「單宮反吟」。因此，從這個飛星盤可以得知，在八運時的財運會不佳，這是由於向首向星「反吟」的緣故，即使到了2024年九運後，財運仍不會好轉，甚至可能會變得更糟，這是因為「向首入囚」的緣故，關於「向首入囚」的問題，可參照本篇第十二節〈令星入囚和向首入囚〉。而九運過了之後，向首的向星還是持續會有「反吟」的問題，因此這是一間不旺財的房宅。

而這間房宅雖是「雙星會坐」，且坐方見山，照理說應該是「旺丁宅」，主人丁興旺，但以委託人的家中而言，只有一個女兒，人丁不旺。其原因就出在主臥室的宮位在東南方巽宮，而巽宮犯了山星「單宮伏吟」，因此不適合當臥室，若是該宮位當作臥室則不利於人丁。因此筆者建議委託人若想求子的話，應將主臥室移至目前南方離宮的書房位置，因為該宮位山星為8，才會旺人丁。

七、父母三般卦

「父母三般卦」，是指飛星盤中每個宮位的山星、向星和元運星的飛星數字，形成了一四七、二五八、三六九這三組數字的組合。在同一個宮位中的數字，只要有這樣的組合即可，不用管順序，如四七一、一七四、七一四皆可。

以八運艮山坤向的屋宅為例，飛星盤如下圖：

坤↗

1 4 七	6 9 三	⑧ 2 五
9 3 六	2 5 八	4 7 一
5 ⑧ 二	7 1 四	3 6 九

艮

我們可以看到八運艮山坤向的飛星盤，雖然在理氣上是「上山下水」的格局，但同時在每一個宮位上都是147、258、369的「父母三般卦」組合。

以理氣格局而言，「父母三般卦」的組合，能夠貫通上元、中元、下元之氣，代表天地陰陽之氣能夠得到轉化，使全局氣機通暢，可以產生生生不息的生命力。凡是所有的宮位，都合「父母三般卦」的格局，只要形巒配合得當，除了能化解凶煞和「反吟、伏吟」的煞氣外，也可以得到人和，有貴人相助。因此，「父母三般卦」在理氣上是好局，就算是遇到「上山下水」、「反吟、伏吟」也不用擔心。

但由於「父母三般卦」的格局，都犯了「上山下水」，因此在外巒頭上，也必須要有「倒騎龍」的外格局，即屋宅的後方，要能見到開闊低平的地形，如廣場、公園等，或是見到秀水，如有池塘、湖泊、游泳池、溪流彎抱環繞。而房宅前面的地勢要高起，有秀美的山峰或富麗堂皇的大樓，而且不能逼壓本宅。

如果沒有「倒騎龍」的巒頭配合，「父母三般卦」的格局也是敗局，和「上山下水」局的情況一樣，會導致丁財兩敗。

八、連珠三般卦

「連珠三般卦」，是指飛星盤中每個宮位的山星、向星和元運星的飛星數字，形成了一二三、二三四、三四五、四五六、五六七、六七八、七八九、八九一、九一二這幾組連續數字的組合。在同一宮位中的數字，只要有這樣的組合即可，不用管順序，如一二三、二三一、一三二皆可。以八運戌山辰向的飛星盤為例，每一個宮位的山星、向星和元運星的飛星數字，都是連續數字的組合，飛星盤如下圖：

↖辰

⑧ 6 七	4 2 三	6 4 五
7 5 六	9 7 八	2 9 一
3 1 二	5 3 四	1 ⑧ 九

戌

我們可以看到八運戌山辰向的飛星盤，雖然在理氣上是「上山下水」的格局，但同時在每一個宮位上都是123、234、345……等連續數字的「連珠三般卦」組合。

「連珠三般卦」和「父母三般卦」的格局一樣，除了能化解凶煞和「反吟、伏吟」的煞氣外，也可以得到人和，有貴人相助，是一個逢凶化吉的人和卦。但同樣也都犯了「上山下水」，因此也必須要有「倒騎龍」的外巒頭配合，否則也是敗局，和「上山下水」局的情況一樣，會導致丁財兩敗。

九、合十局

「合十局」又稱「合十歸中局、夫婦合十、陰陽合十」，即飛星盤的每一宮位中，山星或向星的數字，與元運星的數字相加都為十。以七運子山午向為例，飛星盤如下圖：

午↑

4 六	8 二	6 四
5 五	3 七	1 九
9 一	7 三	2 八

子

我們由以上的飛星盤，可以看到全局山星和元運星的數字相加都是合十，山星與元運星能合十，代表旺人丁，也代表得人緣，貴人多助。

如果全局向星和元運星數字相加都是合十，代表財運亨通。以九運巽山乾向為例，全局各宮位的向星和元運星相加均合十，主旺財，飛星盤如下圖：

巽

7 2 八	3 6 四	5 4 六
6 3 七	8 1 九	1 8 二
2 7 三	4 5 五	9 9 一

乾

一運和九運，以理氣格局而言，並無「旺山旺向」之局，古人認為在這兩個元運的立向最難，因此在九運時，會取用乾山巽向、巽山乾向、巳山亥向、亥山巳向這四個座向，以求全局合十，可以補理氣格局上沒有「旺山旺向」最佳選擇的缺憾。但在這四種座向的選擇中，也是可以分出「旺財」局和「旺丁」局的不同。九運的巽山乾向和巳山亥向，全局向星和元運星數字相加都是合十，向星與元運星能合十，在理氣上是屬於「旺財」的格局；而九運的乾山巽向和亥山巳向，全局山星和元運星數字相加都是合十，山星與元運星能合十，在理氣上是屬於「旺丁」的格局。2024年開始，即為九運的到來，提供給讀者做參考。

以上述九運巽山乾向的飛星盤而言，除了有全局向星和元運星合十的「合十局」之外，在理氣上也是「雙星會向」的格局，若宅前有水而無山，則旺財不旺丁。如果房宅前方開闊低矮平坦，如有公園、廣場，或有清澈乾淨的彎抱水、小池塘，水的後方又見大樹林、山巒或高大建築物，才能合局，主丁財兩旺。不過，讀者要注意的是，由於是當旺星為9的緣故，而9為九紫火星，雙火星無論是「雙星會向」或「雙星會坐」，都可能會因見動水而讓火星鼓動其熾盛燥烈之性，而產生災殃。清朝沈竹礽先生的《增廣沈氏玄空學．卷三》提到：「蓋九運最難取裁，向上無水，固屬不美；向水太旺，火光越盛，亦不宜。」這段話是說，在九運時難以立向，立向後也要考慮到向方水勢大小的問題。在向方無水固然不佳，但如果有水也不可水勢過於盛大，怕會讓雙火星鼓動其熾盛燥烈之性，而產生災殃。因此，九運「雙星會向」的格局，不宜在向方見到大水，如湖泊、大海或水聲較大的河流，也不宜在屋前佈下水勢較盛大的「動水局」，如人工流水瀑布或大型噴水池，以免引動火星熾盛燥烈之性而生災殃。屋宅前方以見到流動平緩，不發聲響的清澈小水流為宜。

九運雙星會向的房宅前，不能見大水，以免引發災殃

九運雙星會向的房宅前，宜見小水，水後有砂為合局

以此局而言，若外巒頭在向方見到小水，水後又有山或樹林、建築物為合局，主丁財兩旺，再加上全局向星和元運星合十，主旺財，可說是吉上加吉。

另外，以九運乾山巽向為例，全局山星和元運星合十，主旺人丁，也代表得人緣，貴人多助，飛星盤如下圖：

↖巽

2 7 八	6 3 四	4 5 六
3 6 七	1 8 九	8 1 二
7 2 三	5 4 五	9 9 一

乾

其實這也是「雙星會坐」的格局，若屋後有山無水，則旺丁不旺財。但如果房宅的後方，有清澈乾淨的彎抱水，或有小湖、小池塘或公園廣場，水的後方有山或高樓，並在屋宅後方開後門以引旺氣進入宅內，也能丁財兩旺。但因雙火星會於坐山方位的緣故，不宜在坐山方位見到大水，如海、大湖泊或水聲較大的河流，也不宜在屋後佈下水勢較盛大的「動水局」，如人工流水瀑布或大型噴水池，以免引動火星熾盛燥烈之性而生災殃。

以此局而言，若外巒頭在坐方見到小水，水後又有山或樹林、建築物為合局，主丁財兩旺，再加上全局山星和元運星合十，主旺丁，可說是吉上加吉。

合十局的功效，在於使宅運全局九宮之氣運相通，在理氣上，可使宅局全盤飛星氣場和諧圓滿，通暢無礙。

十、空亡卦

「空亡卦」可分為「小空亡線」和「大空亡線」。「小空亡線」又稱為「騎縫出線」或「出線」，是指在量測屋宅座向方位時，如果羅盤上的十字魚絲線，壓在同一個卦內的山與山之間的那條線上，就稱為「出線」。羅盤上有八個卦，每卦有三山。舉例而言，北方的坎卦，包括壬、子、癸三山，以羅盤量測時，如果坐山或向山，剛好正壓在壬子或子癸之間的線上，即在352.5°或7.5°的位置，就稱為「出線」。又如東方的震卦，包括甲、卯、乙三山，如果坐山或向山，剛好正壓在甲卯或卯乙之間的線上，即在82.5°或97.5°的位置，就稱為「出線」。此為「陰陽差錯」犯凶煞，會產生進退失據、是非衝突、一事無成、容易做噩夢……等等狀況。

而「大空亡線」又稱為「出卦」，以羅盤量測時，如果十字魚絲線正好壓在卦與卦之間的那條線，則稱為「出卦」。如向山或坐山正好壓在坤卦和兌卦之間的線，即申山和庚山之間的線，即在247.5°的位置，就稱為「出卦」。「出卦」就找不到房宅座向，無法量測山向，這就犯了凶煞，而且較「出線」的凶煞更為嚴重，代表住在這個屋宅的人，精神上容易出現問題，或夫妻不睦、兄弟不和、做事顛倒錯亂、容易見鬼魅、丁財兩敗……等等狀況。除了風水地理本身的問題外，也極有可能是宅中之人的磁場出問題，而嚴重影響到地理磁場。

《飛星賦》中提到：「豈無騎線遊魂，鬼神入室；更有空縫合卦，夢寐牽情。」

發生凶殺、自殺的凶宅，在使用羅盤量測時，往往會出現騎縫出線或出卦的狀況。遇到騎縫出線或出卦的房宅，以建議盡速搬遷為上策。此外，也要告知委託人，會產生空亡卦，這是因為因緣果報及人宅磁場相應的緣故。因此，一定要多行善積德，修心養性，去化解生命中的業報及劫難。如果業報不消，就算是一時僥倖逃離出這個凶宅，搬到別處，問題還是沒有化解，不幸的事故，遲早還是可能會發生。

十一、替卦的算法

羅盤上共有二十四山，每山有十五度，每山又可以分為五個小格，一個小格為三度。一般而言，風水師在為委託人規劃建造陽宅的方位，用羅盤立向時通常會取正向，即取每山中間的三小格，共九度的範圍。但如果是針對已經建造好的房宅堪輿，而羅盤所量測出來的結果，十字魚絲線不是壓在該山的中間九度，而是壓在該山左右兩邊的三度內的範圍，這就稱為「兼山兼向」。「兼山兼向」的飛星盤排法，在中宮山向星的數字代入上，和「正山正向」有所不同。「正山正向」的飛星盤排法，又稱為「下卦」；而「兼山兼向」的飛星盤排法，又稱為「替卦」。

那在什麼情況下需要使用替卦，而在什麼情況下不需要使用替卦呢？原則如下，在量測座向時，如果坐向線壓在每山五小格的兩邊最外的左右小格內，俗稱「兼三分」，即為「兼線」。在同一卦中，如果是陽兼陽或陰兼陰，如艮兼寅或子兼癸，則不用替卦；而同一卦中，如果陽兼陰或陰兼陽，如壬兼子或丑兼艮，則要用替卦。此外，就算是陽兼陽或陰兼陰，但並不是在同一卦內，如壬兼亥或癸兼丑，也要用替卦。

在第陸篇中，已經提到了四正位與四隅位的陰陽排序。四正位三山的陰陽排序為陽、陰、陰；而四隅位三山的陰陽排序為陰、陽、陽。見下方圖表：

四正位與所屬之山及其陰陽

北方	坎宮	壬	陽
		子	陰
		癸	陰
東方	震宮	甲	陽
		卯	陰
		乙	陰
南方	離宮	丙	陽
		午	陰
		丁	陰
西方	兌宮	庚	陽
		酉	陰
		辛	陰

四隅位與所屬之山及其陰陽

東北方	艮宮	丑	陰
		艮	陽
		寅	陽
東南方	巽宮	辰	陰
		巽	陽
		巳	陽
西南方	坤宮	未	陰
		坤	陽
		申	陽
西北方	乾宮	戌	陰
		乾	陽
		亥	陽

讀者可以參照羅盤二十四山，瞭解每山與鄰山的相對位置，以方便推算替卦。替卦包含同一卦中的陰兼陽或陽兼陰，及不同卦中的陰兼陰或陽兼陽的情況。

此外，讀者也需熟悉洛書元旦盤的宮位與相對應數字，接下來會用到。

洛書元旦盤的方位與數字對照表

東南巽宮－4	南方離宮－9	西南坤宮－2
東方震宮－3	中　　宮－5	西方兌宮－7
東北艮宮－8	北方坎宮－1	西北乾宮－6

兼向「替卦」和正向「下卦」的飛星盤排盤方法，原則上相同。先以房宅建造的元運星入中宮，按照洛書元旦盤順飛，排出元運盤，接著山星入中宮飛泊，然後向星入中宮飛泊。而差異之處，

在於「替卦」的中宮山星和向星數字，要用其他的數字代替入中宮，代替的數字，就稱為「替星」。以下為讀者介紹使用替卦的方法，是根據清朝沈竹礽先生的《增廣沈氏玄空學．卷五》中，所記錄的《蔣大鴻授姜汝皋挨星口訣》：

子癸並甲申，貪狼一路行；
壬卯乙未坤，五位為巨門；
乾亥辰巽巳，連戌武曲名；
酉辛丑艮丙，天星說破軍；
寅午庚丁上，右弼四星臨。

「貪狼星」是指一白星，數字為1；「巨門星」是指二黑星，數字為2；「武曲星」是

指六白星，數字為6；「破軍星」是指七赤星，數字為7；「右弼星」是指九紫星，數字為9。替卦口訣中提到，如果對應的山是子、癸、甲、申，就以貪狼星代替，以數字1為替星；如果對應的山是壬、卯、乙、未、坤，就以巨門星代替，以數字2為替星；如果對應的山是戌、乾、亥、辰、巽、巳，就以武曲星代替，以數字6為替星；如果對應的山是酉、辛、丑、艮、丙，就以破軍星代替，以數字7為替星；如果對應的山是寅、午、庚、丁，就以右弼星代替，以數字9為替星。

筆者以實際的例子說明，以幫助讀者對替卦口訣的瞭解，以八運壬山丙向兼子午或兼亥巳為例，兼子午是指兼子山午向，兼亥巳是指兼亥山巳向，以下不再贅述。八運壬山丙向兼子午，為同一卦中的陽兼陰；而八運壬山丙向兼亥巳，為不同卦中的陽兼陽。這兩種情況，都是使用同樣的「替卦」，當然「替星」也是相同。我們先排出八運壬山丙向正向的「下卦」，中宮山星為4，向星為3，也得知山星逆飛及向星順飛的飛泊順序。飛星盤如下圖：

丙↑

5 2 七	9 7 三	7 9 五
6 1 六	4 3 八	2 5 一
1 6 二	8 8 四	3 4 九

壬

原本的山星4入中宮，4在洛書元旦盤中是屬於東南方巽宮，東南方巽宮的三山為辰、巽、巳，與坐山坎宮的三山對應為壬、子、癸。壬山對應到辰山，對照替卦口訣：「乾亥辰巽巳，連戌武曲名」，辰山要以武曲星為替星，因此原本的山星4，就要以武曲星替星6代入中宮山星的位置。對應如下：

壬－辰－武曲星－6

子－巽

癸－巳

而原本的向星3入中宮，3在洛書元旦盤中是屬於東方震宮，東方震宮的三山為甲、卯、乙，與向山離宮的三山對應為丙、午、丁。丙山對應到甲山，對照替卦口訣：「子癸並甲申，貪狼一路行」，甲山要以貪狼星為替星，因此原本的向星3，就要以貪狼星替星1代入中宮向星的位置。對應如下：

丙－甲－貪狼星－1

午－卯

丁－乙

雖然是使用替星，但原本的山星與向星的飛泊順序不變，還是要依照原本壬山丙向「正向下卦」，山星逆飛及向星順飛的飛泊順序，飛星盤如下圖：

丙↑

7 9 七	2 5 三	9 7 五
8 8 六	6 1 八	4 3 一
3 4 二	1 6 四	5 2 九

壬

再以八運戌山辰向兼乾巽或兼辛乙的例子說明，以幫助讀者對替卦口訣更加瞭解。八運戌山辰向兼乾巽，為同一卦中的陰兼陽；而八運戌山辰向兼辛乙，為不同卦中的陰兼陰。這兩種情況，都是使用同樣的「替卦」，當然「替星」也是相同。我們先排出八運戌山辰向正向的「下卦」，中宮山星為9，向星為7，也得知山星及向星都是順飛的飛泊順序，飛星盤如下圖：

辰

8 6 七	4 2 三	6 4 五
7 5 六	9 7 八	2 9 一
3 1 二	5 3 四	1 8 九

戌

原本的山星9入中宮，9在洛書元旦盤中是屬於南方離宮，南方離宮的三山為丙、午、丁，與坐山乾宮的三山對應為戌、乾、亥。戌山對應到丙山，對照替卦口訣：「酉辛丑艮丙，天星說破軍」，丙山要用破軍星為替星，因此原本的山星9，就要以破軍星替星7代入中宮山星的位置。對應如下：

戌－丙－破軍星－7

乾－午

亥－丁

而原本的向星7入中宮，7在洛書元旦盤中是屬於西方兌宮，西方兌宮的三山為庚、酉、辛，與向山巽宮的三山對應為辰、巽、巳。辰山對應到庚山，對照替卦口訣：「寅午庚丁上，右弼四星臨」，庚山要用右弼星為替星，因此原本的向星7，就要以右弼星替星9代入中宮向星的位置。對應如下：

辰—庚—右弼星—9

巽—酉

巳—辛

雖然是使用替星，但原本的山星與向星的飛泊順序不變，還是要依照原本戌山辰向「正向下卦」，山星及向星都是順飛的飛泊順序，飛星盤如下圖：

此外，關於不用替星的問題，之前提到在同一卦中，如果是陽兼陽或陰兼陰，如艮兼寅或子兼癸，則不用替星。要補充說明的是，如果是山星或向星為5，也不用替星，因為5在洛書元旦盤屬中宮，沒有對應的山。此外，有一種情況是雖然用了替星之後，但得出的數字仍相同，以八運丑山未向兼艮坤或兼癸丁為例，我們先排出八運丑山未向正向的「下卦」，中宮山星為2，向星為5，也得知山星及向星都是逆飛的飛泊順序，飛星盤如下圖：

↖辰

6 8 七	2 4 三	4 6 五
5 7 六	7 9 八	9 2 一
1 3 二	3 5 四	8 1 九

未↗

3 6 七	7 1 三	5 8 五
4 7 六	2 5 八	9 3 一
8 2 二	6 9 四	1 4 九

丑

原本的山星2入中宮，2在洛書元旦盤中是屬於西南方坤宮，西南方坤宮的三山為未、坤、申，與坐山艮宮的三山對應為丑、艮、寅。丑山對應到未山，對照替卦口訣：「壬卯乙未坤，五位為巨門」，未山要用巨門星為替星，因此原本的山星2，就要以巨門星替星2代入中宮山星的位置，但得出的替星數字，仍然和原本的山星2相同。對應如下：

丑—未—巨門星—2

艮—坤

寅—申

而原本的向星5入中宮，之前已經說明，如果中宮的山星或向星為5，則不用替星，因此，得出來的替卦結果，與正向的下卦飛星盤相同。

未↗

3 6 七	7 1 三	5 8 五
4 7 六	2 5 八	9 3 一
8 2 二	6 9 四	1 4 九

丑

十二、令星入囚和向首入囚

飛星盤中當令的山星或向星飛入中宮，這種情況就稱為「令星入囚」。當令的山星或向星應該要飛到八宮，我們才能做適當的風水佈局，而帶來丁財兩旺，譬如在當令向星的方位，可以開大門以催旺財運。但若是當令的山星或向星飛入中宮，因為中宮周圍被八方阻隔的緣故，就像是被關入囚牢一般，而無法發揮其當令旺星的功能。

「令星入囚」一般主凶，可分成「山星入囚」和「向星入囚」的這兩種類型。「山星入囚」則損人丁，不利家人健康及容易發生意外血光之災，或因為各種原因而造成家中的人口減少；「向星入囚」則除了會導致敗財外，也會損人丁。一般而言，「向星入囚」較「山星入囚」的情況更加嚴重，也代表該房宅地運的結束，即房宅的好運已經結束了。

筆者以七運辰山戌向為例，飛星盤如下圖：

辰

7 9 六	2 4 二	9 2 四
8 1 五	6 ⑧ 七	4 6 九
3 5 一	1 3 三	5 7 八

戌 ↘

由以上的飛星盤，可以看到這間七運辰山戌向的房宅，中宮的向星為8，在七運當時，理氣格局上是屬於「旺山旺向」的旺宅，但從房子建好後，最多可旺二十年，一旦到了八運，向星就會入囚，代表地運結束，也就開始敗財了。一般而言，「向星入囚」的凶性，比不合形巒的「上山下水」還凶。

除非是在向山的宮位，可見寬闊清澈乾淨且玉帶環腰的河流，或者是比較大的湖泊，尚可吸收一定程度的生旺之氣，仍有機會可以旺財。另外的化解方法，亦可在八運時，在五黃星向星所在的東北方艮宮或宅外方位，布水局或開門來接引旺氣，但門前的地形，必須要平坦開闊，這就稱為「囚不住」，或稱為「入囚不囚」，在此條件下，這間房宅還是可以居住的。

但必須要注意的是，這間房宅在七運時，東北方的艮宮不可開門，開門就會啟動五黃星的凶煞之氣，容易有凶禍發生。但到了八運時，由於當令八白星向星入囚的緣故，則可以在東北方艮宮開門或開窗，使令星入囚而囚不住，仍能發揮其當令旺星的作用，這是在特殊時期的特殊做法。五黃星在洛書中屬中宮的位置，因此五黃星可通中宮，在「向星入囚」時，若在五黃星向星所在的宮位處開門，則可以釋放出被囚禁在中宮的當令向星。

「令星入囚」，除了可以分成「山星入囚」和「向星入囚」的這兩種類型外，也可以分成「正向入囚」與「兼向入囚」的這兩種類型。在房宅落成時的當元運，於正向下卦的飛星盤中，不可能會有當元令星入囚的情況發生，最早也要到下一元運，才可能會出現「令星入囚」的情況，如上述的七運辰山戌向的房宅，到了八運就會「向星入囚」，這種情況稱為「正向入囚」。七運的元運盤，是以元運星七入中宮順飛飛泊，因此在其他八宮中，會是其他的元運星飛泊，其他八宮不可能會出現元運星七，當然也就不可能會出現山星或向星是7入中宮的狀況。但在兼向替卦的飛星盤中，就有可能會出現當令旺星入中宮的情況，稱為「當令旺星入囚」，這是屬於「兼向入囚」的類型。

如七運的甲山庚向兼卯酉或兼寅申，原本七運甲山庚向的下卦是向星9入中宮，9在洛書元旦盤為離宮，離宮三山為丙、午、丁，與向山兌宮的三山對應為庚、酉、辛。庚山對應到丙山，對照替卦口訣：「酉辛丑艮丙，天星說破軍」，丙山要用破軍星為替星，因此原本的向星9，就要以破軍星替星7代入中宮向星的位置。因此，也造成了七運時就「向星入囚」的情況。

而七運時的庚山甲向兼酉卯或兼申寅，原本七運庚山甲向的下卦是山星9入中宮，最後是以替星山星7入中宮。因此，也造成了七運時就「山星入囚」的情況。以上這兩種兼向替卦的宅飛星盤，都是指房子建好了，就立刻入囚，可說是非常不幸。除非是建好房宅的時間點，已經是馬上就到了八運，不然不可立此向。不過，以一般正常的情況而言，風水師在立向時，都會立正向，也就是以一山中間九度的範圍內立向，會避免這種使用替卦，當運就入囚的狀況。

七運的甲山庚向兼卯酉或兼寅申，七運時就「向星入囚」，飛星盤如下圖：

	4 6 六	9 2 二	2 4 四	
甲	3 5 五	5 ⑦ 七	7 9 九	庚→
	8 1 一	1 3 三	6 8 八	

七運的庚山甲向兼酉卯或兼申寅，七運時就「山星入囚」，飛星盤如下圖：

除了上述「令星入囚」的情況外，另外有一個較少人知曉，但也是很重要的觀念，稱為「向首入囚」，所謂的「向首入囚」，即當令向星位在向首（或稱向山、向上）的宮位，但此房宅不是在當元運所建造，這種情況即為「向首入囚」。

甲← 　　　　庚

6 4 六	2 9 二	4 2 四
5 3 五	⑦ 5 七	9 7 九
1 8 一	3 1 三	8 6 八

以七運丙山壬向的屋宅為例，飛星盤如下圖：

此宅為七運所建造的房宅，向星8在向山宮位，即向首的位置，8為未來旺星，在七運時向山坎宮方位開大門，門外見清澈乾淨的水流，主旺財。但到了八運時，向星8在向首的宮位就會入囚失令。在這種情況之下，見到水光反而是主凶，這裡的水光，除了是指一般自然的河流、池塘、湖泊之外，也可能是風水師在門前坎宮所佈下的動水局，如噴水池或人工流

丙

3 2 六	7 7 二	5 9 四
4 1 五	2 3 七	9 5 九
8 6 一	6 ⑧ 三	1 4 八

壬↓

水瀑布、流水盆等。因為一般風水師通常會認為向方宜見水主旺財，所以可能會建議在向首處佈下動水局，但殊不知在上述「向首入囚」的情況下，佈下動水局反而更加速了丁財兩敗。

但只有當令向星在向首的情況下，才能下此結論。如當令向星不在向首的宮位，而是出現在其他宮位，在該宮位只要有窗戶或小門，又能見秀水，主旺財，這就是向首和其他各宮位的差別所在。因此，切忌不可認為所有的當元令向星見水必旺，若佈下動水局，有時反而會因此而導致凶禍發生。以上述七運丙山壬向的房宅例子而言，在八運時，如果屋宅門口坎宮已佈下動水局，也必須要移除，以減輕禍害。

但如果是當元運所建造的房宅，在理氣上則是屬於「旺山旺向」的格局，如八運的乾山巽向宅，在八運時當元令向星在向首的宮位，就沒有這種「向首入囚」的問題，且在向首方位，見水主旺財。八運乾山巽向的飛星盤如下圖：

↖巽

1 ⑧ 七	5 3 三	3 1 五
2 9 六	9 7 八	7 5 一
6 4 二	4 2 四	⑧ 6 九

乾

雖然是向首向星為8，但中宮元運星為八，房宅是建造於八運，不是建造於其他元運，因此無妨，在理氣格局上，是屬於「旺山旺向」的旺宅。

十三、收山出煞

「收山出煞」是玄空飛星風水學上非常重要的理論，可說是「重中之重」的觀念，任何論及玄空飛星風水學的觀點，均不可與「收山出煞」的核心原則抵觸相悖。「收山」是指飛星盤中山星當令旺星的宮位處，可見到秀麗的山巒或富麗堂皇的樓房；而向星當令旺星的宮位處，可見到清澈乾淨蜿蜒的流水或地勢低平之處。即筆者之前所提到的，在屋宅外的相應方位，該見到山的方位要見到山，而且不能是巉巖破碎的山；該見到水的方位要見到水，而且不能是沖射反弓之水，才是「山上龍神上了山，水裡龍神下了水」，理氣與巒頭相應則吉。

「出煞」是指飛星盤中，退運衰死的山星宮位處，如果可見到清澈乾淨蜿蜒的流水或地勢低平之處，即是將山上衰星趕下水去，就能脫出煞氣；而退運衰死的向星宮位處，如果可見到秀麗的山巒或富麗堂皇的樓房，即是將水裡衰星推上山去，就能脫出煞氣。

《青囊序》云：「山上龍神不下水，水裡龍神不上山」，《天玉經》也提到：「正神正位裝，撥水入零堂」，清朝溫明遠先生的《地理辨正續解》提到：「山上排龍要旺星排到實地高山，即為正神正位裝；向上排龍要旺星排到水裡低處，即為撥水入零堂。」簡言之，當元令山星的宮位見到秀峰，就是「正神正位裝」，即「當令山上龍神上山」；而當元令向星的宮位見到秀水，就是「撥水入零堂」，即「當令水裡龍神下水」。這就是「旺山旺向」的巒頭與理氣搭配的好局，這也是玄空飛星風水學的重要核心法則及觀念。

「收山出煞」的「收山」，「收」的不只是「山」的部分，也包含了「水」的部分。同樣地，「出煞」也包含了「山」和「水」的部分。以「收山出煞」而言，「收山」的重要性大於「出煞」，若能催旺當令的向星旺星，就能「一貴當權，諸凶懾服」，在該元運時，就算在其他的宮位上，出現了理氣上的煞氣，問題也不大。當然，若能同時符合「收山」和「出煞」，那就更加圓滿了。

當然，理論上雖是如此，但在實際操作時，往往會受限於外在的環境，該見到山的方位沒有見到山，該見到水的方位沒有見到水，因此就只能透過房宅內格局的調理來做補救。在第拾篇〈飛星佈局，五行開運〉的第五節〈如何在內格局中造砂造水〉中，會有所說明。

十四、一貴當權，諸凶懾服

風水學上的著名篇章《玄機賦》提到：「一貴當權，諸凶懾服」，這在玄空飛星風水學上是很重要的觀念，也是在立向佈局時，要考慮到的重點。

在理氣上「一貴當權」的前提是，要有形象良好的外巒頭對應，如形象飽滿圓潤的元寶山。配合上外巒頭的位置適當，如屋宅後方玄武高起，前方明堂開闊，再加上此時的理氣格局又是「旺山旺向」，即當令山星飛到坐山的宮位，而當令向星飛到向山的宮位，就稱為「一貴當權，諸凶懾服」。如果沒有好巒頭的型態及恰當位置的配合，談「一貴當權，諸凶懾服」都只是紙上談兵，沒有實質意義。若理氣格局上吉，而外巒頭若為凶，照樣不能應吉，只是暫時不發凶。

若能有好的外巒頭，再加上理氣的「旺山旺向」，那就會丁財兩旺。簡單的比喻，就是如同有德之人當權，下屬雖然有些奸險之人，但也不敢輕舉妄動。又以人的體質而言，就如同一個人的體質強健，當同一個辦公室的人都被傳染了感冒，但體質強健的人仍然不受影響。在「一貴當權，諸凶懾服」的情況下，家中的物品擺設就算是位置不當，問題也不大，因為是旺宅有旺氣的緣故。

但反過來說，當房宅不是旺宅，而是如形巒不相應的「上山下水」衰宅，或是凶星位居在重要的位置時，就變成了《玄機賦》所提到的：「眾凶剋主，獨力難支」。正所謂物以類聚，呼朋引伴，就如同小人奸臣當道，有才德的人反而被罷黜貶官一樣。以人的體質而言，就像是先天不足，後天失調一樣，不但會常常感冒，甚至連一個小感冒，就可能會導致肺炎的產生。在「眾凶剋主」的情況下，家中物品擺設的小錯誤，都可能會引發連鎖反應。

筆者前文已說明，理氣格局上的「一貴當權，諸凶懾服」，是必須與外巒頭砂水配置相應為前提，以下所談的理氣部分，都必須以此為前提，之後就不再贅述。

以八運的丑山未向為例，這是一個八運時「旺山旺向」的理氣方位，若能在西南方的坤宮開了大門，或是在這個方位若能見到秀水，都稱為「一貴當權，諸凶懾服」，就算在其他宮位出現凶象，問題也不大。

但讀者要知道的是，八運當中的西南方坤宮要見水是「一貴當權，諸凶懾服」，但是到了九運，即 2024 年之後，西南方坤宮見水就不吉了，因為八運已經退運了，這也就是風水輪流轉的道理，2024 年後九運開始，在北方見水才吉。

未↗

3 6 七	7 1 三	5 ⑧ 五
4 7 六	2 5 八	9 3 一
⑧ 2 二	6 9 四	1 4 九

丑

以八運丑山未向的例子而言，坤宮的向星為 8，8 就是當旺的八運之氣，因此，若能在此宮位開大門，就能收納當旺的八運之氣，在八運時就為旺宅。就算在其他退運向星的宮位，如在東南方巽宮或東方震宮開了小門或後門，也不會造成太大的影響，這是因為「一貴當權」的緣故。即使是宮位中出現了「伏吟、反吟」也影響不大，這也是因為「一貴當權」的緣故。以此例而言，不但有「全局向星反吟」，而且坤宮犯了山星「單宮伏吟」，艮宮的山星和向星也都犯了「單宮伏吟」。但由於「一貴當權」的緣故，這些凶煞問題在八運時都暫時無妨。

此外，在八運時，坤宮開大門已經可以「一貴當權」，若能在坎宮開後門，即在北方開後門就更加理想。因為坎宮的向星為9，在八運時是未來旺星，因此北方坎宮也是開門的吉方，是吉上加吉。唯一要注意的是在八運時，當令山星8在東北艮宮，是屬於靜方，因此艮宮不要開門，開門則會損人丁。

若是在北方坎宮的位置見山，即在向星9的宮位見到山，八運時，向星9是未來的吉星，向星的吉星要見到秀水才是吉。而北方坎宮的向星9，若是見山而不見水，則會造成理氣與形巒不應為不吉，但因為「一貴當權」的緣故，在八運時的影響，可能還不太大，但到了九運時的影響就非常巨大，會導致敗財。因為九運時的當令向星的宮位，應該要見到開闊明堂或見水光為吉，若不見水反而見山，就犯了「水裡龍神上了山」，其結果就是敗財。

因此，在佈局上的重點是，只要催旺了一宅的當令向星，如八運的八白星向星，其他凶星的影響就會減至最低點，在當令向星的宮位開大門，就是最好的催旺，因為人來人往，自然就催旺了當令向星。若排除「向首入囚」的情況，一般而言，當令旺星在向方，在向方能見水，而且能見到水光，主大吉，就會旺財，也可以布置動水局，如流水盆去催旺當令向星。因此，不必在家中的每一個宮位都去佈局，無需對每一組飛星都去增旺或化煞，只要能催旺當令向星，便可化解一切凶星，這就是執簡馭繁的重點。

不過讀者需注意的是，以上八運的丑山未向，在八運時是「旺山旺向」的格局，但其中也有「全局向星反吟」，及艮宮的山星8和洛書元旦盤的艮宮數字八相同，而犯了「單宮伏吟」，艮宮的向星2和元運星二相同，也犯了「單宮伏吟」。坤宮的山星5與元運星五相同，也是犯了「單宮伏吟」的狀況。但在此飛星盤中，也有著全局山星與元運星合十的格局，因此，這是屬於「旺丁不旺財」的整體格局。在八運過後，這間房宅的凶象就會開始顯現，尤其是敗財的部分。而艮宮和坤宮山星犯「伏吟」的部分，可藉由全局的山星與元運星合十的格局而得以化解。

因此，以立向而言，有嚴重「反吟、伏吟」的「旺山旺向」的理氣格局，原則上還是以不採用為宜，因為退運後，凶煞立現的緣故。

十五、氣口司一宅之樞，龍穴樂三吉之輔

《玄機賦》提到：「氣口司一宅之樞，龍穴樂三吉之輔」，「氣口」即房宅的主要納氣口。在第肆篇中，筆者已經提到古代的房宅大門，通常是房宅的主要納氣口，但現代的房宅設計，大門就不一定是主要的納氣口了。因此，《玄機賦》這裡的「氣口」，在現代的建築中，有可能是在大門口處，也有可能是在最大的採光面落地窗拉門處。

主要的納氣口處，對房宅的吉凶會起到相當關鍵的作用，因此可以說是房宅內最重要的位置。在以宮位的飛星組合「憑星斷事」時，以主要納氣口宮位的飛星組合，去論斷整體房宅的吉凶，通常也是最準確。所以《玄機賦》提到：「氣口司一宅之樞，龍穴樂三吉之輔」，主要的納氣口就是整個房宅中最重要的樞紐位置。

當主要的納氣口為吉星的組合，而向星又是當令旺星，只要與外巒頭配合恰當，如明堂開闊及可見水光，坐山又能見到秀峰，那就是「一貴當權，諸凶懾服」。在這個主要納氣口的位置，只要經常有人出入，或是這個位置空氣流通，當令旺星便會被催旺。

「龍穴樂三吉之輔」的「三吉」，是指在玄空飛星學中的「三吉星」，即一白星、六白星和八白星這三顆吉星。「龍穴」則指陰宅或陽宅，所謂「龍穴三吉」，就是在風水堪輿時，這三顆輔佐的吉星飛到的宮位處，如果與外巒頭山水能相應，則屬大吉。這三顆吉星，因為都是白色，因此稱為「三吉白」，在當令時大吉，就算失令，也不至於太凶，在九星中是屬於較吉的星。

不過要注意的是，現在是八運，六運已經退運，即六白星已經退運失令了，因此以「三吉星」而言，只需要著重在八白星及一白星向星的佈局，這樣才是應合元運的風水佈局。

此外，在風水上的生旺之星，當令星為「旺氣星」，下一元運的當令星為「生氣星」，再下一元運的當令星為「遠生氣星」，通稱為「三陽星」，也稱為「三吉星」。如現在是八運，八白星為「旺氣星」，九紫星為「生氣星」，一白星為「遠生氣星」，這三顆吉星的向星宮位，可以進行催吉的佈局，但重點還是要放在八白星這顆當令旺星上。而到了九運時，九紫星為「旺氣星」，一白星為「生氣星」，二黑星為「遠生氣星」。

十六、將飛星盤套入房宅平面圖

從以上篇章的學習，相信讀者已經可以瞭解房宅要如何立向，及如何使用羅盤了。經過羅盤量測後，我們就可以排出房宅的飛星盤。排出飛星盤後，將房宅的平面圖，不包括陽台、花台，按照等比例畫出九宮格，將飛星盤的數字套入九宮格後，就可以開始進行分析。這整個房宅的飛星盤，就是屬於一個「大太極」。分析房宅飛星盤的重點，要放在主要納氣口的飛星組合，主要納氣口可能是在大門口處或最大的採光面落地窗拉門處，要視屋宅的情況而定，如何找出房宅的主要納氣口，請參照第肆篇的「王氏座向系統判斷法」。用主要納氣口這個宮位的飛星組合，去論斷整間房宅的吉凶，通常是最應驗。在上一節中，筆者已說明「氣口司一宅之樞」，這個主要納氣口，就是整間房宅中最重要的樞紐位置。

讀者要特別注意的是，飛星盤的方位是上南下北，左東右西，套入房宅平面圖時，要依照房宅的方位加以調整。

陽宅三要素：門、主、灶，在察看完主要納氣口的飛星組合後，接著就要察看主臥房及廚房（灶）的位置，是否在吉星的宮位上，如果不是的話，則要進行調理。我們同樣可以將家中的任何一個區域或房間畫成九宮格，並且將同樣的飛星盤，套入那個區域或房間，這稱為「小太極」。以臥室為例，我們只要找出房門口，對照在這個「小太極」中山星和向星的組合，就可知道這間臥室的理氣吉凶如何。而床位在「小太極」飛星組合的位置，也是檢查分析的重點。因為人要在床位上睡八個小時，床位理氣的吉凶，也是相當重要，風水上強調要「以人為本」。

因此，推算分析「宅飛星盤」的步驟如下：

1. 以羅盤定好座向
2. 依照房宅元運及座向，排出宅飛星盤
3. 以九宮格將屋宅平均劃分
4. 將宅飛星盤套入九宮格
5. 分析主要納氣口的飛星組合
6. 分析其他重要區域的飛星組合，如廚房、主臥室…等

7. 將臥室或其他空間畫成九宮格，此為小太極

8. 將宅飛星盤套入小太極

9. 分析臥室門口和床位在小太極中的飛星組合

以下筆者以八運子山午向的房宅為例：

1. 以羅盤定出子山午向的座向

2. 排出八運子山午向的房宅飛星盤，如下圖：

午↑

3 4 七	8 8 三	1 6 五
2 5 六	4 3 八	6 1 一
7 9 二	9 7 四	5 2 九

子

3. 以九宮格將屋宅平均劃分

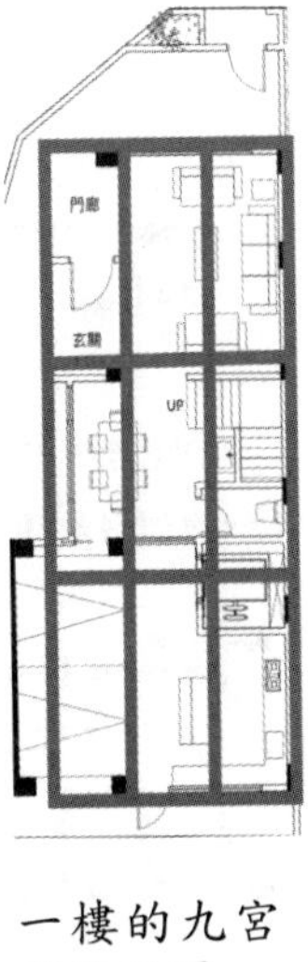

一樓的九宮格平面圖

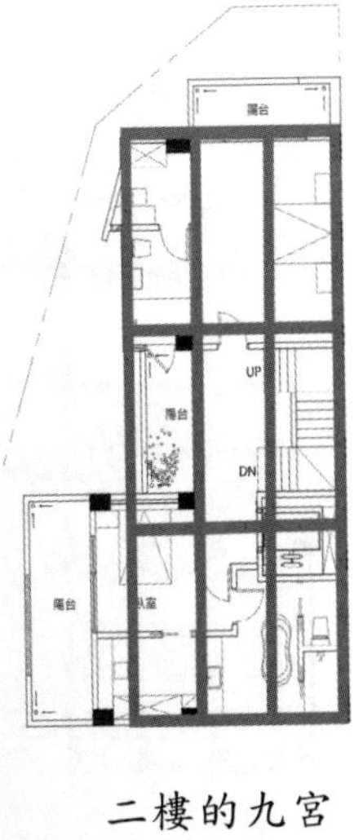

二樓的九宮格平面圖

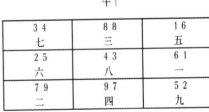

4. 將宅飛星盤套入九宮格

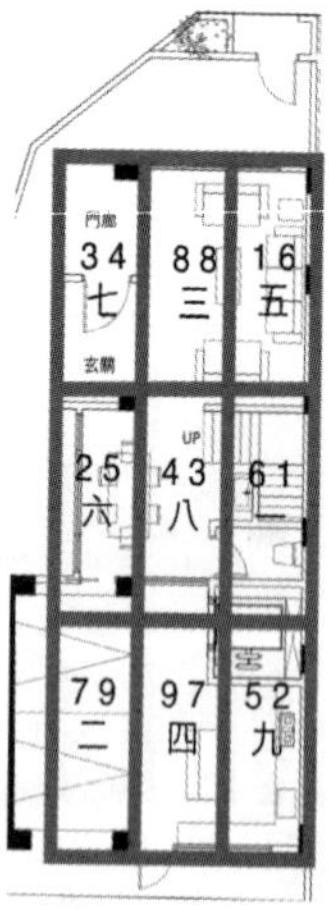

一樓的飛星盤

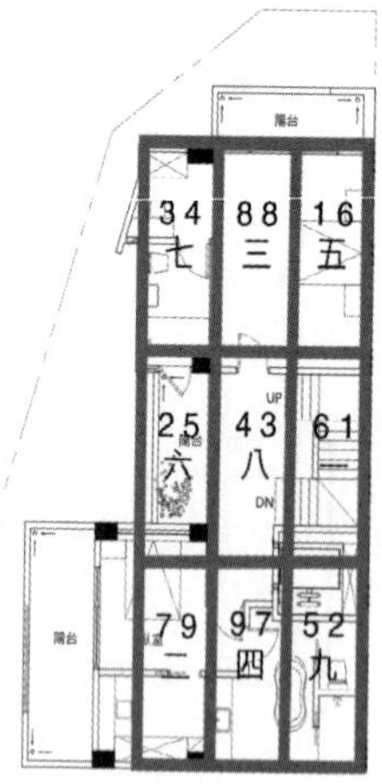

二樓的飛星盤

5. 分析主要納氣口的飛星組合

這間房宅是屬於八運「雙星會向」的理氣格局，但大門並未開在向山(向首)處，而是開在東南巽宮的位置。因大門與宅向切面位置一致，大門口即為房宅的主要納氣口，因此，要分析大門口所在的飛星組合，大門口為34的飛星組合，屬不吉，納的不是吉氣。《玄空祕旨》提到：「震巽失宮而生賊丐」，震巽是指三碧木星和四綠木星，目前是八運，這兩顆星都是處於失運的狀態，34的飛星組合，主家中出盜賊與乞丐。《飛星賦》也提到：「同來震巽，昧事無常」，34同宮在失運時，該理氣就容易導致宅中之人蒙昧事理，處事無方，不按照常理做事。由於是位在大門主要納氣口的位置，因此這個「生賊丐」及「昧事無常」的壞理氣，就容易會影響到家中的所有成員。此外，大門口向星為4，與洛書元旦盤巽宮數字四相同，因此犯了「單宮伏吟」，且門口為動方，要看向星，向星犯了「伏吟」更是不吉。

筆者要向讀者說明的是，有些風水書籍在敘述飛星組合時，會以向星在前而山星在後，但筆者認為這種寫法，與飛星盤的數字對照時容易混淆，因此在本書中是採以山星在前而向星在後的順序。如以上例而言，書寫成34的飛星組合，而不是寫成43的飛星組合，這樣對照起來比較清楚。另外的理由，是飛星盤在排盤時，也是先以山星入中宮，而後才向星入中宮，談座向時，也是先坐山而後向山，如子山午向或坐子向午。

6. 分析其他重要區域的飛星組合，如廚房、主臥室……等

一樓廚房的宮位在52的飛星組合，為不吉的理氣組合，廚房是屬於動方，和向星有關。廚房宮位的向星為2，而2為二黑星，退運的二黑星是「病符星」，此處當廚房，就會危害到家人的身體健康。此外，和退運的山星五黃星在同一個宮位，更是雪上加霜，《紫白訣》提到：「二五交加，罹死亡並生疾病」，有重大疾病甚至死亡之虞，尤其不利於女主人的健康。

二樓的主臥室，以「大太極」而言，橫跨了三個宮位，分別是34的飛星組合落在衛浴廁

所，88的飛星組合落在通道及臥室門口，16的飛星組合則落在床鋪的位置。臥室門口是屬於動方，因此要分析向星；而床位是屬於靜方，因此要分析山星。因為臥室門口所在的宮位向星為8，而床鋪所在的宮位山星為1，整體而言，可以說是還不錯的組合。

7. 將臥室或其他空間畫成九宮格，此為小太極

8. 將宅飛星盤套入小太極

9. 分析臥室門口和床位在小太極中的飛星組合

將飛星盤套入「小太極」來看，臥室門口是97的組合，房門口是動方，要看向星，向星為7是退運星，山星為9，9為離火，7為兌金，火剋金，退運向星又被剋，不吉。《玄空祕旨》

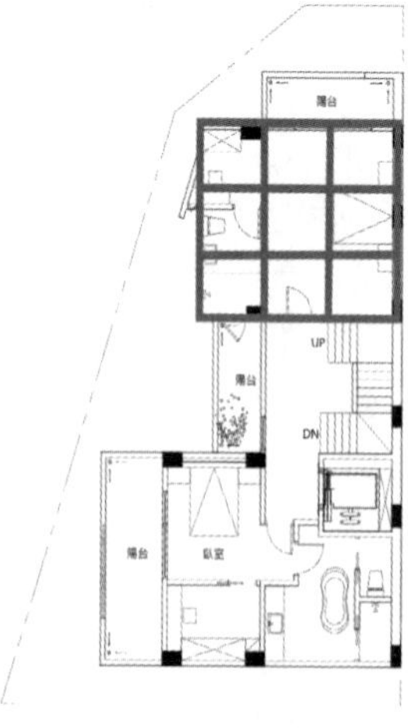

二樓的主臥室九宮格

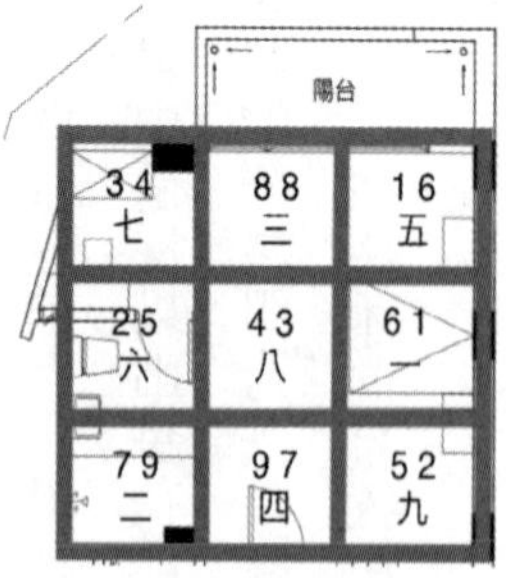

二樓的主臥室
小太極飛星盤

提到：一午酉逢而江湖花酒」，住在此臥室的人，要注意有沉迷酒色的問題。此外，《紫白訣》提到：「九七合轍，常遭回祿之災」，在該臥室要注意有火災之虞。以床鋪的安排而言，在「小太極」中，盡量往16飛星組合的宮位處推移，以床位的飛星組合而言，16會比61好。因為床位要看山星，山星1是未來吉星，而山星6已經是退運星了，注意千萬不可將床鋪移至52飛星組合的宮位處，不但不利健康，且易發生意外血光之災。此外，房門口的山星為9，和洛書元旦盤坎宮數字一相加為十，因此犯了山星「單宮反吟」，已是不吉，到九運時，當令山星9的宮位處開門則損人丁，因為當令山星處應為靜方，不可開門。

因此，以該主臥室的理氣而言，是屬於大太極吉，而小太極不吉的情況，吉中帶小凶。

我們再看另一例，以加強瞭解。筆者以八運乾山巽向的房宅為例，依照之前的步驟再操作一次。

1. 以羅盤定出乾山巽向的座向
2. 排出八運乾山巽向的房宅飛星盤，如下圖：

↖巽

1 ⑧ 七	5 3 三	3 1 五
2 9 六	9 7 八	7 5 一
6 4 二	4 2 四	⑧ 6 九

乾

乾宮的山星為8，巽宮的向星為8，以理氣而言，這是一間「旺山旺向」的旺宅。因為飛星盤是上南下北，左東右西。因此要將宅飛星盤轉換成與屋向一致，方便套入屋宅平面圖。如下圖：

巽↑

2 9 六	1 8 七	5 3 三
6 4 二	9 7 八	3 1 五
4 2 四	8 6 九	7 5 一

乾

3. 以九宮格將屋宅平均劃分

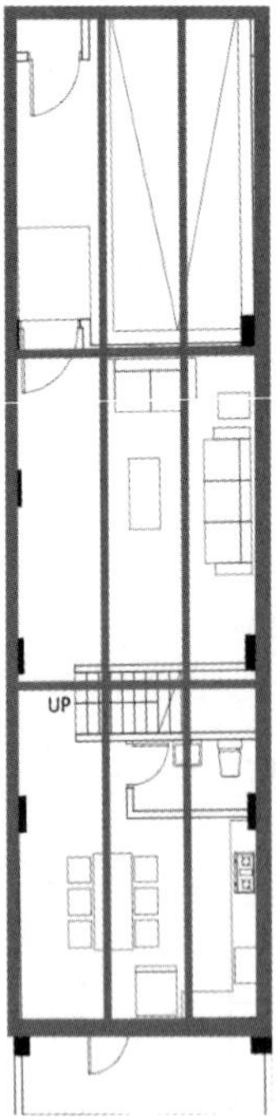

一樓的九宮格平面圖

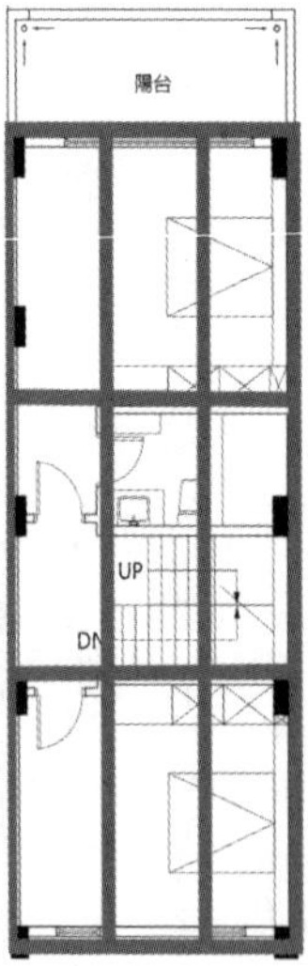

二樓的九宮格平面圖

4. 將宅飛星盤套入九宮格

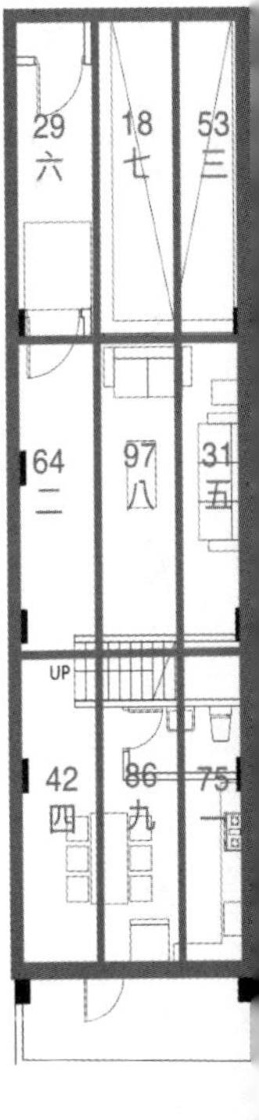

一樓的飛星盤

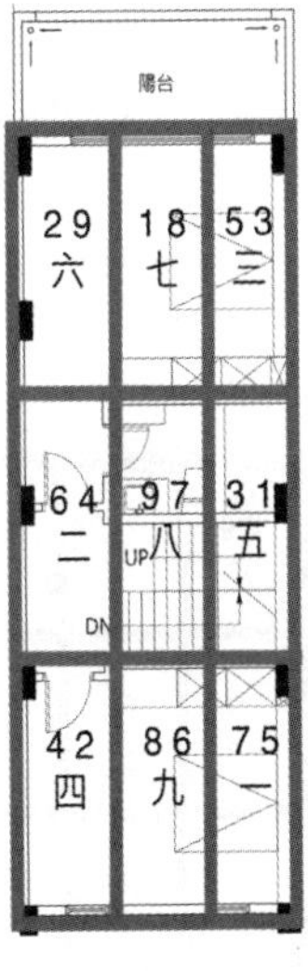

二樓的飛星盤

5. 分析主要納氣口的飛星組合

因大門與宅向切面位置一致，大門口即為房宅的主要納氣口，因此，要分析大門口的飛星組合，大門口為29的飛星組合，向星為9，也是未來吉星，算是還不錯的大門方位。最佳八運當令的向星8的宮位落在車庫，較為可惜。但大門口向星為9，以理氣格局而言，在九運時會有較佳的財運。

6. 分析其他重要區域的飛星組合，如廚房、主臥室……等

一樓廚房宮位為75的飛星組合，為不吉的組合，因為向星5為五黃凶星，且山星7因與洛書元旦盤兌宮數字七相同，而犯了「單宮伏吟」。以「大太極」而言，二樓主臥室橫跨了

六個宮位，主臥室門口的飛星組合為64，門口看向星，向星4為退運星，因此不是納吉氣，且4為四綠木，6為六白金，木被金所剋，更是不吉。而床位在53的飛星組合，為不吉的組合，因為床位要看山星，山星為5則不吉。

7. 將臥室或其他空間畫成九宮格，此為小太極

8. 將宅飛星盤套入小太極

9. 分析臥室門口和床位在小太極中的飛星組合

臥室門開在42的飛星組合上，以理氣而言屬於不吉。門口看向星，而向星為2，為退運

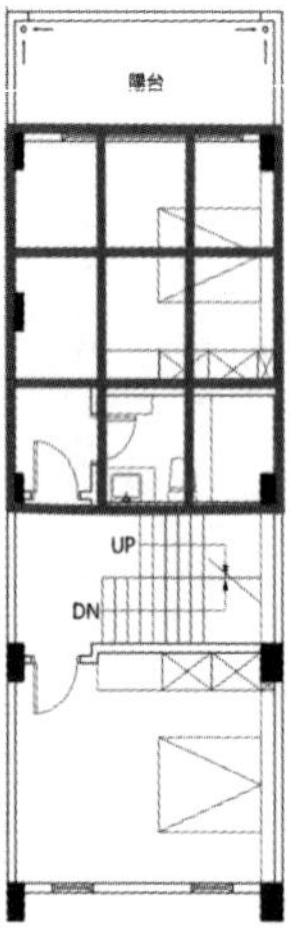

二樓的主臥室
九宮格

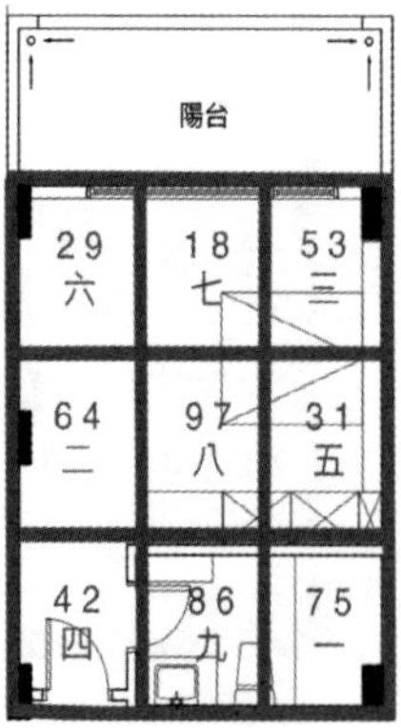

二樓的主臥室
小太極飛星盤

的二黑「病符星」，理氣上已是不吉，再加上又被山星4所剋，更是不吉。且山星4與該宮位的元運星數字四相同，犯了「單宮伏吟」，也是不吉。八運時最好的床位理氣組合，以該小太極而言，應為理氣86的飛星組合，因為8為當令星，山星為8，最適合放床鋪，但在此「小太極」中的86組合，卻落在衛浴廁所內，所以不能在此宮位中擺放床鋪。

屬於未來吉星的山星，是9和1，但是山星9及山星1的宮位，也都不適合擺放床鋪，因為山星9在中宮，床鋪要有靠，無法擺在中宮，而山星1的宮位後面有落地窗，也不適合擺放床鋪。除非封掉18宮位的落地窗，不然還是以目前擺放的位置即可，因為還是要以「巒頭為主，理氣為輔」，要以合理的擺設為優先考量。

以這間主臥室而言，無論是由「大太極」或是「小太極」分析，房門口都是屬於不吉的理氣，因此不是一間理想的房間。

十七、六到九運下卦和替卦的飛星盤

在本節中，筆者整理出六運到九運下卦（正山正向）和替卦（兼山兼向）的飛星盤，可以供讀者快速檢索，節省自行計算的時間。六運到九運，即從 1964 年—2043 年所建造完工的房宅，都可以參照。

飛星盤下卦及替卦的計算方式，前文已經說明，不再贅述。有興趣深入研究玄空飛星學的讀者，對飛星盤排盤的計算，需多加練習，替卦口訣也需背誦，運用時方能熟能生巧。

此外，每個大方位可分成三山，陰陽排序要依照四正位陽、陰、陰，及四隅位陰、陽、陽來排序，如在坎宮的壬、子、癸三山，是依照陽、陰、陰的陰陽排序，子和癸在同一卦中同屬陰，排出來的下卦飛星盤是一樣的，然而子和癸排出來的替卦飛星盤，其結果可能會有所不同。

且讀者要注意的是，在參考此飛星盤下卦或替卦時，要知道這是洛書元旦盤的飛星盤格式，方位是上南下北，左東右西。在飛星盤上，筆者已經清楚地標明座向，及該飛星盤是屬於下卦或兼卦，因此就不在飛星盤的旁邊標示方位箭頭，如果要套入房宅的平面圖，方位必須要先自行轉換，否則就會判斷錯誤。

讀者需要清楚地熟悉四正位及四隅位的陰陽排序，及二十四山的相鄰順序，才能對飛星盤的下卦及替卦，做出正確的推算。

四正位與所屬之山及其陰陽

北方	坎宮	壬	陽
		子	陰
		癸	陰
東方	震宮	甲	陽
		卯	陰
		乙	陰
南方	離宮	丙	陽
		午	陰
		丁	陰
西方	兌宮	庚	陽
		酉	陰
		辛	陰

四隅位與所屬之山及其陰陽

東北方	艮宮	丑	陰
		艮	陽
		寅	陽
東南方	巽宮	辰	陰
		巽	陽
		巳	陽
西南方	坤宮	未	陰
		坤	陽
		申	陽
西北方	乾宮	戌	陰
		乾	陽
		亥	陽

讀者可以參照羅盤二十四山，瞭解每山與鄰山的相對位置，以方便推算替卦。替卦包含同一卦中的陰兼陽或陽兼陰，及不同卦中的陰兼陰或陽兼陽的情況。

壬山丙向下卦

3 9 五	7 5 一	5 7 三
4 8 四	2 1 六	9 3 八
8 4 九	6 6 二	1 2 七

2 3 六	7 7 二	9 5 四
1 4 五	3 2 七	5 9 九
6 8 一	8 6 三	4 1 八

5 2 七	9 7 三	7 9 五
6 1 六	4 3 八	2 5 一
1 6 二	8 8 四	3 4 九

4 5 八	9 9 四	2 7 六
3 6 七	5 4 九	7 2 二
8 1 三	1 8 五	6 3 一

壬山丙向兼亥巳或兼子午

3 1 五	7 6 一	5 8 三
4 9 四	2 2 六	9 4 八
8 5 九	6 7 二	1 3 七

9 3 六	5 7 二	7 5 四
8 4 五	1 2 七	3 9 九
4 8 一	6 6 三	2 1 八

7 9 七	2 5 三	9 7 五
8 8 六	6 1 八	4 3 一
3 4 二	1 6 四	5 2 九

4 7 八	9 2 四	2 9 六
3 8 七	5 6 九	7 4 二
8 3 三	1 1 五	6 5 一

丙山壬向下卦

9 3 五	5 7 一	7 5 三
8 4 四	1 2 六	3 9 八
4 8 九	6 6 二	2 1 七

3 2 六	7 7 二	5 9 四
4 1 五	2 3 七	9 5 九
8 6 一	6 8 三	1 4 八

2 5 七	7 9 三	9 7 五
1 6 六	3 4 八	5 2 一
6 1 二	8 8 四	4 3 九

5 4 八	9 9 四	7 2 六
6 3 七	4 5 九	2 7 二
1 8 三	8 1 五	3 6 一

丙山壬向兼巳亥或兼午子

1 3 五	6 7 一	8 5 三
9 4 四	2 2 六	4 9 八
5 8 九	7 6 二	3 1 七

3 9 六	7 5 二	5 7 四
4 8 五	2 1 七	9 3 九
8 4 一	6 6 三	1 2 八

9 7 七	5 2 三	7 9 五
8 8 六	1 6 八	3 4 一
4 3 二	6 1 四	2 5 九

7 4 八	2 9 四	9 2 六
8 3 七	6 5 九	4 7 二
3 8 三	1 1 五	5 6 一

子山午向下卦

1 2 五	6 6 一	8 4 三
9 3 四	2 1 六	4 8 八
5 7 九	7 5 二	3 9 七

4 1 六	8 6 二	6 8 四
5 9 五	3 2 七	1 4 九
9 5 一	7 7 三	2 3 八

3 4 七	8 8 三	1 6 五
2 5 六	4 3 八	6 1 一
7 9 二	9 7 四	5 2 九

6 3 八	1 8 四	8 1 六
7 2 七	5 4 九	3 6 二
2 7 三	9 9 五	4 5 一

子山午向兼壬丙

1 2 五	6 6 一	8 4 三
9 3 四	2 1 六	4 8 八
5 7 九	7 5 二	3 9 七

3 1 六	7 6 二	5 8 四
4 9 五	2 2 七	9 4 九
8 5 一	6 7 三	1 3 八

5 3 七	1 7 三	3 5 五
4 4 六	6 2 八	8 9 一
9 8 二	2 6 四	7 1 九

6 5 八	1 1 四	8 3 六
7 4 七	5 6 九	3 8 二
2 9 三	9 2 五	4 7 一

午山子向下卦

2 1 五	6 6 一	4 8 三
3 9 四	1 2 六	8 4 八
7 5 九	5 7 二	9 3 七

1 4 六	6 8 二	8 6 四
9 5 五	2 3 七	4 1 九
5 9 一	7 7 三	3 2 八

4 3 七	8 8 三	6 1 五
5 2 六	3 4 八	1 6 一
9 7 二	7 9 四	2 5 九

3 6 八	8 1 四	1 8 六
2 7 七	4 5 九	6 3 二
7 2 三	9 9 五	5 4 一

午山子向兼丙壬

2 1 五	6 6 一	4 8 三
3 9 四	1 2 六	8 4 八
7 5 九	5 7 二	9 3 七

1 3 六	6 7 二	8 5 四
9 4 五	2 2 七	4 9 九
5 8 一	7 6 三	3 1 八

3 5 七	7 1 三	5 3 五
4 4 六	2 6 八	9 8 一
8 9 二	6 2 四	1 7 九

5 6 八	1 1 四	3 8 六
4 7 七	6 5 九	8 3 二
9 2 三	2 9 五	7 4 一

癸山丁向下卦

1 2 五	6 6 一	8 4 三
9 3 四	2 1 六	4 8 八
5 7 九	7 5 二	3 9 七

4 1 六	8 6 二	6 8 四
5 9 五	3 2 七	1 4 九
9 5 一	7 7 三	2 3 八

3 4 七	8 8 三	1 6 五
2 5 六	4 3 八	6 1 一
7 9 二	9 7 四	5 2 九

6 3 八	1 8 四	8 1 六
7 2 七	5 4 九	3 6 二
2 7 三	9 9 五	4 5 一

癸山丁向兼丑未

9 2 五	5 6 一	7 4 三
8 3 四	1 1 六	3 8 八
4 7 九	6 5 二	2 9 七

3 9 六	7 5 二	5 7 四
4 8 五	2 1 七	9 3 九
8 4 一	6 6 三	1 2 八

5 3 七	1 7 三	3 5 五
4 4 六	6 2 八	8 9 一
9 8 二	2 6 四	7 1 九

6 5 八	1 1 四	8 3 六
7 4 七	5 6 九	3 8 二
2 9 三	9 2 五	4 7 一

丁山癸向下卦

2 1 五	6 6 一	4 8 三
3 9 四	1 2 六	8 4 八
7 5 九	5 7 二	9 3 七

1 4 六	6 8 二	8 6 四
9 5 五	2 3 七	4 1 九
5 9 一	7 7 三	3 2 八

4 3 七	8 8 三	6 1 五
5 2 六	3 4 八	1 6 一
9 7 二	7 9 四	2 5 九

3 6 八	8 1 四	1 8 六
2 7 七	4 5 九	6 3 二
7 2 三	9 9 五	5 4 一

丁山癸向兼未丑

2 9 五	6 5 一	4 7 三
3 8 四	1 1 六	8 3 八
7 4 九	5 6 二	9 2 七

9 3 六	5 7 二	7 5 四
8 4 五	1 2 七	3 9 九
4 8 一	6 6 三	2 1 八

3 5 七	7 1 三	5 3 五
4 4 六	2 6 八	9 8 一
8 9 二	6 2 四	1 7 九

5 6 八	1 1 四	3 8 六
4 7 七	6 5 九	8 3 二
9 2 三	2 9 五	7 4 一

丑山未向下卦

8 2 五	4 7 一	6 9 三
7 1 四	9 3 六	2 5 八
3 6 九	5 8 二	1 4 七

9 5 六	5 9 二	7 7 四
8 6 五	1 4 七	3 2 九
4 1 一	6 8 三	2 3 八

3 6 七	7 1 三	5 8 五
4 7 六	2 5 八	9 3 一
8 2 二	6 9 四	1 4 九

2 7 八	7 2 四	9 9 六
1 8 七	3 6 九	5 4 二
6 3 三	8 1 五	4 5 一

丑山未向兼艮坤或兼癸丁

6 9 五	2 5 一	4 7 三
5 8 四	7 1 六	9 3 八
1 4 九	3 6 二	8 2 七

1 7 六	6 2 二	8 9 四
9 8 五	2 6 七	4 4 九
5 3 一	7 1 三	3 5 八

3 6 七	7 1 三	5 8 五
4 7 六	2 5 八	9 3 一
8 2 二	6 9 四	1 4 九

9 7 八	5 2 四	7 9 六
8 8 七	1 6 九	3 4 二
4 3 三	6 1 五	2 5 一

未山丑向下卦

2 8 五	7 4 一	9 6 三
1 7 四	3 9 六	5 2 八
6 3 九	8 5 二	4 1 七

5 9 六	9 5 二	7 7 四
6 8 五	4 1 七	2 3 九
1 4 一	8 6 三	3 2 八

6 3 七	1 7 三	8 5 五
7 4 六	5 2 八	3 9 一
2 8 二	9 6 四	4 1 九

7 2 八	2 7 四	9 9 六
8 1 七	6 3 九	4 5 二
3 6 三	1 8 五	5 4 一

未山丑向兼坤艮或兼丁癸

9 6 五	5 2 一	7 4 三
8 5 四	1 7 六	3 9 八
4 1 九	6 3 二	2 8 七

7 1 六	2 6 二	9 8 四
8 9 五	6 2 七	4 4 九
3 5 一	1 7 三	5 3 八

6 3 七	1 7 三	8 5 五
7 4 六	5 2 八	3 9 一
2 8 二	9 6 四	4 1 九

7 9 八	2 5 四	9 7 六
8 8 七	6 1 九	4 3 二
3 4 三	1 6 五	5 2 一

艮山坤向下卦

1 4 五	5 8 一	3 6 三
2 5 四	9 3 六	7 1 八
6 9 九	4 7 二	8 2 七

2 3 六	6 8 二	4 1 四
3 2 五	1 4 七	8 6 九
7 7 一	5 9 三	9 5 八

1 4 七	6 9 三	8 2 五
9 3 六	2 5 八	4 7 一
5 8 二	7 1 四	3 6 九

4 5 八	8 1 四	6 3 六
5 4 七	3 6 九	1 8 二
9 9 三	7 2 五	2 7 一

艮山坤向兼丑未

1 3 五	5 7 一	3 5 三
2 4 四	9 2 六	7 9 八
6 8 九	4 6 二	8 1 七

2 5 六	6 1 二	4 3 四
3 4 五	1 6 七	8 8 九
7 9 一	5 2 三	9 7 八

1 4 七	6 9 三	8 2 五
9 3 六	2 5 八	4 7 一
5 8 二	7 1 四	3 6 九

3 5 八	7 1 四	5 3 六
4 4 七	2 6 九	9 8 二
8 9 三	6 2 五	1 7 一

坤山艮向下卦

4 1 五	8 5 一	6 3 三
5 2 四	3 9 六	1 7 八
9 6 九	7 4 二	2 8 七

3 2 六	8 6 二	1 4 四
2 3 五	4 1 七	6 8 九
7 7 一	9 5 三	5 9 八

4 1 七	9 6 三	2 8 五
3 9 六	5 2 八	7 4 一
8 5 二	1 7 四	6 3 九

5 4 八	1 8 四	3 6 六
4 5 七	6 3 九	8 1 二
9 9 三	2 7 五	7 2 一

坤山艮向兼未丑

3 1 五	7 5 一	5 3 三
4 2 四	2 9 六	9 7 八
8 6 九	6 4 二	1 8 七

5 2 六	1 6 二	3 4 四
4 3 五	6 1 七	8 8 九
9 7 一	2 5 三	7 9 八

4 1 七	9 6 三	2 8 五
3 9 六	5 2 八	7 4 一
8 5 二	1 7 四	6 3 九

5 3 八	1 7 四	3 5 六
4 4 七	6 2 九	8 9 二
9 8 三	2 6 五	7 1 一

寅山申向下卦

1 4 五	5 8 一	3 6 三
2 5 四	9 3 六	7 1 八
6 9 九	4 7 二	8 2 七

2 3 六	6 8 二	4 1 四
3 2 五	1 4 七	8 6 九
7 7 一	5 9 三	9 5 八

1 4 七	6 9 三	8 2 五
9 3 六	2 5 八	4 7 一
5 8 二	7 1 四	3 6 九

4 5 八	8 1 四	6 3 六
5 4 七	3 6 九	1 8 二
9 9 三	7 2 五	2 7 一

寅山申向兼甲庚

1 3 五	5 7 一	3 5 三
2 4 四	9 2 六	7 9 八
6 8 九	4 6 二	8 1 七

2 5 六	6 1 二	4 3 四
3 4 五	1 6 七	8 8 九
7 9 一	5 2 三	9 7 八

9 4 七	5 9 三	7 2 五
8 3 六	1 5 八	3 7 一
4 8 二	6 1 四	2 6 九

3 5 八	7 1 四	5 3 六
4 4 七	2 6 九	9 8 二
8 9 三	6 2 五	1 7 一

申山寅向下卦

4 1 五	8 5 一	6 3 三
5 2 四	3 9 六	1 7 八
9 6 九	7 4 二	2 8 七

3 2 六	8 6 二	1 4 四
2 3 五	4 1 七	6 8 九
7 7 一	9 5 三	5 9 八

4 1 七	9 6 三	2 8 五
3 9 六	5 2 八	7 4 一
8 5 二	1 7 四	6 3 九

5 4 八	1 8 四	3 6 六
4 5 七	6 3 九	8 1 二
9 9 三	2 7 五	7 2 一

申山寅向兼庚甲

3 1 五	7 5 一	5 3 三
4 2 四	2 9 六	9 7 八
8 6 九	6 4 二	1 8 七

5 2 六	1 6 二	3 4 四
4 3 五	6 1 七	8 8 九
9 7 一	2 5 三	7 9 八

4 9 七	9 5 三	2 7 五
3 8 六	5 1 八	7 3 一
8 4 二	1 6 四	6 2 九

5 3 八	1 7 四	3 5 六
4 4 七	6 2 九	8 9 二
9 8 三	2 6 五	7 1 一

甲山庚向下卦

5 9 五	9 4 一	7 2 三
6 1 四	4 8 六	2 6 八
1 5 九	8 3 二	3 7 七

4 8 六	9 4 二	2 6 四
3 7 五	5 9 七	7 2 九
8 3 一	1 5 三	6 1 八

7 9 七	2 5 三	9 7 五
8 8 六	6 1 八	4 3 一
3 4 二	1 6 四	5 2 九

6 3 八	2 7 四	4 5 六
5 4 七	7 2 九	9 9 二
1 8 三	3 6 五	8 1 一

甲山庚向兼卯酉或寅申

7 8 五	2 3 一	9 1 三
8 9 四	6 7 六	4 5 八
3 4 九	1 2 二	5 6 七

4 6 六	9 2 二	2 4 四
3 5 五	5 7 七	7 9 九
8 1 一	1 3 三	6 8 八

7 1 七	2 6 三	9 8 五
8 9 六	6 2 八	4 4 一
3 5 二	1 7 四	5 3 九

8 3 八	4 7 四	6 5 六
7 4 七	9 2 九	2 9 二
3 8 三	5 6 五	1 1 一

庚山甲向下卦

9 5 五	4 9 一	2 7 三
1 6 四	8 4 六	6 2 八
5 1 九	3 8 二	7 3 七

8 4 六	4 9 二	6 2 四
7 3 五	9 5 七	2 7 九
3 8 一	5 1 三	1 6 八

9 7 七	5 2 三	7 9 五
8 8 六	1 6 八	3 4 一
4 3 二	6 1 四	2 5 九

3 6 八	7 2 四	5 4 六
4 5 七	2 7 九	9 9 二
8 1 三	6 3 五	1 8 一

庚山甲向兼酉卯或申寅

8 7 五	3 2 一	1 9 三
9 8 四	7 6 六	5 4 八
4 3 九	2 1 二	6 5 七

6 4 六	2 9 二	4 2 四
5 3 五	7 5 七	9 7 九
1 8 一	3 1 三	8 6 八

1 7 七	6 2 三	8 9 五
9 8 六	2 6 八	4 4 一
5 3 二	7 1 四	3 5 九

3 8 八	7 4 四	5 6 六
4 7 七	2 9 九	9 2 二
8 3 三	6 5 五	1 1 一

卯山酉向下卦

3 7 五	8 3 一	1 5 三
2 6 四	4 8 六	6 1 八
7 2 九	9 4 二	5 9 七

6 1 六	1 5 二	8 3 四
7 2 五	5 9 七	3 7 九
2 6 一	9 4 三	4 8 八

5 2 七	1 6 三	3 4 五
4 3 六	6 1 八	8 8 一
9 7 二	2 5 四	7 9 九

8 1 八	3 6 四	1 8 六
9 9 七	7 2 九	5 4 二
4 5 三	2 7 五	6 3 一

卯山酉向兼甲庚

5 6 五	1 2 一	3 4 三
4 5 四	6 7 六	8 9 八
9 1 九	2 3 二	7 8 七

6 1 六	1 5 二	8 3 四
7 2 五	5 9 七	3 7 九
2 6 一	9 4 三	4 8 八

5 2 七	1 6 三	3 4 五
4 3 六	6 1 八	8 8 一
9 7 二	2 5 四	7 9 九

8 1 八	3 6 四	1 8 六
9 9 七	7 2 九	5 4 二
4 5 三	2 7 五	6 3 一

酉山卯向下卦

7 3 五	3 8 一	5 1 三
6 2 四	8 4 六	1 6 八
2 7 九	4 9 二	9 5 七

1 6 六	5 1 二	3 8 四
2 7 五	9 5 七	7 3 九
6 2 一	4 9 三	8 4 八

2 5 七	6 1 三	4 3 五
3 4 六	1 6 八	8 8 一
7 9 二	5 2 四	9 7 九

1 8 八	6 3 四	8 1 六
9 9 七	2 7 九	4 5 二
5 4 三	7 2 五	3 6 一

酉山卯向兼庚甲

6 5 五	2 1 一	4 3 三
5 4 四	7 6 六	9 8 八
1 9 九	3 2 二	8 7 七

1 6 六	5 1 二	3 8 四
2 7 五	9 5 七	7 3 九
6 2 一	4 9 三	8 4 八

2 5 七	6 1 三	4 3 五
3 4 六	1 6 八	8 8 一
7 9 二	5 2 四	9 7 九

1 8 八	6 3 四	8 1 六
9 9 七	2 7 九	4 5 二
5 4 三	7 2 五	3 6 一

乙山辛向下卦

3 7 五	8 3 一	1 5 三
2 6 四	4 8 六	6 1 八
7 2 九	9 4 二	5 9 七

6 1 六	1 5 二	8 3 四
7 2 五	5 9 七	3 7 九
2 6 一	9 4 三	4 8 八

5 2 七	1 6 三	3 4 五
4 3 六	6 1 八	8 8 一
9 7 二	2 5 四	7 9 九

8 1 八	3 6 四	1 8 六
9 9 七	7 2 九	5 4 二
4 5 三	2 7 五	6 3 一

乙山辛向兼辰戌

5 8 五	1 4 一	3 6 三
4 7 四	6 9 六	8 2 八
9 3 九	2 5 二	7 1 七

6 1 六	1 5 二	8 3 四
7 2 五	5 9 七	3 7 九
2 6 一	9 4 三	4 8 八

5 2 七	1 6 三	3 4 五
4 3 六	6 1 八	8 8 一
9 7 二	2 5 四	7 9 九

8 9 八	3 5 四	1 7 六
9 8 七	7 1 九	5 3 二
4 4 三	2 6 五	6 2 一

辛山乙向下卦

7 3 五	3 8 一	5 1 三
6 2 四	8 4 六	1 6 八
2 7 九	4 9 二	9 5 七

1 6 六	5 1 二	3 8 四
2 7 五	9 5 七	7 3 九
6 2 一	4 9 三	8 4 八

2 5 七	6 1 三	4 3 五
3 4 六	1 6 八	8 8 一
7 9 二	5 2 四	9 7 九

1 8 八	6 3 四	8 1 六
9 9 七	2 7 九	4 5 二
5 4 三	7 2 五	3 6 一

辛山乙向兼戌辰

8 5 五	4 1 一	6 3 三
7 4 四	9 6 六	2 8 八
3 9 九	5 2 二	1 7 七

1 6 六	5 1 二	3 8 四
2 7 五	9 5 七	7 3 九
6 2 一	4 9 三	8 4 八

2 5 七	6 1 三	4 3 五
3 4 六	1 6 八	8 8 一
7 9 二	5 2 四	9 7 九

9 8 八	5 3 四	7 1 六
8 9 七	1 7 九	3 5 二
4 4 三	6 2 五	2 6 一

辰山戌向下卦

6 6 五	1 2 一	8 4 三
7 5 四	5 7 六	3 9 八
2 1 九	9 3 二	4 8 七

7 9 六	2 4 二	9 2 四
8 1 五	6 8 七	4 6 九
3 5 一	1 3 三	5 7 八

6 8 七	2 4 三	4 6 五
5 7 六	7 9 八	9 2 一
1 3 二	3 5 四	8 1 九

9 9 八	4 5 四	2 7 六
1 8 七	8 1 九	6 3 二
5 4 三	3 6 五	7 2 一

辰山戌向兼巽乾或乙辛

6 8 五	1 4 一	8 6 三
7 7 四	5 9 六	3 2 八
2 3 九	9 5 二	4 1 七

7 8 六	2 3 二	9 1 四
8 9 五	6 7 七	4 5 九
3 4 一	1 2 三	5 6 八

8 6 七	4 2 三	6 4 五
7 5 六	9 7 八	2 9 一
3 1 二	5 3 四	1 8 九

8 1 八	3 6 四	1 8 六
9 9 七	7 2 九	5 4 二
4 5 三	2 7 五	6 3 一

戌山辰向下卦

6 6 五	2 1 一	4 8 三
5 7 四	7 5 六	9 3 八
1 2 九	3 9 二	8 4 七

9 7 六	4 2 二	2 9 四
1 8 五	8 6 七	6 4 九
5 3 一	3 1 三	7 5 八

8 6 七	4 2 三	6 4 五
7 5 六	9 7 八	2 9 一
3 1 二	5 3 四	1 8 九

9 9 八	5 4 四	7 2 六
8 1 七	1 8 九	3 6 二
4 5 三	6 3 五	2 7 一

戌山辰向兼乾巽或辛乙

8 6 五	4 1 一	6 8 三
7 7 四	9 5 六	2 3 八
3 2 九	5 9 二	1 4 七

8 7 六	3 2 二	1 9 四
9 8 五	7 6 七	5 4 九
4 3 一	2 1 三	6 5 八

6 8 七	2 4 三	4 6 五
5 7 六	7 9 八	9 2 一
1 3 二	3 5 四	8 1 九

1 8 八	6 3 四	8 1 六
9 9 七	2 7 九	4 5 二
5 4 三	7 2 五	3 6 一

巽山乾向下卦

4 8 五	9 3 一	2 1 三
3 9 四	5 7 六	7 5 八
8 4 九	1 2 二	6 6 七

5 7 六	1 3 二	3 5 四
4 6 五	6 8 七	8 1 九
9 2 一	2 4 三	7 9 八

8 1 七	3 5 三	1 3 五
9 2 六	7 9 八	5 7 一
4 6 二	2 4 四	6 8 九

7 2 八	3 6 四	5 4 六
6 3 七	8 1 九	1 8 二
2 7 三	4 5 五	9 9 一

巽山乾向兼辰戌

4 8 五	9 3 一	2 1 三
3 9 四	5 7 六	7 5 八
8 4 九	1 2 二	6 6 七

5 6 六	1 2 二	3 4 四
4 5 五	6 7 七	8 9 九
9 1 一	2 3 三	7 8 八

8 1 七	3 5 三	1 3 五
9 2 六	7 9 八	5 7 一
4 6 二	2 4 四	6 8 九

6 2 八	2 6 四	4 4 六
5 3 七	7 1 九	9 8 二
1 7 三	3 5 五	8 9 一

乾山巽向下卦

8 4 五	3 9 一	1 2 三
9 3 四	7 5 六	5 7 八
4 8 九	2 1 二	6 6 七

7 5 六	3 1 二	5 3 四
6 4 五	8 6 七	1 8 九
2 9 一	4 2 三	9 7 八

1 8 七	5 3 三	3 1 五
2 9 六	9 7 八	7 5 一
6 4 二	4 2 四	8 6 九

2 7 八	6 3 四	4 5 六
3 6 七	1 8 九	8 1 二
7 2 三	5 4 五	9 9 一

乾山巽向兼戌辰

8 4 五	3 9 一	1 2 三
9 3 四	7 5 六	5 7 八
4 8 九	2 1 二	6 6 七

6 5 六	2 1 二	4 3 四
5 4 五	7 6 七	9 8 九
1 9 一	3 2 三	8 7 八

1 8 七	5 3 三	3 1 五
2 9 六	9 7 八	7 5 一
6 4 二	4 2 四	8 6 九

2 6 八	6 2 四	4 4 六
3 5 七	1 7 九	8 9 二
7 1 三	5 3 五	9 8 一

巳山亥向下卦

4 8 五	9 3 一	2 1 三
3 9 四	5 7 六	7 5 八
8 4 九	1 2 二	6 6 七

5 7 六	1 3 二	3 5 四
4 6 五	6 8 七	8 1 九
9 2 一	2 4 三	7 9 八

8 1 七	3 5 三	1 3 五
9 2 六	7 9 八	5 7 一
4 6 二	2 4 四	6 8 九

7 2 八	3 6 四	5 4 六
6 3 七	8 1 九	1 8 二
2 7 三	4 5 五	9 9 一

巳山亥向兼丙壬

4 8 五	9 3 一	2 1 三
3 9 四	5 7 六	7 5 八
8 4 九	1 2 二	6 6 七

5 8 六	1 4 二	3 6 四
4 7 五	6 9 七	8 2 九
9 3 一	2 5 三	7 1 八

8 1 七	3 5 三	1 3 五
9 2 六	7 9 八	5 7 一
4 6 二	2 4 四	6 8 九

8 2 八	4 6 四	6 4 六
7 3 七	9 1 九	2 8 二
3 7 三	5 5 五	1 9 一

亥山巳向下卦

8 4 五	3 9 一	1 2 三
9 3 四	7 5 六	5 7 八
4 8 九	2 1 二	6 6 七

7 5 六	3 1 二	5 3 四
6 4 五	8 6 七	1 8 九
2 9 一	4 2 三	9 7 八

1 8 七	5 3 三	3 1 五
2 9 六	9 7 八	7 5 一
6 4 二	4 2 四	8 6 九

2 7 八	6 3 四	4 5 六
3 6 七	1 8 九	8 1 二
7 2 三	5 4 五	9 9 一

亥山巳向兼壬丙

8 4 五	3 9 一	1 2 三
9 3 四	7 5 六	5 7 八
4 8 九	2 1 二	6 6 七

8 5 六	4 1 二	6 3 四
7 4 五	9 6 七	2 8 九
3 9 一	5 2 三	1 7 八

1 8 七	5 3 三	3 1 五
2 9 六	9 7 八	7 5 一
6 4 二	4 2 四	8 6 九

2 8 八	6 4 四	4 6 六
3 7 七	1 9 九	8 2 二
7 3 三	5 5 五	9 1 一

捌

玄祕飛星，密碼破譯

玄空飛星學，以其「憑星斷事」神妙著稱，只要透過房宅的飛星盤，配合外巒頭的分析，就可研判推算出房宅的風水吉凶，就如同推算人的八字、紫微斗數精準一般。要能深入玄空飛星學的精髓，除了需要研讀現代風水名家的著作外，更要研究重要的相關風水古籍，目前在玄空飛星風水學中，較著名的權威古籍名篇有《玄空祕旨》、《紫白訣》、《玄機賦》、《飛星賦》四篇，在本篇的第一節中，會將這四篇古文賦訣，完整地提供給讀者做參考。

但古籍在流傳抄寫的過程中，難免會出現不同的版本，用字略有出入，斷句也有些微差異，但意義大同小異。如《紫白訣》：「九七合轍，常遭回祿之災」，有的版本是寫成「九七穿途，常遭回祿之災」，也有版本則寫成「七九合轍，常招回祿之災」。又如斷句的差異，《玄機賦》：「數列五行，體用恩仇始見；星分九曜，吉凶悔吝斯章」，有的版本斷句則為「數列五行體用，恩仇始見星分。九曜吉凶，悔吝斯章」。

《紫白訣》分為上篇和下篇，許多研究玄空飛星學的風水老師，不談上篇，只取下篇中，從「四一同宮，準發科名之顯」開始，到「先旺財後旺丁，於理易詳」為止，來論述飛星盤中，有關元運星、山星、向星之間的交會論斷。在本書中，為了保持《紫白訣》的完整性，還是將全文完整收錄。但對玄空飛星學的「憑星斷事」有興趣的讀者，可以只參考《紫白訣》下篇在上述所論及的段落即可。

在本篇中，會有不少內容引用自這些口訣歌賦，讀者可將這些所引用的內容，對照該口訣歌賦的上下文，以幫助對內容的瞭解。口訣歌賦是古代風水師，將玄空飛星風水學的理論、方法及「憑星斷事」，以較容易記憶背誦的方式，如順口溜的方式記錄，當然文辭是以比較典雅隱晦的方式呈現。而且這些古代的風水大師，學識淵博，精通《易經》的陰陽、五行、八卦，對其內容旁徵博引，但對不具備這些學理知識的風水初學者而言，並不太容易瞭解其中所蘊藏的含意。

因為本書是針對風水初學者做介紹，因此不做這些古文版本異同的考據，也不探討艱深的義理，重點則會放在飛星組合的解讀上。但因為要閱讀古籍，要具備一定程度的古文能力，筆者會將古人用字遣詞的語法語序加以說明，也會針對各種暗指飛星數字，如同密碼般的借代詞語，做一番破譯。讀者在閱讀完本篇，再來看這些風水古籍時，就能較為清楚明白。只有瞭解這些風水古文中所隱藏的密碼，才能契應到古代風水前輩們所要闡述的玄空飛星風水精髓。

一、重要風水古籍輯錄

（一）玄空祕旨

不知來路，焉知入路，盤中八卦皆空；
未識內堂，焉識外堂，局裡五行盡錯。
乘氣脫氣，轉禍福於指掌之間；
左挨右挨，辨吉凶於毫芒之際。
一天星斗，運用只在中央；
千瓣蓮花，根蒂生於點滴。
夫婦相逢於道路，卻嫌阻隔不通情；
兒孫盡在於門庭，猶忌凶頑非孝義。
卦爻雜亂，異姓同居；
吉凶相併，螟蛉為嗣。
山風值而泉石膏肓，午酉逢而江湖花酒。
虛聯奎壁，啟八代之文章；

胃入斗牛，積千箱之玉帛。
雞交鼠而傾瀉，必犯徒流；
雷出地而相衝，定遭桎梏。
火剋金兼化木，數驚回祿之災；
土制水復生金，自主田莊之富。
木見火而生聰明奇士，火見土而出愚鈍頑夫。
無室家之相依，奔走於東西道路；
鮮姻緣之作合，寄食於南北人家。
男女多情，無媒妁則為私約；
陰陽相見，遇冤仇而反無冤。
非正配而一交，有夢蘭之兆；
得干神之雙至，多折桂之英。
陰神滿地成群，紅粉場中空快樂；
火曜連珠相值，青雲路上自逍遙。
非類相從，家多淫亂；
雌雄配合，世出賢良。

棟入南離，驟見廳堂再煥；
車驅北闕，時聞丹詔頻來。
苟無生氣入門，糧艱一宿；
會有旺星到穴，富積千鍾。
相剋而有相濟之功，先天之乾坤大定；
相生而有相凌之害，後天之金木交併。
木傷土而金位重重，雖禍有救；
火剋金而水神疊疊，災不能侵。
土困水而木旺無妨，金伐木而火熒何忌。
吉神衰而忌神旺，乃入室而操戈；
凶神旺而吉神衰，直開門而揖盜。
重重剋入，立見消亡；
位位生來，連添財喜。
不剋我而我剋，多出鰥寡孤獨之人；
不生我而我生，乃生俊秀聰明之子。
為父所剋，男不招兒；

被母所傷，女不成嗣。
後人不肖，因生方之反背無情；
賢嗣承宗，緣生位之端拱朝揖。
我剋彼而反遭其辱，因財帛以喪身；
我生之而反被其災，為難產以致死。
腹多水而膨脹，足以金而蹣跚。
巽路水宮纏乾，為懸樑之犯；
兌位明堂破震，主吐血之災。
風行地而硬直難當，室有欺姑之婦；
火燒天而張牙相鬥，家生罵父之兒。
兩局相關，必生雙子；
孤龍單結，定主獨夫。
坎宮高塞而耳聾，離位摧殘而目瞎。
兌缺陷而唇亡齒寒，艮傷殘而筋枯臂折。
山地被風，還生瘋疾；
雷風金伐，定被刀傷。

家有少亡，只為沖殘子息卦；
庭無耋耄，多因裁破父母爻。
漏道在坎宮，遺精洩血；
破軍居巽位，顛疾風狂。
開口筆插離方，必落孫山之外；
離鄉砂見艮位，定遭驛路之亡。
金水多情，貪花戀酒；
水金相反，背義忘恩。
震庚會局，文臣而兼武將之權；
丁丙朝乾，貴客而有耆耄之壽。
天市合丙坤，富堪敵國；
離壬會子癸，喜產多男。
四生有合人文旺，四旺無沖田宅饒。
丑未換局而出僧尼，震巽失宮而生賊丐。
南離北坎，位極中央；
長庚啟明，交戰四國。

健而動，順而動，動非佳兆；
止而靜，順而靜，靜亦不宜。
富並陶朱，斷是堅金遇土；
貴比王謝，總緣喬木扶桑。
辛比庚而辛要精神，甲附乙而甲亦靈秀。
癸為玄龍，壬號紫氣，昌盛各得有因；
丙臨文曲，丁近傷官，人財因之耗乏。
見祿存，瘟瘟必發；
遇文曲，蕩子無歸。
值廉貞而頓見火災，逢破軍而多虧身體。
四墓非吉，陽土陰土之所裁；
四生非凶，卦內卦外由我取。
若知禍福緣由，妙在天心橐籥。

（二）紫白訣

上篇

紫白飛宮，辨生旺退殺之用；三元氣運，判盛衰興廢之時。生旺宜興，運未來而仍替；退殺當廢，運方交而尚榮。總以氣運為之君，而吉凶隨之變化。以圖運論體、書運論用，此法之常也；以圖運參書、書運參圖，此法之變也。河圖之運，以甲丙戊庚壬五子，配水火木金土五行。五子分元，五行定運，秩然不紊。

凡屋層與間，值水數者，喜金水運；值木數者，嫌金火運。火金土數，依此類推。生運發丁而漸榮，旺運發祿而驟富，退必冷退絕嗣，殺則橫禍官災，死主損丁，吉凶常半。應如桴鼓，圖運有然。

九星遇此，喜忌亦同。木星金運，宅逢劫盜之凶；火曜木元，人沐恩榮之喜。書可參圖，蓋如是也。洛書之運，上元一白、中元四綠、下元七赤，各管六十年，謂之大運。上元一、二、三，中元四、五、六，下元七、八、九，各管二十年，謂之小運。

元運既分，更宜論局，如八山，上元甲子、甲戌二十年，得一白龍穴、一白方砂水、一白方居住，名元龍主運，發福非常；至甲申、甲午二十年，得二黑龍穴、二黑方砂水、二黑方居住，名旺星當運，發福亦同。一元如是，三元可知。二者不可兼得，或當一白司令，而震巽受元運之生；四綠乘時，而震巽合元運之旺。此方居住，亦慶吉祥。

先天之坎在兌，後天之坎在坤，上元之坤兌，未可言衰；先天之巽在坤，後天之巽在兌，中元之兌坤，亦可云旺。此卦之先後天運，可合論者也。

一白司上元，而六白同旺；四綠主中元，而九紫均興；七赤居下元，而二黑並發。此即河圖一六共宗、二七同道、三八為朋、四九為友之義。圖可參書，不信然乎？

或局未得運，而局之生旺財方，有六事得地者，發福亦同。水為上，山次之，高樓殿塔亭台之屬，又其次也。再論其山，與山之六事，如門路井灶之類。次論其層與層之六事，或行大運，或行小運，俱可富榮。否則布置六事，合山與層及其間數，生旺則關殺俱避，若河洛二運未交，僅可小康而已。

夫八門之加臨，非一九星之弔替多方。納音支干之管殺，有統臨專臨之名，而入中太歲之為旺為生，最宜詳審；管山星宿之穿宮，有逆龍順飛之例，而入中禽星之或生或剋，尤貴同參。

何謂統臨？即三元六甲也。六甲雖同，三元之泊宮則異，中宮之支干納音亦異。如上元一白坎，於本宮起甲子，逆數至中宮得己巳木音也；中元四綠巽於本宮起甲子，逆數至中宮得壬申金音也；下元七赤兌於本宮起甲子，逆數至中宮得丙寅火音也。每十年一易，此其異也。如上元甲子十年，己巳在中宮，甲戌十年則己卯；中元甲子十年，壬申在中宮，甲戌十年則壬午。每甲以中宮納音，復以所泊宮星與八山論生比，此所謂統臨之名也。

何謂專臨？即六甲旬飛到八山之干支也。三元各以本宮所泊，隨宮逆數至本山，得何干支，即以此干支入中宮順佈，以論八山，生旺則吉，剋殺則凶。又當與本宮原坐星殺合論，或為生見生，或為生見殺；或為旺見生，或為旺見退。禍福霄壤，一一參詳，此所謂專臨之名也。統臨專臨皆善，吉莫大焉；統臨不善而專臨善，不失為吉；統臨善而專臨不善，不免於凶，然凶猶未甚也；若統臨專臨皆不善，斯凶禍之來，莫可救矣。至於流年干支，亦入中宮順飛，以考八山生旺。如其年不得九星之吉，而得歲音之生旺，則修動亦獲吉徵。

禽星穿宮，當先明二十四山入中之星，巽角-木、辰亢-金、乙氐-土、卯房-日、甲心-月、尾-火、寅箕-水、艮斗-木、丑牛-金、癸女-土、子虛-日、壬危-月、室-火、亥壁-水、乾奎-木、戌婁-金、辛胃-土、酉昴-日、庚畢-月、觜-火、申參-水、坤井-木、未鬼-金、丁柳-土、午星-日、丙張-月、翼-火、巳軫-水，各以坐山所值之禽星，入中順佈以論生剋。但山以辰戌分界定其陰陽，自乾至辰為陽山，陽順佈；自巽至戌為陰山，陰逆行。星生宮者，動用與分房吉；星剋宮者，動用與分房凶。

流年之禽星，則以值年之星入中宮，陽年順飛，陰年逆飛，而修造之休咎，於此可考。八門加臨者，乾山起艮，坎山起震，艮則加巽，震則從離，巽從震，離從乾，坤從坤，兌從兌，以起休門，順行八宮，分房安床，獨取開休生為三吉。

又有三元起法，上元甲子起乾，順行四維，乾、艮、巽、坤，週而復始；中元甲子起坎，順行四正，坎、震、離、兌；下元甲子起艮，順行四維，艮、巽、坤、乾。論流年係何宮起休門，亦論其山之陰陽順逆。如寅甲為陽，陽主順；乙卯為陰，陰主逆。但取門生宮，宮門比和為吉，宮剋門次之，宮生門則凶，門剋宮則大凶。

九星弔替者，如三元九星入中飛佈，均謂之弔。而年替年、月替月、層替方、門替間，皆以替名。如上元甲子年，一白入中宮，輪至子上，乃歲支係六白，即以六白入中飛佈八方，視其生剋，而支上復得二黑，是年替年也。又如子年三月，六白入中宮，輪至辰上，三月建係五黃，即以五黃入中宮，輪見八方伏位，而月仍復四綠，是月替月也。

如二層屋，下元辛亥年，五黃入中，六白到乾，以六白入中，輪佈八方論生剋，是層替方也。又二層屋，二黑居中，如開離門，則六白為門星。辛亥年五黃入中，見九紫到門，剋原坐金星，復以九紫入中，輪數八方，而六白到坤及第七間，是門替間也。

此河圖之妙用，運令之災祥，無不可以預決矣。

下篇

四一同宮，準發科名之顯；九七合轍，常遭回祿之災。二五交加，罹死亡並生疾病；三七疊至，被刦盜更見官災。蓋四綠為文昌之神，職司祿位；一白為官星之應，主宰文章。還宮復位固佳，交互疊逢亦美。

故三九、九六、六三，惟乾、離、震，攀龍有慶，而二、五、八之位，亦可蜚聲；一七、七四、四一，但坤、艮、中，附鳳為祥，而四、七、一之房，均堪振羽；八二、二五、五八，在兌、巽、坎，登雲足賀，而三、九、六之屋，俱足題名。遇退殺可無嫌，逢生旺而益利。年與運固須並論，運與局尤貴參觀。運氣雙逢分大小，年月加會辨三元。但住宅以局方為主，層間以圖運為君。故坤局兌流，左輔運臨，科名獨盛；艮山庚水，巨門運至，甲第流芳。下元癸卯，坎局之中宮發科；歲在壬寅，兌宅之六門入泮。此白衣求官，秀士赴舉，推之各有其法；而下僚求陞，廢官思起，作之亦異其方。夫殺旺，須求身旺為佳，造塔堆山，龍極旺宮加意。制殺不如化殺為貴，鐘樓鼓閣，局山生旺施工。

七赤為先天火數，九紫為後天火星。旺宮單遇，動始為殃；煞處重逢，靜亦肆虐。或為廉貞疊至，或為都天加臨，即有動靜之分，均有火災之患。

是故亥壬方之水路宜通，通者閉之則登時作祟；右弼方之池塘可鑿，鑿者填之則隨手生殃。廟宇刷紅，在一白煞方，尚主瘟火；樓台聳焰，當七赤旺地，豈免炎災。建鐘樓於煞地，不特亢旱常遭；造高塔於火宮，須知生旺難恃。但一宮而二星同到，必片刻而萬室全灰。巽方庚子造高樓，坎艮二局俱焚，而坤局之界不犯；巳上丙午興傑閣，巽中離兌皆燼，而艮局遠方不侵。知此明徵，不難避禍。

正煞為五黃，不拘臨方到間，人口常損；病符為二黑，無論流年小運，疾病叢生。五主孕婦受災，黃遇黑時出寡婦；二主宅母多病，黑逢黃至出鰥夫。運如已退，廉貞逢處眚不一，總以避之為良；運若未交，巨門交會病方深，必然遷之始吉。

蚩尤碧色，好勇鬥狠之神；破軍赤名，肅殺劍鋒之象。是以交劍煞興多劫掠，鬥牛煞起惹官刑。七逢三到生財，豈識財多被盜；三遇七臨生病，那知病癒遭官。運至何慮穿心，然煞星旺臨，終遭劫賊；身強不畏反伏，但助神一去，遂見官災。

要知息刑弭盜，何須局外搜求；欲識癒病延年，全在星中討論。更言武曲青龍，喜逢左輔善曜。六八武科發跡，否亦韜略榮身；八六文士參軍，或則異途擢用。旺生一遇已吉，死退雙臨乃佳。

九紫雖司喜氣，然六會九而長房血證，七九之會尤凶；四綠固號文昌，然八會四而小口殞生，三八之逢更惡。八逢紫曜，婚喜重來；六遇輔星，尊榮不次。如遇會合之道，盡同一四之中。

欲求嗣續，紫白惟取生神；至論帑藏，飛星宜得旺氣。二黑飛乾，逢八白而財源大進，遇九紫則瓜瓞綿綿；三碧臨庚，逢一白而丁口頻添，交二黑則倉箱濟濟。先旺丁後旺財，於中可見；先旺財後旺丁，於理易詳。

木間逢一白為生氣，添丁不育，必因星到艮坤；火層遇木運為財宮，官累不休，必是年逢戌亥。故遇煞未可言煞，須求化煞為權；逢生未可言生，猶懼恩星受制。但方曜宜配局配坐山，更配層星乃善；門星必合山合層數，尤合方位為佳。

蓋在方論方，原有星宮生剋之辨。復配以山之生死、局之旺衰、層之退煞，而方曜之得失始彰；就間論間，固有河圖配合之殊，再合以層之恩難、山之父子、局之財官，而間星之制化聿著。論方者，以局、山、層同到，觀其得運失運，而吉凶懸殊；論間者，以運、年、月疊至，徵其得氣失氣，而休咎迥別。八卦六白屬金，九星二黑屬土，此號老父配老母。入三層，則木來剋土而財少。入兌局，則星到生宮而人興，更逢九紫入土木之元，斯得運而主科名，財丁並茂。

河圖四間屬金，洛書四綠屬木，此為河圖剋洛書。入兌方，則文昌破體而出孤；入坤局，則土重埋金而出寡。若以一層入坎震之鄉，為得氣而增丁口，科甲傳名。局為體，山為用，山為體，運為用，體用一元，合天地之動靜；山為君，層為臣，層為君，間為臣，君臣合德，動神鬼之驚疑。

局雖交運，而八方六事，亦懼廉貞戊己疊加；山雖逢元，而死位退方，猶懼巡羅天罡助虐。蓋吉凶原由星判，而隆替乃由運分。局運興，屋運敗，從局召吉；山運敗，屋運興，從屋徵祥。發明星運之用，啟迪後起之賢，神而明之，存乎其人也。

（三）玄機賦

大哉居乎，成敗所係；

危哉葬也，興廢攸關。

氣口司一宅之樞，龍穴樂三吉之輔。

陰陽雖云四路，宗支只有兩家。

數列五行，體用恩仇始見；

星分九曜，吉凶悔吝斯章。

宅神不可損傷，用神最宜健旺。
值難不傷，蓋因難歸閑地；
逢恩不發，祇緣恩落仇宮。
一貴當權，諸凶懾服；
眾凶剋主，獨力難支。
火炎土燥，南離何益乎艮坤；
水冷金寒，坎癸不滋乎乾兌。
然四卦之互交，固取生旺；
八宮之締合，自有假真。
地天為泰，老陰之土生老陽，
若坤配兌女，庶妾難投寡母之歡心；
澤山為咸，少男之情屬少女，
若艮配純陽，鰥夫豈有發生之幾兆。
乾兌託假鄰之誼，坤艮通偶爾之情。
雙木成林，雷風相薄。
中爻得配，水火方交。

木為火神之本，水為木氣之元。

巽陰就離，風散則火易熄；

震陽生火，雷奮而火尤明。

震與坎為乍交，離共巽而暫合。

坎　生氣，得巽木而附寵聯歡；

乾乏元神，用兌金而傍城借主。

風行地上，決定傷脾；

火照天門，必當吐血。

木見戌朝，莊生難免鼓盆之嘆；

坎流坤位，買臣常遭婦賤之羞。

艮非宜也，筋傷股折；

兌不利歟，唇亡齒寒。

坎宮缺陷而墮胎，離位巉巖而損目。

輔臨丁丙，位列朝班；

巨入艮坤，田連阡陌。

名揚科第，貪狼星在巽宮；

職掌兵權，武曲峰當庚兌。
乾首坤腹，八卦推詳；
癸足丁心，十干類取。
木入坎宮，鳳池身貴；
金居艮位，烏府求名。
金取土培，火宜木相。

（四）飛星賦

周流八卦，顛倒九疇，察來彰往，索隱探幽。
承旺承生，得之足喜；
逢衰逢謝，失則堪憂。
人為天地之心，凶吉原堪自主；
易有災祥之變，避趨本可預謀。
小人昧理妄行，禍由己作；
君子待時始動，福自我求。

試看復壁揕身，壯途躓足。
同人車馬馳驅，小畜差徭勞碌。
乙辛兮家室分離，辰酉兮閨幃不睦。
寅申觸巳，曾聞虎咥家人；
壬甲排庚，最異龍摧屋角。
或被犬傷，或逢蛇毒。
青樓染疾，只因七弼同黃；
寒戶遭瘟，緣自三廉夾綠。
赤紫兮致災有數，黑黃兮釀疾堪傷。
交至乾坤，吝心不足；
同來震巽，昧事無常。
戌未僧尼，自我有緣何益；
乾坤神鬼，與他相剋非祥。
當知四蕩一淫，淫蕩者扶之歸正；
須識七剛三毅，剛毅者制則生殃。
碧綠風魔，他處廉貞莫見；

紫黃毒藥，鄰宮兌口休嘗。
酉辛年，戊己弔來，喉間有疾；
子癸歲，廉貞飛到，陰處生瘍。
豫擬食停，臨云泄痢。
頭響兮六三，乳癰兮四五。
火暗而神志難清，風鬱而氣機不利。
切莫傷夫坤肉震筋，豈堪損乎離心艮鼻。
震之聲，巽之色，向背當明；
乾為寒，坤為熱，往來切記。
須識乾爻門向，長子痴迷；
誰知坤卦庭中，小兒憔悴。
因星度象，木反側兮無仁；
以象推星，水欹斜兮失志。
砂形破碎，陰神值而淫亂無羞；
水勢斜衝，陽卦憑則是非牽累。
巽如反臂，總憐流落無歸；

乾若懸頭，更痛遭刑莫避。
七有葫蘆之異，醫卜興家；
七逢刀盞之形，屠沽居肆。
旁通推測，木工因斧鑿三宮；
觸類引伸，鐵匠緣鉗鎚七地。
至若蛾眉魚袋，衰卦非宜；
猶之旗鼓刀鎗，賤龍則忌。
赤為形曜，那堪射脅水方；
碧本賊星，怕見探頭山位。
若夫申尖興訟，辰碎遭兵。
破近文貪，秀麗乃溫柔之本；
赤連碧紫，聰明亦刻薄之萌。
五黃飛到三叉，尚嫌多事；
太歲推來向首，尤屬堪驚。
豈無騎線遊魂，鬼神入室；
更有空縫合卦，夢寐牽情。

寄食依人，原卦情之戀養；
拋家背父，見星性之貪生。
總之助吉助凶，年星推測；
還看應先應後，歲運經營。

二、破譯古文飛星密碼

古代的風水名家會用不同的名稱代號來代替星名，為什麼要用這些借代的名詞而不直說呢？原因有很多，其中的原因，也許是怕功夫被外人所學，或被歹人所用，所以要講得隱晦些；或在當時這些名詞只是常識，不需要特別解釋；也或許是為了增加文章的優雅性及變化性，因此才使用了不同的名詞來借代飛星數字。但對我們現代人而言，這些代號猶如天書一般，讓人不知所云，因此要加以解密破譯，才有辦法理解這些風水古籍的意涵。

如《玄空祕旨》：「午酉逢而江湖花酒」，午酉是指97的飛星組合，因為離宮三山是丙、午、丁，因此午就是代表離宮，即九紫火，飛星數字9；而兌宮三山是庚、酉、辛，因此酉就是代表兌宮，即七赤金，飛星數字7，將午酉的密碼轉換後，即是指97的飛星組合，說明

97的飛星組合在退運時，容易會有沉迷酒色的狀況。

《玄空祕旨》：「雞交鼠而傾瀉，必犯徒流」，雞鼠是指71的飛星組合，雞在十二地支的方位對應到酉，酉在兌宮，即七赤金，飛星數字7；鼠在十二地支的方位對應到子，子在坎宮，即一白水，飛星數字1。因此，將雞鼠的密碼轉換，即為71的飛星組合，說明71的飛星組合在退運時，容易會有遭遇刑罰或是發生災難等狀況。

《玄空祕旨》：「富並陶朱，斷是堅金遇土」，說的是62、72或65、75或68、78的飛星組合，可以像陶朱公一樣富有。陶朱，是指春秋時代的陶朱公范蠡善於經商成鉅富的典故，後代許多生意人供奉范蠡的塑像，尊奉為財神，也被尊稱為「商聖」。然而金有六乾金和七赤金，土有二黑土、五黃土和八白土，但要如何斷定到底是哪一組飛星組合，才是「富並陶朱」的關鍵祕訣處，在於分析飛星組合的當運不當運。《紫白訣》提到：「正煞為五黃，不拘臨方到間，人口常損；病符為二黑，無論流年小運，疾病叢生。」以現在八運而言，二黑、五黃都是退運的凶煞之星，所以可以用的「土」，就只有八白土，因此「富並陶朱」的飛星組合，只可能在68或78的宮位，而且8要在向星的位置，才會發富，因為「山管人丁，水管財」的緣故。

我們如果不瞭解這些代號的意義，當然就無法瞭解文意，以下筆者就為讀者破譯這些風水古文中的密碼，整理一些常見的類型並舉例說明，以幫助讀者理解。但要先說明的是，這些飛星組合吉凶斷語的論斷依據，主要是依據飛星的當令不當令，而且也需要配合外在的形巒來論斷吉凶。同樣的飛星組合，在當令且形巒相應的情況下，論斷為吉；但如果失令退運，且形巒不相應的狀況下，就要論斷為凶。如果飛星組合失令退運，但形巒相應且秀美的狀況下，也不一定會發凶，這一點是讀者所必須要有的基本認識。

此外，因為「山管人丁，水管財」的緣故，若是斷語中和人丁健康、家庭關係或升官發貴較有關係的部分，主要是看山星；若是斷語中和財富相關的，主要是看向星。

1. 以數字代替：

這種方式最直白，如《紫白訣》云：「四一同宮，準發科名之顯」，以飛星數字而言，是指在宮位中出現4和1的組合。當四綠星當令時，在四綠星和一白星組合的宮位上佈局，就能夠在考試中脫穎而出，能夠「準發科名之顯」。

又如《紫白訣》提到：「九七合轍，常遭回祿之災」，即在宮位中出現9和7的組合，當九紫火星和七赤金星退運失令時，有這樣飛星組合的宮位，就容易引發火災，因為七是先天火數，九是後天火星的緣故。

《紫白訣》也提到：「二五交加，罹死亡並生疾病」，即在宮位中出現2和5的組合，當二黑星和五黃星退運失令時，會成為兩大一級凶煞之星，可能會導致疾病或面對死亡等凶險情事。

2. 以五行木火土金水代替：

木代表三碧木星和四綠木星，即飛星3、4；火代表九紫火星，即飛星9；土代表二黑土星、五黃土星、八白土星，即飛星2、5、8；金代表六白金星、七赤金星，即飛星6、7；水代表一白水星，即飛星1。《玄機賦》云：「木見戌朝，莊生難免鼓盆之嘆」，戌在乾宮，代表六白金星，也代表男主人，數字為6。雖然木可以是三碧木星或四綠木星，即飛星3或4，但這裡說的是夫妻關係，戌在乾宮，乾為陽。而三碧木星為震，屬陽；四綠木星為巽，屬陰。由於是指夫妻關係，因此要陰陽相配，所以只會是46的組合，不會是36的組合，如果是36的飛星組合，就變成了陽陽相配。而4為陰，妻子是女性為陰，6為陽，為丈夫，如此才有陰陽相配。「莊生難免鼓盆之嘆」，引用的是莊子喪妻的典故，也提示了退運的46飛星組合容易喪妻。

《玄機賦》提到：「木入坎宮，鳳池身貴」，木指三碧木星和四綠木星，坎宮指一白水星，即13和14的組合，這兩個飛星組合在一白水星當令時，大有機會成為政府權貴要員。

又如《玄空祕旨》云：「金水多情，貪花戀酒」，金可以是指六白金星或七赤金星，而水是指一白水星，但由於一白水星屬陽，因此金要為七赤金星，才能陰陽相配，即71的飛星組合。71的飛星組合在退運時，有貪花戀酒，流連風月場所的問題。

3. 以八卦卦名代替：

八卦方位與數字對應，即坎1、坤2、震3、巽4、乾6、兌7、艮8、離9，《飛星賦》提到：「同來震巽，昧事無常」，震巽是34的飛星組合，當三碧星和四綠星退運失令時，會產生行事反反覆覆、顛倒錯亂、悖於常理、難成大事……等情事發生。

又如《玄機賦》云：「坎流坤位，買臣常遭婦賤之羞」，坎為水，為中男，數字為1；坤為土，為母親，數字為2，是12同宮的組合，五行上為坤土剋坎水。引用了漢朝朱買臣受到妻子羞辱的典故。12的組合在退運時，家中就容易會有女性掌權的狀況。

4. 以八卦之象代替：

八卦之象，乾為天，兌為澤，離為火，震為雷，巽為風，坎為水，艮為山，坤為地。《玄空祕旨》云：「山風值而泉石膏肓」，山指的是艮卦，即八白土星，數字為8；風指的是巽卦，即四綠木星，數字為4。提示了84的飛星組合在退運時，就容易有退隱山林或修行或喜歡遊山玩水的想法。

《玄機賦》提到：「風行地上，決定傷脾」，地是指坤卦，屬土，數字為2；風是指巽卦，屬木，數字為4。風行地上，即木來剋土，提示了24的飛星組合在退運時，會產生脾胃問題。

又如《玄空祕旨》云：「火燒天而張牙相鬥，家生罵父之兒」，《玄機賦》云：「火照天門，必當吐血」，《搖鞭賦》云：「天門見火翁嗽死」，說的都是69的組合，天是乾，數字為6；火是離，數字為9。乾為金，火來剋金，乾金是父親，也可以指肺。因此69的飛星組合在退運時，代表父親被不肖子氣得怒火中燒，或肺中有發炎，而導致咳血。

5. 以天干代替：

天干中東方甲乙木，代表震宮，數字為3；南方丙丁火，代表離宮，數字為9；西方庚辛金，代表兌宮，數字為7；北方壬癸水，代表坎宮，數字為1。《飛星賦》提到：「乙辛兮家室分離」，乙是木，在震宮，數字為3；辛是金，在兌宮，數字為7。震兌兩宮又是對沖的宮位，意謂著37的飛星組合在退運失令時，會造成家室分離而妻離子散。

又如《玄機賦》提到：「輔臨丁丙，位列朝班」，輔為左輔星，即八白星，數字為8，丁丙指的是南方離宮，數字為9，這段話是說左輔星臨於丁丙，即98的飛星組合，在當令時，可以成為政府權貴要員。

6. 以十二地支代替：

《飛星賦》云：「辰酉兮閨幃不睦」，辰在十二地支中的方位為巽宮，代表長女，數字為4；酉在十二地支中的方位為兌宮，代表少女，數字為7。宮位中的飛星組合喜歡陰陽相配的組合，不喜歡純陽或純陰的組合。47的組合是純陰的組合，而且7屬金，4屬木，金剋木，提示了47的飛星組合在退運時，家中的兩個女子會明爭暗鬥，感情不睦。

《玄機賦》提到：「木見戌朝，莊生難免鼓盆之嘆」，前文已經提及木是四綠星，數字為4，五行為木；戌是指乾宮，數字為6，五行為金，而木為金所剋，提示了退運的46飛星組合容易喪妻。

《玄空祕旨》也提到：「午酉逢而江湖花酒」，前文已提及午在離宮，數字為9；酉在兌宮，數字為7，提示了97的飛星組合，在退運時容易貪花戀酒，流連風月場所。

7. 以十二生肖代替：

《玄空祕旨》云：「雞交鼠而傾瀉，必犯徒流」，前文已提及雞在十二地支的方位對應到酉，酉在兌宮，數字為7；鼠在十二地支的方位對應到子，子在坎宮，數字為1。提示了71的飛星組合，在退運時容易有遭遇刑罰或發生災難等狀況。

8. 以星名代替：

九星的星名如下：一白貪狼星、二黑巨門星、三碧祿存星、四綠文曲星、五黃廉貞星、六白武曲星、七赤破軍星、八白左輔星、九紫右弼星。《飛星賦》提到：「青樓染疾，只因七弼同黃」，七為七赤星，弼為九紫右弼星，黃為五黃星，這一段話說的是79的飛星組合，再遇到五黃星加臨時，就會因流連風月場所而得到性病。因為七為兌卦，可以指少女或賊妾，九紫右弼星為離宮或離卦，離卦在此處是指眼睛，代表眼睛看到風月女子而春心蕩漾，五黃為毒，也提示了在不正當的性行為之後，會因此而得到性病。

《玄機賦》也提到：「職掌兵權，武曲峰當庚兌」，「武曲峰」代表武曲星，數字為6；「庚兌」為兌宮，數字為7。即67的飛星組合，在當令時，可以執掌兵權，為武將功勛。

9. 以顏色代替：

白有一白星、六白星、八白星，赤為七赤星，黑為二黑星，碧為三碧星，綠為四綠星，黃為五黃星，紫為九紫星。《飛星賦》提到：「碧綠風魔，他處廉貞莫見」，碧為三碧星，綠為四綠星，即指34的飛星組合，容易會產生精神上的問題，如狂躁症，當遇到廉貞星，即五黃星加臨時，就會大爆發。

又如《飛星賦》云：「紫黃毒藥，鄰宮兌口休嘗」，紫是指九紫星，屬火；黃是指五黃星，代表毒；兌是指七赤星，代表口。95的飛星組合為火毒之物，再遇到代表7的口，有食物中毒之意。

《飛星賦》也提到：「赤紫兮致災有數，黑黃兮釀疾堪傷」，赤是指七赤金星，紫是指九紫火星。七赤金星是先天火數，九紫火星是後天火星，《紫白訣》提到：「九七合轍，常遭回祿之災」，即指在宮位中出現9和7的組合，當九紫火星和七赤金星退運失令時，有這樣飛星組合的宮位，就容易引發火災。而「黑黃兮釀疾堪傷」中，黑是指二黑星，黃是指五黃星，這句話也就是《紫白訣》所提到的：「二五交加，罹死亡並生疾病」，即宮位中出現2和5的組合，當二黑星和五黃星退運失令時，會成為兩大一級凶煞之星，而容易導致疾病或死亡等凶險情事發生。

10. 以人體部位代替：

《玄空祕旨》云：「腹多水而膨脹，足以金而蹣跚」，在八卦與人體器官的對應上，腹為坤，數字為2，水為一白水星，數字為1，意指21的飛星組合在退運失令時，會產生腹部水液代謝不良，而導致腹脹的症狀。而在八卦與人體器官的對應上，足為震，數字為3，而金為六白金或七赤金，數字為6或7，意指36或37的飛星組合在退運失令時，會產生腳部問題，有可能是由於外傷，如因車禍而造成腳部被金屬之物所傷，或因疾病氣血不暢，所導致的腳疾。

11. 以六十四卦代替：

《飛星賦》提到：「壯途躓足」，「壯」卦是指六十四卦中的「雷天大壯」卦，為上卦為震，下卦為乾。雷為震，震也代表人的腳，五行為木；天為乾，乾也代表行人，五行為金，金剋木，因此，代表行人會有腳傷。所以36同宮且退運時，會有跌倒外傷或是腳疾的問題，這段話正好和《玄空祕旨》提到的：「足以金而蹣跚」互相呼應。

《飛星賦》提到：「臨云泄痢」，「臨」卦為「地澤臨」卦。上卦為坤，數字為2，坤為地，坤也為腹，即指胃腸；下卦為兌，數字為7，兌為澤，澤為水澤，水澤的特性是往下。坤為土，兌為金，金會洩土氣，因此27的組合，主泄痢，即拉肚子。所以結合上述第10點來做綜合理解，27的飛星組合是產生泄痢的症狀，21的飛星組合，則是指因水液代謝不良而產生的腹脹症狀。

以下筆者整理出「飛星密碼檢索表」，供讀者快速檢索對照。表格中的空格處，因為無法歸類，所以略過。當然以上這十一項的密碼說明，並沒有辦法涵蓋風水古籍中所有的隱喻借代用語，只是做個拋磚引玉，給讀者一個思考的方向，以做為進階學習的階梯。

飛星密碼檢索表

	一白	二黑	三碧	四綠	五黃	六白	七赤	八白	九紫
數字	一	二	三	四	五	六	七	八	九
五行	水	土	木	木	土	金	金	土	火
卦名	坎	坤	震	巽		乾	兌	艮	離
卦象	水	地	雷	風		天	澤	山	火
天干	壬癸		甲乙		戊己		庚辛		丙丁
地支	子	未申	卯	辰巳		戌亥	酉	丑寅	午
生肖	鼠	羊猴	兔	龍蛇		狗豬	雞	牛虎	馬
星名	貪狼	巨門	祿存	文曲	廉貞	武曲	破軍	左輔	右弼
顏色	白	黑	碧	綠	黃	白	赤	白	紫
人體	耳	腹	足	股		首	口	手	目

三、認識古文語法語序

坊間的一些風水書籍，對於將風水古籍中的文句，套用在山星和向星上的排列順序，或是山星、向星與流年飛星加臨的排列順序上，往往不太嚴謹明確，沒有規範化，提及飛星組合的排列順序時，常常是出現模稜兩可的狀況。

但在風水古文中，星曜的排序不同，所產生的意義和結果往往不同，如《紫白訣》提到：「七逢三到生財，豈識財多被盜；三遇七臨生病，那知病癒遭官」，一個是73的組合，一個是37的組合，但排序不同，意義及解讀上就會有所不同，這是一個典型的例子。「七逢三到生財」，可以理解為在七運時，向星7遇到流年飛星3加臨，7為七赤金星，3為三碧木星，金剋木，風水上說：「我剋者為財」，即遇到「我剋者」會有利於財運。但三碧木星為「蚩尤星」，不喜受剋，《飛星賦》提到：「須識七剛三毅，剛毅者制則生殃」，剋了三碧木星，會有災殃，其結果就是「財多被盜」。而「三遇七臨生病」，可以理解為退運山星3遇到流年飛星7加臨時，流年七赤金星剋三碧木星的山星，由於「山管人丁，水管財」，退運山星受剋，就容易罹患疾病，或有意外、官非等情事發生。而且前文已提及三碧木星為「祿存星」，又稱為「蚩尤星」，也是一顆「是非星」，不喜受剋，剋則生出災殃，因此會有「病癒遭官」的官非訴訟之事。

又如《紫白訣》提到：「六八武科發跡，否亦韜略榮身；八六文士參軍，或則異途擢用」，一個是68組合，一個是86組合，不同的排列順序，斷語的內容與意義也就不同。因此，筆者認為飛星組合的排列順序，應該要有所講究，不宜籠統模糊。

在這一節中，筆者會針對這個問題，提出古文語法語序上的規則，供讀者參考，以幫助讀者理解古人在寫作論述上的先後順序。目前尚未見到其他風水書籍做這方面的探討研究，因此，這僅是筆者個人的觀點及創見，以期拋磚引玉，並啟發風水同好及讀者的思路。

（一）先後順序

《飛星賦》提到：「辰酉兮閨幃不睦」，辰在前面，酉在後面，因此是47的組合，不能當作是74的組合。

《玄機賦》也提到：「木見戌朝，莊生難免鼓盆之嘆」，這句話提示了木已經先在此處，而戌來朝見木，也可以理解為木見到戌來朝見。是先4後6的組合，因此是46的組合，不可以當作是64的組合。

又如《飛星賦》提到：「紫黃毒藥，鄰宮兌口休嘗」，是在原本95的組合上，有流年飛星7的加臨，這是這段話的語序，順序不宜顛倒。

《飛星賦》也提到：「碧綠風魔，他處廉貞莫見」，先碧後綠，即在原本34的飛星組合上，有流年飛星5的加臨，這是這段話的語序，順序不宜顛倒。

（二）注意動詞的用法

《玄機賦》提到：「輔臨丁丙，位列朝班；巨入艮坤，田連阡陌」，這句話要特別注意到動詞「臨」和「入」的用法，其實就是「輔臨於丁丙」和「巨入於艮坤」，意指先有丁丙，輔再加臨，「丁丙」是指右弼星或離宮，數字為9；而「輔」是指左輔星，即八白星，數字為8，因此是98的組合，不能當成是89的組合。同樣地，「巨入於艮坤」，「巨」是指巨門星，即二黑星，數字為2。而艮為8，坤為2，是指二黑巨門星進入到艮坤中，先有艮坤，二黑星再飛入，因此是82或22的飛星組合，不能當作是28的飛星組合。

又如《玄機賦》提到：「名揚科第，貪狼星在巽宮」，注意「在」的用法，是指貪狼星「落在」巽宮，因此是先有巽宮，數字為4，再有貪狼星，數字為1，為41的組合。

（三）注意上下文排比

在古文中，經常使用對仗排比駢體文式的寫法，上下句的詞性相同，所謂的詞性相同，即上下兩句，名詞對名詞、動詞對動詞、形容詞對形容詞、數字對數字、虛詞對虛詞。因此，若不確定文意，可對照上下句排比的詞性。《玄機賦》提到：「木入坎宮，鳳池身貴；金居艮位，烏府求名」，這兩句就很清楚地排比，木入坎宮，指的是木進入坎宮，是13或14的組合；金居艮位，金可以是六白金或七赤金，金居於艮位，是86或87的組合。《玄機賦》提到：「木見戌朝，莊生難免鼓盆之嘆；坎流坤位，買臣常遭婦賤之羞」，「木見戌朝」，木是四綠木，戌為乾宮，先木後戌，是46的組合。至於說「坎流坤位」的「流」字的語意就不太清楚，如果將「流」當作是「流於」來解釋的話，會是21的組合，變成先有坤再有坎，就如同前面提到的「金居艮位」一樣。但如果是對照上句「木見戌朝」的語法排列而言，應為12的組合較為恰當，不過這也是因為用字不夠嚴謹，容易令人產生混淆之處。因此，此處「坎流坤位」中「位」的解釋，就不能當作是名詞的「位置」之意，而是要當作動詞來理解，即坤「位於」坎流的意思。

「坎流坤位，買臣常遭婦賤之羞」，意思是先生常常受到太太羞辱看不起，引用漢朝朱買臣的典故。以生剋問題而言，12的組合，1為坎，五行屬水，為中男，為陽；2為坤，五行屬土，為母親，為陰。母親不一定是指家中母親，也可以指年長女性或家中女主人，以此句而言，是指妻子，因此要配合狀況來分析，不能一概而論。12飛星組合的生剋關係，以山星1而言，向星2是屬於「剋入」的關係，即水被土剋，簡言之，就是先生被太太剋。而21

飛星組合的生剋關係，以山星2而言，向星1是屬於「剋出」的關係，即土剋水，簡言之，就是太太剋先生。以家庭人倫關係的意義而言，這兩個飛星組合，都是指太太剋先生，家中由太太掌權。21的組合，為向星被剋，「山管人丁，水管財」，錢財被剋，也有家中錢財都被太太控管，而先生手頭沒錢之意。

因此，「坎流坤位，買臣常遭婦賤之羞」這一段話，以對照上下句的排比語法而言，應視為12的飛星組合較為恰當，不過以山向星的剋應分析上，12或21的飛星組合都說得通。

有關山星與向星的五行生剋問題，筆者在本篇第五節〈山星與向星的生剋關係〉中，會有較深入的說明。

（四）與其他的風水歌賦口訣互相參照

《玄機賦》提到：「名揚科第，貪狼星在巽宮」，《紫白訣》也提到：「四一同宮，準發科名之顯」，這兩段話說的都是41的組合。而《玄機賦》提到：「木入坎宮，鳳池身貴」，木指三碧木星和四綠木星，坎宮指一白水星，即13和14的組合，在當令時，可以成為政府的權貴要員。所以兩相參照之下，不管是41或14的組合，都有科舉得利，可以進入朝廷為官之意，以今日而言，可以解釋為通過國家考試，獲得公職。但細細體會文意，41的組合，偏重於考試得利，金榜題名。而13和14的組合，則偏重於發官貴，意謂著能升官而成為權貴，即得到長官賞識，被提拔升官之意。讀者要注意的是飛星當令不當令的問題，如果飛星不當令，41的組合就是《飛星賦》所說的：「當知四蕩一淫，淫蕩者扶之歸正」，反而是代表心思浮蕩，無法專心學習，或遇到爛桃花之意。

《玄機賦》云：「金居艮位，烏府求名。金取土培，火宜木相」，「金居艮位」即金居於艮位，是86或87的組合。但接下來的「金取土培」，金為6或7，土為2或5或8，即62、65、68、72、75、78的組合。而《玄空祕旨》也提到：「富並陶朱，斷是堅金遇土」，說的也是62、65、68、72、75、78的組合，「金取土培」即為「堅金遇土」。前文已提及，由於現在是八運，2和5都是退運星的緣故，因此「金取土培」、「堅金遇土」的組合，只會是68或78的組合。

對照「金居艮位」86或87的組合，可以「烏府求名」，烏府是指御史府，意謂著官運亨通，而「金取土培」的68或78的組合則是指財源廣進，金和土的前後排列順序不同，意義也就不同。以86和68的組合對照而言，若8是當元令星，8在山星，則主旺人丁、發官貴，86的組合，即是「金居艮位，烏府求名」；若8在向星，則主旺財，68的組合即是「金取土培」或「堅金遇土」，能夠「富並陶朱」。

（五）模糊用語

在以上的分析中，藉由語序、動詞用法、上下文排比和與其他風水歌賦口訣相參照等方法，可以找出較精確的飛星排列組合。但有些飛星組合的用語，確實也存在著相對模糊的地帶。如《紫白訣》云：「四一同宮，準發科名之顯」，這個「同宮」的詞語，就比較模糊，語意也較寬，只要同宮就可以了，應可涵蓋41及14的組合。又如《祕本》云：「二五交加必損主」，「交加」一詞的語意，也是不太明確，可以指25或52的組合。

又如《祕本》提到：「三逢六患在長男」，「逢」的語意也是較寬，可以指36，也可以指63，3為木，6為金，金剋木。36的組合，3為山星，意指剋長男的健康；63的組合，3為向星，意指剋長男的財帛，以上的剋應發生，都是在山向星皆是退運星時。此外，也有可能是山向星為3，遇到流年飛星6加臨的情況。

又如《紫白訣》云：「四綠固號文昌，然八會四而小口殞生，三八之逢更惡。」「三八之逢」可以指38，也可以是83的組合。但若以小兒的健康而言，細細體會文意，還是應該視為84或83的組合較合理，因為山星和健康有關，而八艮又是代表少男，即家中最小的男孩，向星4或3來剋山星8，這樣的語序排法較合理。以上的剋應發生，都是在山向星皆是退運星時。此外，也有可能是山星為8，遇到流年飛星3或4加臨的情況。

目前坊間許多的風水書籍，在提到飛星組合時，是採取廣義的用法，只要在該宮位山星、向星、元運星、流年飛星有這些數字就可以了，而不考慮以上筆者所述，根據古文敘述的語法語序原則。當然以上筆者所提出來的論述，是屬於古典文學中較為嚴謹的寫作方式，然而古代的風水師在創作風水歌賦口訣時，是否有按照這種寫作的原則，實在不得而知，也不知道他們是否只是把重點，僅放在這些飛星組合的同宮上，而不講究這些寫作的原則。當然，對於現今風水師在運用飛星組合來「憑星斷事」時，以廣義模糊籠統的方式解讀飛星組合時，若還是能達到良好的效果，也不一定要拘泥在上述語法語序的原則，畢竟「實踐才是王道」。

四、飛星組合在八運和九運的斷事思維

在玄空飛星學上，有些歌賦或口訣廣為流傳，除了有助於闡釋和理解玄空飛星學的理論之外，其中的飛星組合所代表的吉凶斷語，也可以做為「憑星斷事」的根據。這些斷語，即是對飛星組合所下的判斷，是古代的風水前輩，根據易理、卦象及在實際的風水堪輿時，所歸納總結出來的寶貴經驗及心血結晶，為我們節省了許多自行摸索的時間，我們要對其頂禮感恩。

但我們雖然有這些寶貴的資料做基礎，要怎麼去理解及運用這些斷語，就要看個人的功力了。有些飛星組合，同時有好幾個斷語，如何能選擇到最精準適當的斷語，除了要對這些斷語嫻熟背誦外，平日也需要不斷去體悟思索這些斷語的意義及對象，及五行生剋的關係，不同飛星的特性與陰陽屬性，飛星的當令不當令……等相關的條件因素，再透過日積月累的經驗，理論與實際結合，文字就不再只是文字，當在風水堪輿時，那一句正確且適當的風水斷語，就會自然地浮現腦中，我們就能藉此做出精準的判斷。

以下筆者表列出一些飛星組合，做為在八運和九運時的斷事思維，提供給讀者做為思考的方向。為了避免複雜混淆，我們先專注在理氣的飛星組合上，暫時不把巒頭的考量因素加進來，等讀者對這些理氣的飛星組合都熟悉了，再加入巒頭的考量時，自然就能融會貫通了。

為什麼筆者要特別強調是八運和九運的原因，因為這牽涉到飛星當令不當令的問題。現在和我們最相關的風水古籍中的斷語，就是八運和九運的斷語資料。而在二運到七運關於人丁興旺或財運亨通的斷語，與現在的八、九運都不相關，它的飛星組合再怎麼吉，目前也不會應吉，這是因為這些星曜目前退運失令的緣故。但若是提到數字二到數字七，會發凶的退運飛星組合斷語，就和目前有關，我們就必須注意這些斷語的內容。而有些與飛星8和9相關，會發凶的飛星組合斷語，只要理氣與形巒相應且外巒頭秀麗的話，則不會發凶，這是因為目前當令的緣故。

以「四一同宮」的41組合為例，《紫白訣》云：「四一同宮，準發科名之顯」，而《飛星賦》提到：「當知四蕩一淫，淫蕩者扶之歸正」，在八、九運中，四綠星退運，因此不會「準發科名之顯」，只有可能「四蕩一淫」，因此，筆者在以下表格中，只列出《飛星賦》：「當知四蕩一淫，淫蕩者扶之歸正」。而《玄空祕旨》云：「富並陶朱，斷是堅金遇土」，說的是62、65、68、72、75、78的組合，但在八、九運中，只可能是68或78的組合，因為2和5都是退運星的緣故，因此在八、九運中，其他組合都不可能「富並陶朱」，因此不列在其中，讀者可多加體會這些口訣在當運和不當運的差異。

筆者列舉二十種與八運和九運相關的飛星組合及可能的斷語，做為讀者的參考。這些飛星組合，通常更應驗於房宅的主要納氣口及臥室門口。這些斷語僅供參考，讀者需自行斟酌。因為在這樣的飛星組合下，還有其他可能的斷語，要根據不同的居住者，而採用不同的斷語，風水上強調「以人為本」的重要性。同時理氣也要搭配外巒頭來做綜合判斷，有好的外巒頭為體，理氣的吉才會應吉；而有壞的外巒頭對應，理氣的凶才會發凶。

八運和九運常用的二十種雙星組合

雙星組合	經典名言	意義
二、三	紫白訣：「鬥牛煞起惹官刑」	官非、口舌是非、母與長子不合
二、四	玄空秘旨：「風行地而硬直難當，室有欺姑之婦。」 秘本：「二逢四，咎當主母。」 玄機賦：「風行地上，決定傷脾。」	媳婦欺壓婆婆，或長女與母親不合 脾胃有病
二、五	紫白訣：「二五交加，罹死亡並生疾病。」 紫白訣：「二主宅母多病，黑逢黃至出鰥夫。」 秘本：「二五交加必損主」	母親或女主人多病，有死亡、流產的危險
三、四	飛星賦：「同來震巽，昧事無常。」	做事不按常理，顛倒錯亂
三、六	玄空秘旨：「足以金而蹣跚」	腳受外傷
三、七	紫白訣：「三七疊至，被劫盜更見官災。」 紫白訣：「三遇七臨生病，那知病癒遭官。」 飛星賦：「乙辛兮家室分離」 玄空秘旨：「足以金而蹣跚」	被偷盜、生病後又有官非 夫妻離異 腳受外傷
四、一	飛星賦：「當知四蕩一淫，淫蕩者扶之歸正。」	爛桃花、放蕩、學習不專心
四、五	飛星賦：「乳癰兮四五」	有乳房疾病
四、六	玄機賦：「木見戌朝，莊生難免鼓盆之嘆！」	有喪妻的可能
四、七	飛星賦：「辰酉兮閨幃不睦」	姊妹不合、妯娌不睦
六、二	飛星賦：「交至乾坤，吝心不足。」	吝嗇且貪得無厭
六、三	飛星賦：「頭響兮六三」	頭痛、耳鳴
六、七	紫白訣：「交劍煞興多劫掠」	唇槍舌劍，相互爭鬥
六、八 七、八	玄空秘旨：「富並陶朱，斷是堅金遇土。」	財運亨通
六、九	玄空秘旨：「火燒天而張牙相鬥，家生罵父之兒。」 玄機賦：「火照天門，必當吐血。」 搖鞭賦：「天門見火翁嗽死」	又稱「火燒天門」，主出逆子，子女不孝忤逆，又主腦病、血病、吐血
七、一	玄空秘旨：「金水多情，貪花戀酒。」	沉迷酒色
八、九	紫白訣：「八逢紫曜，婚喜重來。」	有婚慶喜事
九、三	玄空秘旨：「木見火而生聰明奇士」	有聰明的後代
九、七	紫白訣：「 九七合轍，常遭回祿之災。」	容易發生火災

透過飛星的組合，我們可以做分析判斷，稱為「憑星斷事」。除了要考慮飛星組合外，還要考慮到飛星是否當令的問題，同樣一組飛星組合，以理氣而言，在當令時要判斷為吉，但在失令時則要判斷為凶，這是「憑星斷事」的關鍵祕訣。

此外，也要考慮外巒頭的問題，飛星組合雖然不吉，但外巒頭吉，室內格局也佳，就不會發凶；而飛星組合雖吉，但外巒頭及室內格局凶，也不會應吉，只是暫時不發凶。

除了山向星「雙星交會」的組合之外，在「憑星斷事」時，也要考慮到當流年飛星加臨時，對山向星的組合所產生的影響。流年飛星的加臨，對山向星的飛星組合，會產生引動及激化的作用。因此，接下來筆者來談一下複合型的飛星組合，即山向星的飛星組合，再加上流年飛星的影響，其中包括流年飛星對這一組山向星組合的整體影響，及流年飛星分別對山星和向星所產生的交互影響。以下舉幾組飛星組合做說明，幫助讀者理解，讀者再自行舉一反三。

複合型的飛星組合──山向星加上流年飛星

1. 飛星組合27＋9：

27為先天火數，9紫為後天離火，27的先天火再加上9的後天火助旺，主有火災。《紫白訣》提到：「七赤為先天火數，九紫為後天火星。旺宮單遇，動始為殃；煞處重逢，靜亦肆虐」、「九七合轍，常遭回祿之災」，二黑坤為老母，七赤兌為少女，九紫離為中女，這三顆星都為陰星，這個飛星組合為純陰之象，飛星組合中不喜歡見到純陰或純陽之象。純陰的飛星組合主出寡婦，不利男人，如《玄空祕旨》提到：「陰神滿地成群」。

2. 飛星組合34＋5：

山向星為34的飛星組合，再加上流年五黃星飛到該宮位，退運時會應驗《飛星賦》：「碧綠風魔，他處廉貞莫見」。3為三碧星，五行為木；4為四綠星，五行也為木；廉貞為五黃凶星，五行屬土。五黃凶星最忌遭剋，越剋越凶，而三碧和四綠雙木剋五黃土，就會激化五黃凶性，讓人行事顛倒錯亂，悖於常理。《玄空祕旨》云：「震巽失宮而生賊丐」，《飛星賦》也提到：「同來震巽，昧事無常」，震為三碧，巽為四綠，說的就是當三碧星和四綠星都不當運時，34的飛星組合會導致宅中之人蒙昧事理，做事顛倒錯亂，瘋瘋癲癲，甚至會成為盜賊乞丐。而當遇到流年五黃凶煞之星加臨時，「昧事無常」的情況會更嚴重。

3. 飛星組合35＋4：

山向星為35的飛星組合，再加上流年四綠星飛到該宮位，退運時會應驗《飛星賦》：「寒戶遭瘟，緣自三廉夾綠」，廉為「廉貞星」，即五黃星。五黃土為毒，遭遇三碧木相剋，越剋越凶，且由於向星遭剋，代表家境貧寒，有嚴重的財務危機。綠為四綠星，為巽為風，有細菌病毒隨風傳播之象。意指354的組合，會導致原本已經貧窮的家境，家人又染上傳染病，這個組合也是三碧和四綠的雙木剋五黃土，產生越剋越凶的凶禍。

4. 飛星組合34＋7：

飛星組合34為三碧木星和四綠木星，7為七赤金星，金剋木，流年飛星7分別剋了山星3和向星4。前文已提及，飛星組合34會導致「昧事無常」。而山星3加上流年飛星7的組合，會變成《飛星賦》提到的：「乙辛兮家室分離」，乙在震宮中，震宮為3；辛在兌宮中，兌宮為7。37的組合在目前都是失運的狀況下，會造成家室分離，夫妻離婚。而向星4加上流年飛星7的組合，會變成《飛星賦》提到的：「辰酉兮閨幃不睦」。辰在巽宮為4，酉在兌宮為7，巽為長女，兌為少女。47的組合在目前都是失運的狀況下，會造成姊妹不睦，妯娌失和，且由於是向星遭剋的緣故，不和的原因和金錢糾紛有關。因此，有可能在流年七赤金星飛入34飛星組合的宮位時，太太因為和妯娌有金錢上的糾紛，鬧得家人感情不睦，導致夫妻爭吵不休而離異。如果是在主要納氣口或自己的臥室門口有此飛星組合，再加上外巒頭破碎醜惡，就會應驗。

5. 飛星組合39＋7：

《玄空祕旨》云：「木見火而生聰明奇士」，當九紫火星當運之時，93的飛星組合，主家中有聰明奇士；而39的飛星組合，向星為當令旺星，為木火通明，九紫火星又有文化、文明之意。木生火，主丁財兩旺，為宅中之人不但聰明也富有文化氣息，又有賺錢的生意頭腦。

但若是39飛星的組合退運失令，又遇到流年七赤金星加臨時，《飛星賦》提到：「赤連碧紫，聰明亦刻薄之萌」，赤為七赤金星，又稱為「破軍星」；碧為三碧木星，又稱為「蚩尤星」。《紫白訣》提到：「蚩尤碧色，好勇鬥狠之神；破軍赤名，肅殺劍鋒之象」，七赤金會剋三碧木，而《飛星賦》提到：「須識七剛三毅，剛毅者制則生殃」，三碧「蚩尤星」和七赤「破軍星」，二者皆是殺星，這兩顆星都是宜洩不宜剋。尤其是當兩星失運時，失運再受剋，會令凶性加劇，越剋越凶，而導致損丁破財的結果。當七赤金剋了三碧木之後，「蚩尤星」的凶狠之性就會被激化，所導致的結果，就是家中雖出聰明之人，但待人刻薄寡恩，個性乖戾，這種聰明也會淪為巧詐。

6. 飛星組合95＋7：

《飛星賦》云：「紫黃毒藥，鄰宮兌口休嘗」，紫為九紫星，為火，黃為五黃毒藥，95的組合為火毒，可以解釋為煙毒、烈性藥、毒品、農藥、受汙染或腐壞的食物……等等，再遇到流年七赤星加臨，七赤為兌，兌為口，也就是把毒藥、毒品或腐壞食品放到口中之意。值得注意的是，廚房的位置，最好不要落在95飛星組合的宮位上，以避免流年飛星七赤星加臨時，在該年會容易發生食物中毒之事。

五、山星與向星的生剋關係

當排出宅飛星盤後，在理氣方面檢視分析的重點，首先要找出主要納氣口（大門口處或最大採光面落地窗拉門處）的飛星組合，檢視飛星是否當令，及分析山向星的組合的生剋與意義，接下來再檢視分析流年飛星對山向星組合的影響。

風水上說「山管人丁，水管財」，以理氣的解釋而言，指的是山星（坐星）和人丁興旺健康有關，而向星（水星）和財富有關。因此如果要看全家人的健康狀況，或家庭成員之間的關係，可以分析主要納氣口的飛星組合中，向星對山星的生剋關係；如果要看全家人的經濟財運狀況，可以分析主要納氣口的飛星組合中，山星對向星的生剋關係。

如果要看個人的健康狀況，或與其他家庭成員之間的關係，或職場上的升遷與否，可以分析個人臥室門口的飛星組合中，向星對山星的生剋關係；如果要看個人的經濟財運狀況，可以分析個人臥室門口的飛星組合中，山星對向星的生剋關係。

原則上星曜喜歡生旺，不喜歡受到剋制。一般而言，山星剋向星的情況，如果向星是當令旺星受剋，則代表賺得多，但也花得多或恣意浪費，也可能會因財惹事；若向星是退運星而受剋則主破財。而向星剋山星的問題，在山星為當令旺星時，則問題不大；但若失運時，就代表家中人倫關係或健康出問題，或容易有意外血光之災，若再加上流年凶星加臨，問題則又更加凶險。

所有的陰星，都不喜歡受剋，陰星受剋必定比陽星受剋更加凶惡。陰星也就是2、4、7、9，即二黑土、四綠木、七赤金、九紫火這四顆星，分別代表母親、長女、少女、中女。此外，陽星中的3，即三碧木星，同樣也不喜歡受剋，越剋越凶，《飛星賦》云：「須識七剛三毅，剛毅者制則生殃」，當三碧「蚩尤星」失運時再受剋，會令凶性加劇，越剋越凶，而導致損丁破財。而退運的五黃星為一級凶煞之星，也是只能洩不能剋，越剋越凶。所以剩下的就只有1、6、8的這三顆陽星，即一白水、六白金、八白土的這三顆星，這是三顆吉星，就算是退運或被剋時，也不會太凶。

在談到生剋之前，我們先要瞭解一個前提，也就是玄空之法，不是以星曜的生剋，做為論斷吉凶的主要依據，而是以飛星的當令不當令，來做為論斷吉凶的主要依據。星曜在當令時，五行關係中，生我為大吉，剋我也不至於太凶；在不當令時，五行關係中，生我為凶，剋我則更凶。有了這樣的認識後，再來談星曜的生剋，觀念才不會混淆。

再詳細地說，如果在風水古籍中看到論斷為吉的口訣，不管生剋，肯定是該飛星組合當時得令，且與外格局的形巒相應。在該見到山的地方見到山，而且不是見到巉巖破碎的山；在該見到水的地方見到水，而且不是見到沖射反弓之水。而在風水古籍中看到論斷為凶的口訣，肯定是該飛星組合失時不當令，或是雖當令，但與形巒不應，在該見到山的地方反而見到水，甚至是見到沖射反弓之水；在該見到水的地方反而見到山，甚至是巉巖破碎的山。

生剋的關係，要以五行做分析，我們以目前當令八白土星的山星為例，和向星之間會有下列五種生剋關係。如果向星的五行，能生山星的五行，稱為「生入」；如果向星的五行和山星的五行相同，稱為「比和」；如果向星的五行，剋山星的五行，稱為「剋入」；如果向星的五行，被山星的五行所生，稱為「生出」；如果向星的五行，被山星的五行所剋，稱為「剋出」。

1. 生入：

八白星為土，九紫星為火，火能生土，此為89的組合，向星9可以生山星8，為生入。《紫白訣》云：「八逢紫曜，婚喜重來」，代表有結婚喜慶之事。

2. 比和：

土和土的組合可以比和增旺，八白星為土，二黑星也為土，為82的組合，向星2能助旺山星8，為比和，會發官貴，即能升官升職。《紫白訣》中提到：「正煞為五黃，不拘臨方到間，人口常損」，五黃星雖然也為土，但若不是在五運時見到5的話，通常都容易產生禍事，因此不用。此外，向星若為八白星，此為88的組合，也是比和，為「雙星會向」或「雙星會坐」的組合，若外巒頭砂水配合得當，見到水後有山，則主丁財兩旺。

3. 剋入：

木剋土，木為三碧木星、四綠木星，為83、84的組合，向星3、4能剋山星8。但目前八白星當旺，因此雖受三碧木、四綠木向星之剋，問題不大。《玄空祕旨》云：「山風值而泉石膏肓」，山為艮卦為8，風為巽卦為4，84的飛星組合代表喜歡休閒娛樂而無心衝刺事業，或喜歡山林隱逸的生活。因為目前是八白星當運，因此對健康較無妨，但會有處事心態上的轉變。需要注意的是，當八白星退運時，83及84的飛星組合，便主不利家中幼子的健康，83的飛星組合為禍尤甚，家中三歲以下的小兒恐有重病或死亡之虞。《紫白訣》中提到：「四綠固號文昌，然八會四而小口殞生，三八之逢更惡」。

4. 生出：

土生金，金為六白金星和七赤金星，為86、87的組合。86的組合，向星6為山星8所生出，理論上金會洩土氣，但目前是八白星的旺運，8和6又都是三吉之輔的吉星，因此還是主丁財兩旺，富甲一方。此外，《紫白訣》中提到：「八六文士參軍，或則異途擢用」，可能文人會轉軍職，文武雙全而受提拔擢升；也可能會面臨轉行，因轉行或第二專長，而得到升遷發展的機會。如果是87的組合，在八運時是陰陽正配，會發官貴，如《玄機賦》提到：「金居艮位，烏府求名」。

5. 剋出：

土剋水，水為一白水星，即81的組合，山星8剋向星1，為剋出的關係。八白星當運，我剋者為財，除了利於文人升遷外，也可能因購置地產而致富。

需要注意的是，在當運之時的剋入、剋出、生出，不一定就會有凶應，需搭配這些歌賦口訣的斷語一併思考，也必須考慮是否與外巒頭的砂水相應。

再以退運的三碧木星為山星舉例，來提供讀者思考的思路。當三碧木星退運時，三碧木星是顆賊星，主官非、盜劫、口舌是非。《紫白訣》提到：「蚩尤碧色，好勇鬥狠之神」。

向星與退運的三碧星山星，也是有以下五種不同的五行生剋關係：

1. 生入：

水生木，水為一白星，為31的組合，向星1生山星3。因為三碧星退運的緣故，水會增旺三碧賊星的是非口舌、爭強好鬥。

2. 比和：

木與木比和增旺，三碧星和四綠星同屬木，向星4能增旺山星3。《玄空祕旨》云：「震巽失宮而生賊丐」，《飛星賦》也提到：「同來震巽，昧事無常」，說的就是當目前三碧星和四綠星都不當運時，比和的狀況，會讓凶應加強。34的飛星組合，會導致宅中之人蒙昧事理，做事顛倒錯亂，瘋瘋癲癲，甚至會成為盜賊乞丐。

3. 剋入：

金剋木，為36或37的組合，向星6或7會剋山星3。《玄空祕旨》云：「足以金而蹣跚」，即36或37的組合，3為震，為足，五行屬木，而六白星和七赤星五行為金，金剋木，代表腳易有外傷。《祕本》云：「三逢六患在長男」，36的飛星組合在失運時，不利長男健康。《紫白訣》提到：「三七疊至，被劫盜更見官災」、「三遇七臨生病，那知病癒遭官」，提示會遭遇破財、生病、官非。《飛星賦》也提到：「須識七剛三毅，剛毅者制則生殃」，3為三碧蚩尤殺星，失運再受剋，會令凶性加劇，越剋越凶，而導致損丁破財。《飛星賦》提到：「乙辛兮家室分離」，乙在震宮中，震宮為3；辛在兌宮中，兌宮為7。37的飛星組合在目前都是失運的狀況下，會造成家室分離，夫妻離婚。

4. 生出：

木生火，為39的組合，向星9會為山星3所生。如果當運時代表木火通明，會出聰明奇士。但目前三碧星失運，則宅中易出奸險狡猾之人，或遇到奸險狡猾之人，《飛星賦》云：「赤連碧紫，聰明亦刻薄之萌」，其人雖聰明但巧詐刻薄。

5. 剋出：

木剋土，為32、35、38的組合，山星3會剋向星2、5、8。32的組合為長子與母親不和，稱為「鬥牛煞」。五黃土星為一級凶煞之星，最忌三碧木星和四綠木星，因為凶星被剋，會激發戾性。38的組合，三震為長男，八艮為少男，失令時主兄弟不和，或因爭家產而惹官司。

當星曜是當令旺星，山向星飛星組合的生剋關係，原則上是大吉或吉中略帶小凶的分別。當兩星都是退運星時，飛星組合的生剋，原則上則為大凶或小凶的分別。要注意的是，因為陰星不受剋的緣故，因此就算是當令之陰星受剋，還是會有所影響，如九運時19的組合，1為一白水星，9為九紫火星，向星9為當令星，會旺財，但因為有一白水星的剋入，因此，也有可能會因為賺錢而招惹事端。而48的組合，8為目前八運當令向星，4為四綠木星，8為八白土星，山星4對向星8而言是剋入，但陽星較能受剋，對財運的影響不大。但要注意的是，一旦退運之後，影響就會產生。如果退運的飛星組合，是純陰或純陽的搭配，如24為純陰的組合，或36為純陽的組合，則影響更大。飛星組合上喜歡陰陽相配，不喜歡純陰或純陽的組合，因為孤陰不生、獨陽不長的緣故。

在退運飛星的相剋上，常可看到大致相同的結果。如退運的24或42的飛星組合，結果都是不吉，2為土，4為木，以24的組合來看健康及人倫關係而言，向星4剋山星2，是剋入的關係，代表木剋土。42的組合，則是山星4剋向星2，是剋出的關係，也是代表木剋土。雖然山星與向星的組合不同，但結果大致相同。《玄空祕旨》云：「風行地而硬直難當，室有欺姑之婦」，《祕本》提到：「二逢四，咎當主母」，《玄機賦》也提到：「風行地上，決定傷脾」，主婆媳不和，或長女與母親不和，及有脾胃問題。但42的組合，除了以上的人倫問題外，也提示了在這種剋應關係中，婆婆或母親也有破財的危機。

又如23或32的組合在失運時，以山星而言，23代表土被木剋，32則代表木剋土，意思也大致相同，這代表長男與母親不和的「鬥牛煞」，也有官非訴訟、刑罰等危機，《紫白訣》云：「鬥牛煞起惹官刑」。23的組合，主要是與家庭人倫關係有關，如母親因為長子忤逆，健康受到影響。此外，也有官非訴訟、刑罰等危機。而32的組合，則提示了在這種剋應關係中，母親也有破財或被劫財的危機，如長男是啃老族，常常向母親伸手要錢，或欺騙母親投資等情事。若有官非訴訟、刑罰的問題，也會與金錢糾紛有關。簡言之，「山管人丁，水管財」，向星被剋，和錢財脫不了關係。

因為是退運三碧木星剋二黑土星的緣故，若結合第柒篇的第十三節〈收山出煞〉的理論，在退運23飛星組合的宮位處，如果退運向星3能見秀峰，則為「出煞」；而退運32飛星組合的宮位，如果退運山星3能見秀水，也為「出煞」，剋應相對能減輕。

六、山星與向星不同排列組合的意義

在本篇第三節〈認識古文語法語序〉中已經提到，山星與向星的排列組合順序不同，就會產生不同的意義，然而很多坊間的風水書籍，並沒有認知到這個問題，而將其混為一談。簡單舉例來說，68的組合和86的組合不同，分析的結果也會不同，不能混為一談，這也是玄空飛星學上的一個祕密，如果不知道這個原理，就容易在「憑星斷事」上判斷錯誤。

我們以68的飛星組合來看，《玄空祕旨》提到：「富並陶朱，斷是堅金遇土」，即說明68的組合在當令時，財運會相當亨通。而《紫白訣》也提到：「六遇輔星，尊榮不次」，即說明68的組合在當令時，會有相當尊榮顯耀的地位。但在這其中也有不同之處，「富並陶朱，斷是堅金遇土」應該是應驗在八運時，向星為8，強調的是發富，因為「山管人丁，水管財」的緣故。而「六遇輔星，尊榮不次」，應該是應驗在六運時，重點在山星6當令，而向星8為生入，土生金，吉上加吉，而有官貴，即升官為權貴，地位尊榮顯耀。

而關於86的飛星組合，《紫白訣》提到：「八六文士參軍，或則異途擢用」，可能是文人轉軍職，因為文武雙全而得到提拔晉升；也可能是面臨轉行或因為第二專長，而得到升遷發展的機會。

我們在分析上要注意的重點是，因為「山管人丁，水管財」的緣故，如果要看健康，及家庭人倫關係或官貴（升官升職），重點是要看山星，即以山星為主，向星為客。分析向星對山星的生剋，是屬於生入、比和、剋入、生出或剋出的何種關係。

如果要分析財運的話，重點是要看向星，即以向星為主，山星為客。分析山星對向星的生剋，是屬於生入、比和、剋入、生出或剋出的何種關係。

再以46和64的飛星組合為例說明，排列組合的順序不同，就會產生不同的解讀。以46組合而言，4是山星，6是向星，如果這個46組合的宮位是主臥房的話，就要分析向星對山星的生剋關係，以山星4為主，向星6為客。山星4為巽，屬木；向星6為乾，屬金，金剋木，46的組合，是屬於剋入的關係。在《玄機賦》中提到：「木見戌朝，莊生難免鼓盆之嘆」，現在是八運，4和6這兩顆星都不當運，由於是剋入的關係，而且山星4為陰星，陰星不受剋，如果是以夫妻關係而言，就有面臨喪妻的可能。

但若是以主臥房宮位為64的飛星組合來看，6是山星，4是向星；以山星6為主，向星4為客。向星4對山星6而言，是剋出的關係。然而64的飛星組合以理氣而言，也是屬於不吉，因為6和4在八運時都不當令。而6為乾，乾為老父，也代表年長的男人，為陽，五行上為金；而4為巽，巽為長女，為陰，五行上屬木。而金會剋木，屬於剋出，主剋妻子、剋女性，這也代表這個房間的男人比較大男人主義，女性會比較勞碌。

因此，當山星和向星的位置對調後，在飛星組合的解讀上，就會有所不同。這一點讀者必須注意，不能認為兩者對調後的結果，也都一定會相同，關於這個部分，在本篇第三節〈認識古文語法語序〉中已有說明。

然而，也有山星和向星排列互換後，但結果大致相同的例子，必須根據五行生剋及斷語來做綜合判斷。如分析24和42的這兩組飛星組合，如果要看人倫關係的話，要分析向星對山星的生剋關係，以山星為主，向星為客，24的組合是剋入的關係。2為坤，為母親或婆婆，五行為土；4為巽，為長女或媳婦，五行為木。土被木所剋，代表母親被長女或媳婦所剋。而42的組合則是剋出的關係，即長女剋母親，或媳婦剋婆婆。因為這兩顆星目前都是退運的狀態，不管是剋入或剋出的關係，其結果肯定為凶。

《玄空祕旨》云：「風行地而硬直難當，室有欺姑之婦」，以語法而言，風行於地，先有地，後有風，說的是24的飛星組合。但以飛星組合24和42的分析結果而言，意義上大致差不多，兩者都可以解釋成媳婦忤逆婆婆，婆媳關係不佳，或長女與母親的關係不和，婆婆或母親被剋的狀態。但42的組合，由於2為向星，也提示了在母女或婆媳不和的狀況下，也會導致母親或婆婆有破財的情事發生。

又如23或32的飛星組合在失運時，23的飛星組合排序，以人倫關係而言，以山星為主，向星為客，代表土被木剋，為剋入；32的組合代表木剋土，為剋出。意思也是大致相同，這代表長男與母親不和的「鬥牛煞」，而32的組合也是提示在母子不和的狀況下，也會導致母親有破財的情事發生。

七、山星與流年飛星的組合

流年飛星透過五行生剋，會對山星或向星產生交互影響。如果流年飛星的五行，能生山星或向星的五行，稱為「生入」；如果流年飛星的五行，和山星或向星的五行相同，稱為「比和」；如果流年飛星的五行，剋山星或向星的五行，稱為「剋入」；如果流年飛星的五行被山星或向星的五行所生，稱為「生出」；如果流年飛星的五行，被山星或向星的五行所剋，稱為「剋出」。

因為「山管人丁，水管財」的緣故，人丁興旺與健康狀況要分析山星，而財運狀況要分析向星。在宮位中原本的山星與向星的組合，可能不會對人丁健康造成影響，但換成山星與流年飛星的組合，就可能在該年會產生健康上的問題。不但對住在該宮位的人員會產生影響，與該宮位相對應的家中成員，也會受到該理氣的影響。如家中西南方坤宮山星與流年飛星的組合，出現了不利健康的組合，在該年不只是對住在西南方坤宮的人員的健康會有影響，家中母親的健康也會受到影響，因為西南方坤宮對應的家中成員是母親的緣故。

如以六運壬山丙向的房宅為例，飛星盤如下圖：

丙↑

3 9 ④ 五	7 5 ⑨ 一	5 7 ② 三 坤宮
4 8 ③ 四	2 1 ⑤ 六 中宮	9 3 ⑦ 八
8 4 ⑧ 九	6 6 ① 二	1 2 ⑥ 七

壬

2022年時流年飛星5飛入中宮，在這一年中，這間屋宅中的中宮及西南方坤宮，山星與流年飛星的組合上，都出現了25的組合，而《紫白訣》提到：「二五交加，罹死亡並生疾病」、

「二主宅母多病，黑逢黃至出鰥夫」，《祕本》也提到：「二五交加必損主」。住在這間屋宅中的中宮及西南方坤宮的人員，該年在身體健康上都會受影響，同時因為西南方坤宮，對應的家中成員是母親，就算家中母親不住在坤宮，該年在身體健康上也會受到影響。

八、向星與流年飛星的組合

因為「山管人丁，水管財」的緣故，財運要分析向星，原本宮位中的山星與向星的組合，可能不會對財運造成影響，但向星與流年飛星的組合，就可能會對該年的財運產生影響。不但對住在該宮位的人員會有影響，與該宮位相對應的家中成員也會產生影響。如家中西方兌宮向星與流年飛星的組合，出現了不利財運的組合，在該年不只是對住在西方兌宮的人員會有影響，家中少女（小女兒）的財運也會受到影響，因為西方兌宮對應的家中成員是少女（小女兒）的緣故。

以上述六運壬山丙向的房宅為例，飛星盤如下圖：

丙↑

3 9 ④ 五	7 5 ⑨ 一	5 7 ② 三
4 8 ③ 四	2 1 ⑤ 六	9 3 ⑦ 八 兌宮
8 4 ⑧ 九	6 6 ① 二	1 2 ⑥ 七

壬

2022年時流年飛星5飛入中宮，在這一年中，這間屋宅中西方兌宮的向星及流年飛星，出現了3和7的組合。而《紫白訣》提到：「三七疊至，被劫盜更見官災」，此37的組合為流年七赤金星剋三碧木星向星，退運向星受剋則破財，且前文已提及三碧蚩尤星不喜受剋，受剋則產生災殃，提示了被劫財後，又遇到與財務糾紛相關的官司問題。

因此，住在這間屋宅中西方兌宮的人員，在該年的財運會受到嚴重的影響，甚至會有財務方面的官司問題。同時，因為西方兌宮對應的家中成員是家中小女兒，家中小女兒的財運也會受到影響。

在財務方面的危機，除了提示可能會遭到偷竊或搶劫外，也可能是被親友借錢不還，或跟會被倒會、公司內有內賊盜用公款、識人不清而錯誤投資被套牢……等等，也可能是被詐騙集團詐騙後，戶頭又被盜用，不但破財，又造成官司纏身。由於是向星被剋，而向星3又是退運星，因此會出現破財或被劫財等情事發生，或發生與財務糾紛相關的官司問題。

九、飛星組合的分析要點及以人為本的考量

在這一節中，要來談談飛星組合的分析要點，當然分析的前提，筆者反覆強調，理氣是

為巒頭服務，理氣的分析是建立在巒頭的基礎上，要與外在的砂水相配合，配合得當，做到「收山出煞」，才是真正的吉，否則都只是紙上談兵，沒有實質的意義。此外，就算是使用同樣的飛星盤，但因為居住的人員不同，也要運用不同的斷語，做出與之相應的解讀，因為風水上強調「以人為本」的考量。

（一）門、主、灶飛星組合的分析

筆者在前文提及飛星盤上的分析重點，要放在山向星的組合，及流年飛星加臨時，對山向星所產生的交互影響。因為「山管人丁，水管財」的緣故，如果要看健康及家庭的人倫關係，要分析向星對山星的生剋關係如何；如果要看財運，則要分析山星對向星的生剋關係如何。主要納氣口（大門口處或最大採光面落地窗拉門處）和廚房（灶位）的宮位，主要是以分析向星為重點，因為大門口處或最大採光面落地窗拉門處和廚房（灶位）的宮位，是屬於動位；而臥房的宮位主要是以分析山星為重點，因為臥房是屬於靜位。

如果要看全家人的健康狀況，或家庭成員之間的關係，可以分析主要納氣口的飛星組合中，向星對山星的生剋關係；如果要看全家人的經濟財運狀況，可以分析主要納氣口的飛星組合中，山星對向星的生剋關係。主要納氣口的飛星組合，會影響到宅中的所有成員；而個人臥房門口的飛星組合，主要是影響到住在該房的人員。

（二）飛星與家中成員的相應關係

每顆飛星有其相對應的家中成員。一白星－中男、二黑星－母親、三碧星－長男、四綠星－長女、六白星－父親、七赤星－少女、八白星－少男、九紫星－中女。因此，如果在主要納氣口的飛星組合中，山星出現了3，也可分析家中長男的健康，或長男與家人的關係，或長男在職場中的升遷情況。若是在主要納氣口的飛星組合中，向星出現了3，則可分析家中長男的財運狀況，其餘人員以此類推。因此，在主要納氣口的飛星組合，不但可以分析全家的運勢，也可以分析相對應人員的運勢。而臥房門口的飛星，則主要是影響居住在該房間的人，納氣口就是分析理氣吉凶的重點。

此外，若是飛星組合不佳，不但對住在該宮位的人員會產生影響，與該宮位相對應的家中成員，也會受到該理氣的影響。如家中西南方坤宮的飛星組合，出現了不利健康的組合，不只是對住在西南方坤宮的人員會有影響，家中母親的健康也會受到影響，因為西南方坤宮對應的家中成員是母親；又如家中東方震宮的飛星組合，出現了不利財運的組合，不只是對住在東方震宮的人員會有影響，家中長男的財運也會受到影響，因為東方震宮對應的家中成員是長男。

此外，如果要分析判斷家中個別成員的運勢，也可以分析飛星組合中，藉由與卦象對應家中成員的數字，來分析此成員的健康及財運，譬如任一宮位的山星出現了2，2是坤卦，代表母親或女主人，則可以用來分析母親或女主人的健康，或與家人的人倫關係，或職場的升遷狀況。任一宮位的向星出現了2，則可以用來分析母親或女主人的財運，以此類推。

（三）流年飛星加臨的影響

每年的流年飛星加臨時，對該宮位的山星和向星，會產生整體及交互的影響，需要做具體的分析。分析在該年個人的健康狀況，或與其他家庭成員之間的關係，或職場上的升遷，及經濟財運等狀況。因為「山管人丁，水管財」的緣故，不同的流年飛星加臨時，對家人的健康、家庭關係及財運狀況，會產生不同的影響。

筆者以流年六白金星飛入32飛星組合的宮位時，與山星和向星的交互影響做說明。山星與人丁健康，或家人的人倫關係或職場升遷狀況有關。3為震，為長男，五行屬木；而六白金星屬金，金剋木，為剋入，代表長男在該年的身體健康會出問題，如腳受傷，或與家人關係不睦，也不利於職場升遷。而向星管財運，2為坤，為母親，五行屬土；六白星屬金，土生金，為生出，生出則土的力量減弱，代表母親的財富會耗損，在當年會有漏財、破財的狀況。

以上例而言，原本宮位中退運的32飛星組合，已經是不佳的「鬥牛煞」，主長男與母親不和，家中成員感情已經不睦，再加上六白金星的加臨，山星3受剋，前文已提及當三碧星退運時，三碧星是賊星，主官非、盜劫、口舌是非。《紫白訣》提到：「蚩尤碧色，好勇鬥狠之神」，《飛星賦》云：「須識七剛三毅，剛毅者制則生殃」，三碧「蚩尤星」當失運時再受剋，會令凶性加劇，會與母親更加不睦。此外，在健康的影響上，六白星的加臨，與山星3形成36的組合，《玄空祕旨》云：「足以金而蹣跚」，代表腳易有外傷。《祕本》也提到：「三逢六患在長男」，36的組合失運時，不利於長男的健康。

不過這個部分只能當作是輔助參考，判斷時還需要有更多的證據支持，所謂「相不單論」。以上例而言，除了在山星3的宮位，遭流年飛星6剋入外，如果在長男的臥室宮位，也出現了不利健康的飛星組合，或東方震宮也出現了不利健康的飛星組合，再加上長男臥室所見到的外巒頭不佳時，可以斷定長男的健康肯定出問題。收集的證據越完整，「憑星斷事」才會更精確，這是很重要的關鍵。

（四）中宮飛星組合的分析

因為中宮是房宅的「皇權位」、「宅心」，此宮位飛星組合的吉凶，也會對家中的整體運勢產生影響。若是向星「令星入囚」時，更是代表房宅地運的結束，除非在向星五黃星所在的宮位或宅外方位，佈水局或開門來接引旺氣，且門前的地形也必須是平坦開闊，透過這樣的化解法，才能囚不住，不然則代表財敗。在第柒篇的第十二節〈令星入囚和向首入囚〉中，已經有所說明。

（五）參考著名的斷語

山星和向星的組合，除了要注意飛星組合的生剋，也要參考飛星組合後的著名斷語，如23或32的組合是「鬥牛煞」，25的組合不利女主人健康，67的組合是「交劍煞」。熟悉掌握著名的飛星斷語，有助於「憑星斷事」。

（六）飛星的組合喜歡生旺，不喜受剋

以退運的46飛星組合為例，4為巽，屬木；6為乾，屬金，金剋木。《玄機賦》中提到：「木見戌朝，莊生難免鼓盆之嘆」，前文已提及這是46的組合，因為4為巽，為陰卦；6為乾，為陽卦。屬於陰星的4，受到屬陽星的6所剋，前文也提到，陰星不受剋，受剋的結果，

就是妻子可能會生重病，甚至死亡。

又如69的飛星組合，6為乾金，9為離火，火剋金。《玄空祕旨》云：「火燒天而張牙相鬥，家生罵父之兒」，《玄機賦》提到：「火照天門，必當吐血」，《搖鞭賦》也提到：「天門見火翁嗽死」，這些斷語說的都是69的組合，天是指乾卦，為父親，數字為6；火是指離卦，亦指心臟、血液，數字為9。乾為金，火來剋金，乾金是父親，也屬肺，此處是屬於陽星的6，受到屬陰星的9所剋的情形，其結果就是家中出逆子而使父親怒火中燒，或在健康上出問題，有吐血、咳血等問題。

（七）飛星的組合喜陰陽相配

山星和向星的組合忌諱陰配陰，或陽配陽，因為孤陰不生、獨陽不長的緣故。純陰或純陽為不佳的飛星組合，如《玄機賦》提到：「震與坎為乍交，離共巽而暫合」。如果山星和向星的組合，再加上流年飛星都是陰星，就是《玄空祕旨》所提到的：「陰神滿地成群」，這些都是不佳的組合。需要陰陽的搭配組合，才能如《玄空祕旨》所言：「雌雄配合，世出賢良」，如93當運時的組合，9為離，屬陰，3為震，屬陽，《玄空祕旨》云：「木見火而生聰明奇士」，會出聰明奇才之人。《紫白訣》也提到：「八逢紫曜，婚喜重來」，這是89

當運的組合，紫曜為九紫星，代表有結婚喜慶之事。8為陽，9為陰，在當運當令星的陰陽相配之下，就相當吉利。

（八）飛星的當令不當令

「憑星斷事」的斷語剋應是否會應驗，其中一個重點是飛星當令不當令的問題。譬如《玄機賦》提到：「坎流坤位，買臣常遭婦賤之羞」，以生剋關係而言，如果是12的組合，1為坎，五行屬水，為中男，為陽；2為坤，五行屬土，為母親，為陰。12的關係，以山星1而言，向星2是屬於剋入的關係，即水被土剋。以人倫關係而言，就是先生被太太剋，也可能會影響先生的健康狀況。而如果是21的組合，以山星2而言，向星1是屬於剋出的關係，也就是土剋水，即太太剋先生。以家庭人倫關係的意義而言，這兩個飛星組合，都是指太太剋先生，家中是由太太掌權。但21的組合，由於是向星受剋，也有先生的錢財被太太管控的狀況。

但若是加上當令不當令的考量，12的組合，如果是在一運時，因為一白星當令的緣故，因此2要剋1就剋不了，所以在解讀結果上會有所不同。是故在一運時，就不能用「坎流坤位，買臣常遭婦賤之羞」這個斷語。在一運時，由於2要剋1剋不了，以人倫關係而言，可以解釋成太太對先生會常有抱怨，但先生較強勢固執，仍然我行我素，不為所動。

（九）與外巒頭砂水的配合分析

以上所述是單純就理氣而言，實際在判斷時，必須要搭配內外巒頭來看，如果內外巒頭不佳，雖然理氣吉，也不會應吉，只是暫時不發凶。因為「巒頭為體，理氣為用」，理氣是在巒頭的基礎上進行推算。若內外巒頭俱佳，理氣雖有凶，也不至於太凶。但如果外巒頭醜惡又有尖角沖射，就會啟動壞理氣的凶應。如果不好的理氣落在較不重要的區域或走道，並不會有太大的影響；但若是位在房宅的主要納氣口或臥室門口的宮位，影響就很大。

理氣要能與形巒相應，在當旺山星的方位見到秀峰，在當旺向星的方位見到秀水，才是「收山」，也才是「合局」的「旺山旺向」。以八運時89的飛星組合為例，《紫白訣》云：「八逢紫曜，婚喜重來」，以八運而言，在理氣上89是很好的組合，若能在該宮位見到水後有山的外巒頭，主丁財兩旺。但如果在該方位只見水而不見山的話，8為當運山星，但卻見水而不見山，變成「山上龍神下了水」，反而不吉，不利人丁健康。但以向星9而言，見水是好的，會旺財，因此這是一個「財多身子弱」的組合。但同樣89的組合，到了九運時，因為向星為9，當令向星見水，會大利財運，而山星8已經成為退運星，見水能夠「出煞」反而為吉，這就是風水輪流轉。以理氣而言，當元旺星的生出、剋入或剋出，不見得是凶，因為旺星當令的緣故，但理氣上再怎麼旺，也沒有辦法解決形巒不相應的問題，因為「七分巒頭，三分理氣」，巒頭的影響遠遠大於理氣，而且如果是破碎醜惡的巒頭，影響就更大了。

（十）以人為本的考量

讀者在以飛星組合判斷吉凶時，思維不能僵化，必須要能靈活運用，還要考慮到該房宅內所住的人員是什麼對象，同樣的斷語，對小孩子、老人以及夫妻的判斷解讀會不一樣，也有可能需要採取不同的斷語。

譬如說到了九運後，84的飛星組合變成退運時，如果這間臥室住的是幼兒的話，就要判斷為不利幼兒的健康，《紫白訣》云：「四綠固號文昌，然八會四而小口殞生，三八之逢更惡」。但如果居住的人員是青壯年，就要注意工作或運動所帶來的意外傷害。如果居住的人員是老年人，就要注意不要在浴室中滑倒，而造成筋傷或大腿骨折，此時84飛星組合的斷語，可以運用《玄機賦》提到的：「艮非宜也，筋傷股折」，這就是傳統風水學上所重視的「以人為本」，有人的地方才需要討論風水，不同的人居住在其中，即使是相同的飛星組合，在判斷解釋上也會有所不同。

以退運的84飛星組合而言，《玄空祕旨》提到：「山風值而泉石膏肓」，山為8，風為4，84的飛星組合，代表喜歡休閒娛樂而無心衝刺事業，或喜歡山林隱逸的生活。84飛星組合在八運時，可能只會受此理氣的些微影響，但當退運時，即到了九運2024年之後，這種處事的心態，或心境上的轉變就會更加明顯。但風水是「以人為本」來做分析判斷，如果居住的人員是有宗教信仰的修行者，住在退運84飛星組合的房間，會更加清心寡慾，不慕世間名利，追求宗教心靈的境界，這間84飛星組合的房間，正是符合這種修行的心境。而這種飛星組合的理氣，也是非常適合退休的人士，勞碌了一輩子，已經不需要再衝刺事業了，應該要含飴弄孫，怡情養性或遊山玩水。但對要衝刺事業的年輕人而言，住在退運84飛星組合的房間，就可能會導致沉迷玩樂享受，無心於事業，因此就不太理想。所以即使是同樣的飛星組合，並使用同樣的斷語，由於不同的人員住在其中，就會有不同的判斷和解釋。對某些人而言，這樣的飛星組合理氣，正是符合他們目前的心境或人生階段，反而是好事。如果老年人到了晚年還要衝刺事業，那就太辛苦了。

曾有一位風水師看了一間寺廟的風水，對住持說：「這間寺廟的風水，是丁財兩敗的格局。」想不到住持回答說：「那正好符合我們出家人的身分，若不是丁財兩敗的人，怎麼有辦法出家，及安住於出家的修行。」這樣的回答與見識，讓這位風水師不禁讚嘆，果然大修行者淡泊無為的心境，與凡夫的追名逐利大不相同。

因此，在風水堪輿上，要掌握「以人為本」的重點，如果不知道宅中居住的人員是誰，是大人、小孩、老人，還是什麼身分的人，而妄下斷語，就可能會出錯。風水上要「以人為本」，要先瞭解是什麼人員居住在其中，才能夠加以判斷理氣吉凶。

同樣的飛星組合中，對於山星生剋的斷語，有些斷語是論斷家庭倫理關係，有些斷語則會針對個人健康，還有些斷語是指升官、升職方面而言，但到底要選擇哪個斷語，還是要回到「以人為本」的重點上，先問清楚是什麼人員居住在其中，再來做具體分析。以退運的34飛星組合為例，《飛星賦》云：「同來震巽，昧事無常」，說的就是當三碧星和四綠星都不當運時，在34飛星組合的理氣影響之下，會導致宅中之人蒙昧事理，做事顛倒錯亂。如果是小孩住在這個房間的話，可以判斷這個孩子會比較調皮，不聽父母的話，大人要他往東，他偏要往西；如果是成人住在這個房間的話，就是判斷其人行事常常顛三倒四，悖於常理。

《玄空祕旨》云：「午酉逢而江湖花酒」，午是指離宮，酉是指兌宮，兩者是97的組合。而《玄空祕旨》也提到：「金水多情，貪花戀酒」，金是指7，水是指1，為71的組合，屬於少女配中男的陰陽配。這兩組飛星組合，如果是落在家中的主要納氣口或臥室門口，當飛星退運時，都代表會沉迷酒色，流連風月場所，是屬於不吉的飛星組合。但如果這是夜店或特種行業的大門口理氣，也正是符合這些行業的型態。所以飛星組合的判斷，要因人（年齡、性別、職業、身分……等情況）、因時（飛星組合當令不當令）、因地（居家或不同性質的營業場所）而制宜，不能一概而論。

所以綜合以上所述，分析飛星組合的要點，及判斷一個宮位的吉凶，要考慮到以下幾點問題：

1. 主要納氣口（大門口處或最大採光面落地窗拉門處）、主臥房及廚房（灶位）是分析的重點。
2. 山向星的飛星組合當令不當令，是否為陰陽相配，及山向星之間的生剋關係。
3. 山向星的飛星組合所代表的特殊意義，如鬥牛煞、交劍煞……等等。
4. 內外巒頭型態美惡的問題。
5. 理氣是否與形巒相應，是否在當旺山星的方位見到秀峰，在當旺向星的方位見到秀水，要與外在的砂水相配合，若能配合得當，做到「收山出煞」，才是真正的吉。
6. 要考慮到流年飛星飛入，對山向星產生的整體及交互的影響。
7. 要考慮居住者的年齡、性別、職業、身分……等情況，就算是同樣的飛星組合，對於不同的居住者，可能就要採用不同的斷語來做判斷，風水上的分析與調理，必須要「以人為本」。

因此，唯有藉由綜合判斷，才能得出精確的結果。此外，每一個宮位都有不同的飛星組合，及其五行的生剋變化，但那只是我們所需要知道的理論知識。在實際的操作上，不可能處理到每一組飛星，那樣反而會失去調理的重點。

我們要掌握的重點，是掌握主要納氣口（大門口處或最大採光面落地窗拉門處）的這組飛星。以及催旺當令最旺的向星，將這顆當令向星催旺到極點，不但利於財運，也可以將其他凶星的凶性降到最低，這也是「一貴當權，諸凶懾服」的體現。如何催旺當令向星，只要在當令向星的宮位處有門、有窗，使空氣能流通，或常常在此處出入走動，或見到往室內方向流動的水，或擺放動態物品，這顆當令旺星就會被催旺。

那為什麼只催旺當令向星，而不催旺當令山星呢？因為向星是動方可催旺，而山星是靜方，靜方宜靜不宜動。當令山星只要是位於臥室的宮位，該方位可見秀峰或富麗堂皇的樓房，人每天在此處休養生息，自然就能有利於健康、家庭人倫關係、興旺人丁及官運亨通。

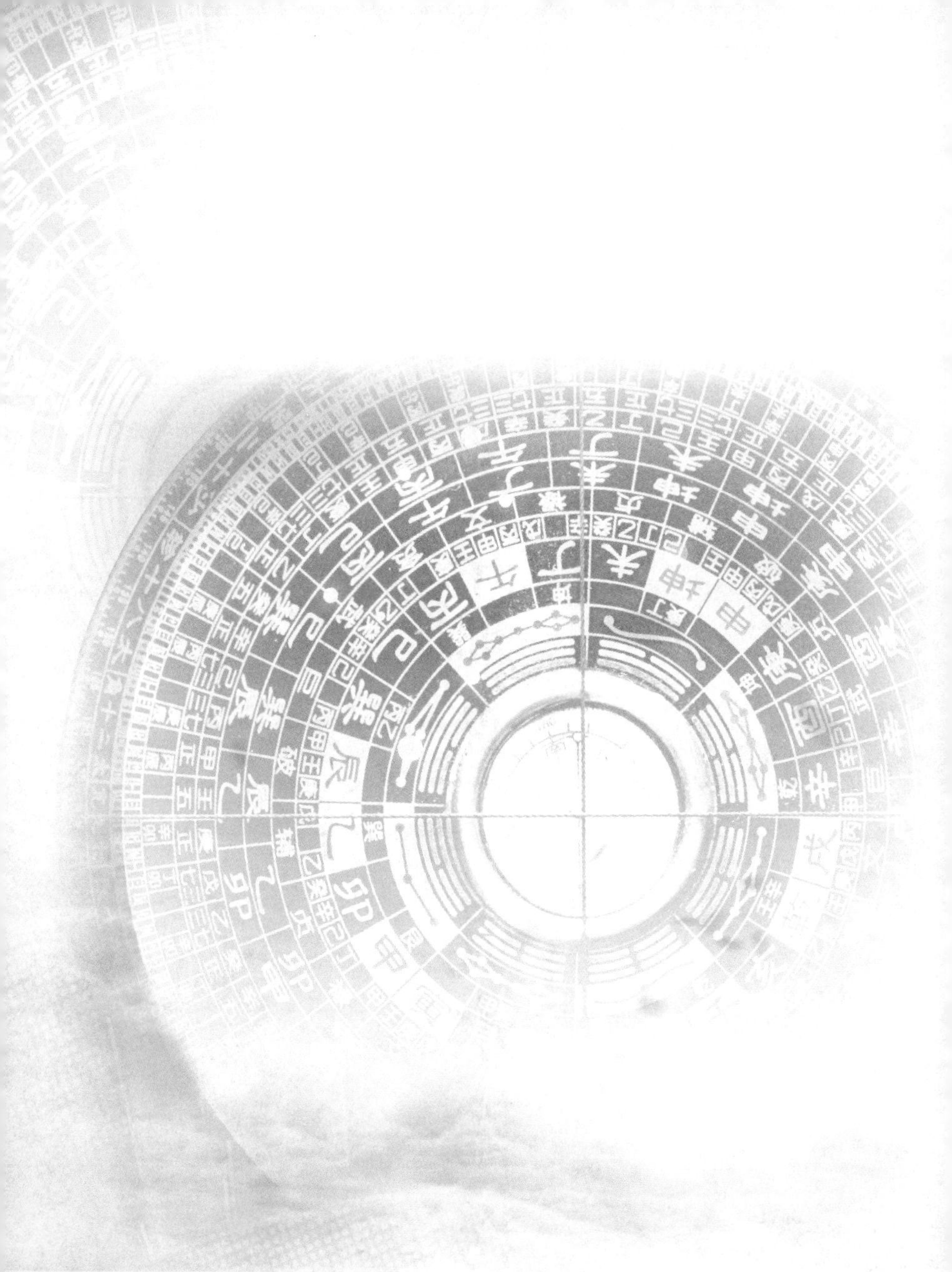

玖

流年飛星，風水輪轉

玖 流年飛星，風水輪轉

一、如何計算流年飛星

在第陸篇〈玄空飛星，順逆飛泊〉中，我們已經瞭解到在不同元運所建造的房宅，要依照該元運的元運星入中宮後，再推算出山星和向星的順飛與逆飛，就可以得知該房宅的飛星盤。這是屬於該房宅固定不變的「宅飛星盤」，就如同人的八字是不變的。但除了有不變的部分，另外當然也有會變動的部分，就如同人的八字不變，但是大運會變，流年會變。

在這一篇中，我們就要來學習流年飛星的變化之法。流年飛星每年都會變，即房宅在每個方位的流年運勢，都絕對會與去年不同。只要確定是哪顆飛星飛入中宮，我們就可以透過九星飛泊順飛的軌跡，得出該年九宮流年飛星的方位。知道了哪顆飛星在該年落於哪個宮位，就能分析該流年飛星，與該宮位山星和向星之間的整體及交互的影響，接著就能安排催吉或化煞的佈局。

要推算每年的九宮飛星飛泊的宮位，只需要確定該年是由哪顆飛星入中宮即可。每年是由哪顆飛星入中宮，可以由公式求得，在諸多不同的計算公式中，筆者認為以下的公式最簡單：

以11減掉西元年份相加數，所得之餘數，為該年入中宮的飛星數字。如果年份相加大於11，則將所得之和的十位數字和個位數字相加，再用11去減，所得之餘數，為入中宮的飛星數字。若餘數為0，則以流年九紫星入中宮。舉例說明如下：

1950年，1+9+5+0=15，大於11，將十位數字和個位數字相加，1+5=6，11-6=5，即在1950年時，以流年五黃星入中宮。

1955年，1+9+5+5=20，將十位數字和個位數字相加，2+0=2，11-2=9，即在1955年時，以流年九紫星入中宮。

又如2021年，2+0+2+1=5，11-5=6，即以流年六白星入中宮。到了2022年，2+0+2+2=6，11-6=5，即以流年五黃星入中宮。

又如2027年，2+0+2+7=11，11-11=0，餘數為0，即以流年九紫星入中宮，其餘以此類推。

以下為筆者所整理出的 2020 年—2046 年「九宮飛星流年方位圖表」，供讀者快速檢索，圖表中的方位，以九年為一個循環。

九宮飛星流年方位圖表

2020、2029、2038		
六白金	二黑土	四綠木
五黃土	七赤金	九紫火
一白水	三碧木	八白土

2021、2030、2039		
五黃土	一白水	三碧木
四綠木	六白金	八白土
九紫火	二黑土	七赤金

2022、2031、2040		
四綠木	九紫火	二黑土
三碧木	五黃土	七赤金
八白土	一白水	六白金

2023、2032、2041		
三碧木	八白土	一白水
二黑土	四綠木	六白金
七赤金	九紫火	五黃土

2024、2033、2042		
二黑土	七赤金	九紫火
一白水	三碧木	五黃土
六白金	八白土	四綠木

2025、2034、2043		
一白水	六白金	八白土
九紫火	二黑土	四綠木
五黃土	七赤金	三碧木

2026、2035、2044		
九紫火	五黃土	七赤金
八白土	一白水	三碧木
四綠木	六白金	二黑土

2027、2036、2045		
八白土	四綠木	六白金
七赤金	九紫火	二黑土
三碧木	五黃土	一白水

2028、2037、2046		
七赤金	三碧木	五黃土
六白金	八白土	一白水
二黑土	四綠木	九紫火

後天八卦掌訣推算法：

只要推算出該年是以哪顆飛星入中宮後，就可排出該年九宮飛星的流年方位，我們也可以透過手掌上的「後天八卦掌訣」，利用食指、中指、無名指的三個指節，按九星飛泊順飛的軌跡來進行推算，不一定要畫在紙上，就可以如古代的道長或仙人掐指一算的神妙，左右兩手均可操作，看個人習慣。只要掐指一算，就可以知道該年在屋宅的哪個方位，會出現什麼狀況了。

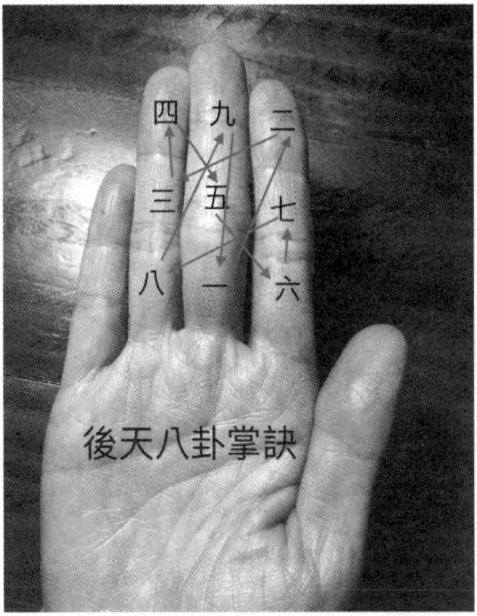

在手掌上推算流年飛星宮位

二、對流年凶煞飛星的化洩

當九宮飛星落入家中不同的方位時，會依其吉凶而產生不同的交互作用。飛星的位置也是隨時變化的，每年、每月、每日、每時都不同，因此也分別有流年、流月、流日、流時的推算法，但在實際的運用上，流年九宮飛星的效力是最強的，因此，只要把重點放在每年的九宮飛星飛泊的方位即可。

在目前的八運中，二黑星和五黃星是兩大凶星，合稱「二黑五黃煞」。對照以上的「九宮飛星流年方位圖表」，以 2024 年為例，二黑星這顆屬於一級煞星的「病符星」，會飛入東南方的巽宮，從方位上而言，代表不利家中長女的健康，或對家人的膽、大腿等器官部位的健康不利。

當流年二黑星飛到東南方巽宮時，流年二黑星屬土，而東南方巽宮屬木，雖然以五行而言，木可以剋土，但因流年飛星的能量，凌駕在方位五行的能量之上。因此以方位五行，去剋流年飛星五行，是難以剋制的。對於這顆凶煞流年二黑星的化解法，在五行上應採取「洩」法，由於土生金的緣故，因此要以金來洩土煞，可在流年二黑位，放一串六銅錢或現代通行的六個銅幣，或其他金屬用品，如銅鑼、銅鈴……等，利用銅錢、銅幣及金屬物品的金屬性，來化洩二黑星的土煞。這種放六個銅錢或現代銅幣的方式，同樣也可以用來化洩五黃星這顆一級煞星，因為五黃星也屬土的緣故。

在風水上要化二黑、五黃星流年方位的煞氣，有些風水師會採用六帝錢，原因是因為二黑、五黃星的五行屬土，因此可以用六帝錢的金性，去化洩土的煞氣力量。此外，由於數字五在洛書的五行中屬土，數字六在洛書的五行中屬金，因此要化洩二黑、五黃屬土的煞氣，宜採用六帝錢而不是五帝錢。正確地說，是藉由六個仿古的銅片，來洩土過多的能量。其實有效的原因，除了心理因素外，主因就是金屬銅片屬金，金能洩土，讀者也可以用六個現代銅幣來做化解，效果也是相同。

以六帝錢或六個現代銅幣，化解二黑、五黃煞

讀者要注意的是，要化解「二黑五黃煞」，在流年二黑、五黃星的宮位上，不能放置在五行上屬火或屬土的物品。如果在流年二黑、五黃星的宮位上，有紫水晶洞、充電器或紅色物品等火象物品，或鹽燈、大型陶器等土象物品，在這種情況下，即使是用金性物品去洩二黑、五黃煞，也是無法化解的。因為這些物品會一直給土補充能量，即會不斷地增加二黑、五黃星的土煞凶性，因此就算是擺設了金屬洩氣物，效果也會不佳。所以必須要先移除這些火象及土象物品，再用金屬物品去化洩二黑、五黃煞，這才是解決之道。

有一些坊間說法，提及在進門四十五度角的「象徵明財位」上，擺放一些招財物品就能招財，因此有些人可能就會在「象徵明財位」處，擺放茶壺來象徵福，或擺放黃水晶來招偏財，或擺放紫水晶洞當財山，或是鹽燈……等物品。但若不懂理氣，這樣的擺放可能反而會招來厄運。譬如當流年二黑或五黃星，這兩顆屬土的一級凶煞之星，剛好飛到「象徵明財位」的宮位處，此處又擺放了屬火的紫水晶洞，或屬土的鹽燈、黃水晶、茶壺之類的物品，反而會導致火生土或土土比和相生，而增旺了流年二黑星的病符之氣，或流年五黃星的凶煞之氣，恐會影響家人健康，或發生意外血光、破財……等衰事連連。因此，一切都要以五行的生剋為考量，而不是說因為進門四十五度角的位置，是「象徵明財位」的位置，什麼招財物品都可以擺放。

此外，在凶煞方位，要盡量保持安靜，因為煞方宜靜不宜動，不要放置會發出聲響或震動的電子產品，因為聲響震動會鼓動煞氣。

除了退運的二黑、五黃星之外，退運的三碧「祿存星」及七赤「破軍星」也是煞星，容易引發爭鬥及口舌是非，而四綠「文曲星」在退運時，也容易導致爛桃花。雖然這些退運星，也可能會引發凶煞，但破壞力不及二黑、五黃星嚴重，如果這些退運星不是位於主要納氣口的宮位上，也不一定需要處理。

不要將音響放在二黑、五黃星宮位，因為聲響震動會鼓動煞氣

三、對流年吉慶飛星的增旺

對流年凶煞飛星需要用洩法去化煞，而對於流年吉慶飛星，則要盡量去催旺鼓動它的能量。八運時，在八白土星的流年方位，可以用鹽燈催旺八白土星的能量，因為鹽燈有火的意象及動能，火能生土，且鹽燈的鹽屬土，亦能增旺比和八白土星的能量；在九紫火星的流年方位，可以用火爐或紫水晶洞或能產生熱能的電器，以催旺九紫火星的能量；而在一白水星

紫水晶洞，是火象物品

鹽燈有火，鹽又屬土，可助旺八白星

陶製的聚寶盆，是土象物品

的流年方位，也是屬於未來的吉星和財星，可以用會產生動能的水缸或流水盆，以催旺一白水星的能量。採用動態物品以催財或催吉，會比只擺放靜態物品的效果好。有些人雖然在財位上有所佈局，但催財效果不佳，其原因除了是因為沒有按照五行增旺或比和的原則佈局外，就是僅擺設靜態招財物品，催財的效果當然就比較緩慢。

讀者要注意的是，在催旺吉星的同時，必須要避開二黑和五黃位，否則容易財多傷身。即流年八白星或九紫星飛到的宮位，如果原本該宮位的山星或向星，是二黑星或五黃星的話，就不要再增旺流年八白星或九紫星了。因為八白星屬土，二黑星和五黃星也屬土，增旺了流年八白星或九紫星，同時也會增旺二黑星和五黃星的凶性，所導致的結果，稱為「財多身子弱」。因為在旺財的同時，也增加了二黑、五黃凶煞之星的能量，所以雖然賺了錢，但也傷了身體健康，或發生意外血光之災，財富和健康與平安不可兼得。

此外，不要在流年八白星的位置上放置木象物品，如大型植物、大型原木製品……等。更不可以放置金象物品，因為木會剋土，而金會洩土，把八白土星的旺氣都剋洩了，當然就會損丁損財了。

在本篇的第五到第七節，分別會提到如何增旺流年財位、流年文昌位及流年桃花位。本篇的重點，僅會放在流年方位的增旺之法上，若讀者想要多瞭解關於如何找出財位、文昌位、桃花位的其他方式，可參閱筆者的另一本著作《學風水一本就上手》。

四、先化煞再招財，化煞重於招財

在風水上的佈局，不但要掌握「兩利相權取其重，兩害相權取其輕」的原則，也要掌握「先化煞再招財，化煞重於招財」的原則。否則就算是擁有了全世界，但失去了健康或生命，也是划不來。

當流年凶煞飛星，與宅飛星盤的山星或向星有所衝突時，又該如何佈局呢？

筆者用以下1976年所建造的房子，座向壬山丙向，而大門位於震宮的例子來做說明。1976年屬於六運，首先依照本書第陸篇所介紹的方法排出宅飛星盤，得到震宮為48的山向星組合，向星是當令旺星8。在八運中可吸納旺氣，但在2020年當流年七赤金星入中宮，五黃土星飛到震宮大門口的位置時，又要如何佈局呢？

丙↑

3 9 ⑥ 五	7 5 ② 一	5 7 ④ 三
4 8 ⑤ 震宮 四 大門	2 1 ⑦ 六	9 3 ⑨ 八
8 4 ① 九	6 6 ③ 二	1 2 ⑧ 七

壬

以流年飛星而言，2020年為七赤金星飛入中宮，因此震宮的流年飛星為五黃土星加臨，屬於凶星到位。在這樣的情形下，震宮在該年可說是吉凶參半，是屬於向星吉，而流年飛星凶的格局。由於八白星和五黃星同屬土，若催旺八白向星，同時也會激化流年五黃星的凶煞之性，因此處理的原則，需以化煞避凶為主，在震宮可掛上六銅錢，或是其他金屬物品，以洩法處理，盡量減少由這個正門出入，而改由其他門出入，避免催動五黃煞氣，煞方宜靜不宜動。

所以在2020年的這一年中，因為不能催動大門口的當令向星，財運肯定會受影響。因此重點要放在流年財位的佈局以加強財運，但由於流年八白土星飛到的西北方乾宮，向星為二黑星的緣故，所以在該宮位也不宜催旺。因此，只能在流年九紫火星飛到的兌宮做增旺補救。

要注意的是，如果該宮位原本就是很好的內外格局，擺設也合理得宜，當流年煞星飛臨該宮位時，只需要做化煞的佈局，而不是更動格局，不需要去移動原本的辦公桌椅或床鋪等家具。

五、流年財位的佈局

流年財位是以每一個元運的當令旺星來看，在八運時，即2004年－2023年這二十年間，凡是在該年流年八白土星飛到的宮位，就是流年財位的位置。而到了2024年－2043年這二十年間，就屬於九運，凡是在該年流年九紫火星飛到的宮位，就是流年財位的位置，流年方位是以九年為一個循環。

以下為筆者所整理出的 2020 年－2046 年「九宮飛星流年方位圖表」，供讀者參考，方位是以九年為一個循環。從這張圖表中，可以方便檢索在哪一年中，哪顆飛星飛到了哪個方位，就可以針對這些方位做催吉化煞的佈局。

九宮飛星流年方位圖表

2020、2029、2038		
六白金	二黑土	四綠木
五黃土	七赤金	九紫火
一白水	三碧木	八白土

2021、2030、2039		
五黃土	一白水	三碧木
四綠木	六白金	八白土
九紫火	二黑土	七赤金

2022、2031、2040		
四綠木	九紫火	二黑土
三碧木	五黃土	七赤金
八白土	一白水	六白金

2023、2032、2041		
三碧木	八白土	一白水
二黑土	四綠木	六白金
七赤金	九紫火	五黃土

2024、2033、2042		
二黑土	七赤金	九紫火
一白水	三碧木	五黃土
六白金	八白土	四綠木

2025、2034、2043		
一白水	六白金	八白土
九紫火	二黑土	四綠木
五黃土	七赤金	三碧木

2026、2035、2044		
九紫火	五黃土	七赤金
八白土	一白水	三碧木
四綠木	六白金	二黑土

2027、2036、2045		
八白土	四綠木	六白金
七赤金	九紫火	二黑土
三碧木	五黃土	一白水

2028、2037、2046		
七赤金	三碧木	五黃土
六白金	八白土	一白水
二黑土	四綠木	九紫火

針對流年財位的部分，筆者也整理了以下「流年財位簡表」，供讀者做更快速地檢索查閱。

如2021年，對照以下「流年財位簡表」，得知流年財位在西方，讀者只要用羅盤或是指南針，找出家中的西方即可，其餘流年以此類推。

想親自推算的讀者，也可以用本篇第一節所提供的推算流年飛星入中宮之法，來推算流年飛星的飛泊，以瞭解其他宮位的流年飛星吉凶。如上述的2021年，2＋0＋2＋1＝5，11－5＝6，即以流年六白星飛入中宮，按九星飛泊軌跡順飛，就可得知2021年時，流年八白星飛到西方，如下圖：

流年財位簡表

西元年	流年財位方位	西元年	流年財位方位
2020	西北(八白星)	2028	西北(九紫星)
2021	西方(八白星)	2029	西方(九紫星)
2022	東北(八白星)	2030	東北(九紫星)
2023	南方(八白星)	2031	南方(九紫星)
2024	西南(九紫星)	2032	北方(九紫星)
2025	東方(九紫星)	2033	西南(九紫星)
2026	東南(九紫星)	2034	東方(九紫星)
2027	中宮(九紫星)	2035	東南(九紫星)

2021年流年六白金星入中宮

東南－五黃土	南方－一白水	西南－三碧木
東方－四綠木	中宮－六白金	西方－八白土
東北－九紫火	北方－二黑土	西北－七赤金

八運時八白土星當令，因此擺放與土相關的物品，可催旺八運時的旺星，凡是在該年流年八白土星飛到的宮位，就是流年財位。如在流年八白土星的宮位上，擺放陶製的聚寶盆、茶壺、黃色水晶、黃色的聚寶甕、鎏金釉瓷瓶……等土象物品，代表土土比和相生，可催旺八白土星；或者是擺放火象物品，如小香爐、紫水晶洞……等，取火生土之意。注意不要擺

放金屬物品，因為五行中土生金，金會洩土。有些人誤認為在流年財位的方位擺放五帝錢可以招財，但因為五帝錢是銅製品，五行屬金，放在八白土星的流年方位，反而是洩了旺星之氣，會導致漏財，不可不慎。

黃色的瓷器聚寶甕，是土象物品

陶壺是土象物品，能助旺八白土星，五壺亦有五福臨門的寓意

到了 2024 年之後，九紫火星當運二十年，凡是流年九紫火星飛到的宮位，就是最旺的財位。可擺放火象物品，如小香爐、紫水晶、紫水晶洞、火爐……等，代表火火比和相生，以催旺九紫火星；或者是擺放木象物品，如原木雕刻、大型植栽……等，取其木生火之意。在這個時期，流年九紫火星的宮位，就不要再擺放土象物品，如陶製的聚寶盆、茶壺、黃色水晶……等。因為五行中火生土，土會洩火，也就會導致漏財。風水的調理，非常注重五行的生剋關係。

筆者認為流年飛星的力量極為強大，善用流年飛星飛到的宮位，進行五行增旺或比和的佈局，再加上運用動態物品以催旺吉方，就能夠收到較快且較理想的效果。

六、流年文昌位的佈局

在第參篇〈風水辨正，導正視聽〉的第四節〈將四綠星的方位當成文昌位的錯誤〉中，筆者已經說明以四綠星飛到的方位進行文昌位的佈局，是一種非常錯誤且危險的觀念。

因為四綠星在目前的八運是失運的狀況，即四綠星目前不是吉星。如果在四綠星飛到的宮位佈局，則容易產生浮蕩、爛桃花……等情事發生，不但不能「準發科名之顯」，反而會發生《飛星賦》中提到的：「當知四蕩一淫，淫蕩者扶之歸正」的禍事，這是很多人所忽略的重點。所謂的「四蕩一淫」，四是代表風的遊蕩，一是代表水淫的意思，即「四蕩一淫」的壞理氣，會導致居住者心思浮蕩，無法專心學習，或在感情上容易招致爛桃花。

因此，筆者特別強調在目前的八運時，文昌位要在山星一白星或流年一白星上佈局，而不是在退運的四綠星上佈局，以避免有「四蕩一淫」的不良理氣狀況發生。

流年文昌位是不管屋宅的宅向問題，所以不用管坎宅、坤宅等問題，只要拿羅盤或指南針，測量出家中的八個基本方位即可。

流年飛星每九年循環一次，推算的方法在本篇第一節已有說明。可對照上一節的「九宮飛星流年方位圖表」，找到一白星的方位，即是該年文昌位的方位，或對照以下「流年文昌位」的圖表即可。

2037 年之後的年份，以九年為一個循環，以此類推即可。

流年文昌位(一白星的方位)

西元年	流年文昌位	西元年	流年文昌位
2020	東北	2029	東北
2021	南方	2030	南方
2022	北方	2031	北方
2023	西南	2032	西南
2024	東方	2033	東方
2025	東南	2034	東南
2026	中宮	2035	中宮
2027	西北	2036	西北
2028	西方	2037	西方

以 2021 年為例，流年一白星飛到南方，書房可移至南方，以興旺家中文昌，有利於全家人的考運、讀書運及升遷運。但如果南方不是書房或房間，而是客廳或餐廳，視實際的情況，也可以在該處讀書。可是如果在該處讀書學習會被干擾，就可在書房的南方擺放書桌，亦可在房間的南方擺放床鋪。但還是要看是否有符合合理擺設的原則，記得一定要把握「巒頭為主，理氣為輔」的原則。

另外，可在該方位放置一盆水缸或流水盆，去搭配一白水星，以催旺文昌位的能量，但擺放流水盆要注意水流流向，記得要朝向屋內，否則會導致漏財。而且不要在臥房內放置流水盆，以免房間潮溼，且流水的聲音也會影響睡眠。

用流水盆搭配一白水星，以催旺文昌位的能量

在2021年流年一白星飛到南方時，如果家中的南方不幸地剛好是廁所的位置，那就稱為「汙穢文昌」，這對當年家中所有成員的考運、讀書效率及升遷運十分不利。必須在廁所馬桶上方，擺放土種黃金葛，且由於黃金葛這類的植物屬陰，因此要綁上紅緞帶，以轉陰為陽，再加上以鹵素燈投射在黃金葛上來做化解。藉由植物的光合作用，淨化空氣和磁場。且廁所中要保持通風乾燥及乾淨清潔，亦可使用空氣清淨機以淨化穢氣，將「汙穢文昌」的理氣影響降至最低。

在進行文昌位的佈局時，讀者也要分析流年一白星，與原宮位山星和向星所產生的交互影響。此外，要盡量避免有四一同宮的狀況發生，四一同宮的房間，盡量當作非主要使用的空間，如客房、娛樂室……等。

以八運艮山坤向的屋宅為例，2019年流年八白星入中宮，飛星盤如下：

坤↗

1 4 ⑦ 七 巽宮	6 9 ③ 三	8 2 ⑤ 五
9 3 ⑥ 六	2 5 ⑧ 八	4 7 ① 一 兌宮
5 8 ② 二	7 1 ④ 四 坎宮	3 6 ⑨ 九

艮

在2019年中，除了原本巽宮中的14同宮外，北方的坎宮，因為流年四綠星飛入，也產生14同宮，而西方的兌宮，因為流年一白星飛入，則出現了41同宮的組合。在該年的房宅中，出現了三個飛星1和飛星4的組合。

但以風險性而言，哪一個宮位才較可能發生「四蕩一淫」呢？在2019年時，兌宮是真正的四一同宮，山星為4，「山管人丁，水管財」，山星與人際及人倫關係有關，因此風險性較高，較可能發生「四蕩一淫」的情事。兌宮的方位，在洛書方位中對應為少女。女孩住在西方兌宮的方位，就更容易會有不良的影響，要特別注意這間房間的對外窗，有沒有看到破碎醜惡巒頭的外煞，如果有的話，一定要進行化解，否則就會產生「四蕩一淫」的危害。

而坎宮和巽宮是屬於14的組合，飛星4都不是位在山星的位置，因此較沒有「四蕩一淫」的風險。以巽宮14的組合而言，山星1在目前的八運是「遠生氣星」，也是一顆吉星，如果到了一運時，巽宮的14組合，就是《玄機賦》所提到的：「木入坎宮，鳳池身貴」，在理氣上為吉。

如果要加強考運或提高學習及工作效率，除了在一白星的宮位佈局外，也要注意以下事項，如書桌或辦公桌上方是否有壓樑的狀況，長期在樑的下方讀書或工作，磁場也會受影響。

此外，有些房間的部分空間，是屬於陽台外推加建的地方，此為「懸空屋」的格局，不可以在外推之處擺放書桌或辦公桌，因為陽台外推的地方懸空，因地氣空虛而磁場不佳，不適宜久坐，可以在陽台外推處，放置書櫃或衣櫃則無妨。

孩子讀書的地方，最好就是擺放有益的書籍，避免擺放漫畫、玩具或電視。孩子的書桌，也不適合設置在窗邊，雖然窗外視野良好，但小孩定力不足，容易被外面事物或房間內的雜物影響，而無法專心學習。書桌也不可以擺在門口進來的動線上，書桌後也不可以有鏡子，這些都會造成學習上的心神不寧。

書桌位在通道動線，上有樑，又在窗邊，孩子會無法專心讀書

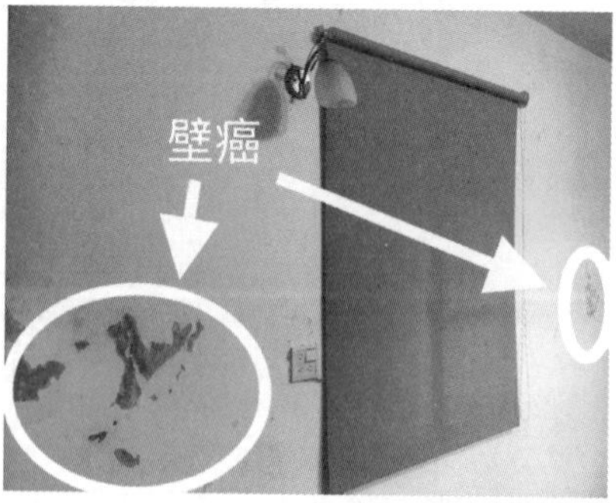

另外要注意書桌前面的牆壁，是否有壁癌的狀況，除了代表該處溼氣過重，也是有學習不利的意象，要及時處理。

若書桌的隔牆之處就是廚房的爐灶，受到爐灶的火氣影響，就容易心浮氣躁，或導致心血管的問題；若書桌的隔牆之處，就是廁所的馬桶，就會受到馬桶溼氣及穢氣的影響，容易頭腦昏沉，不利學習。

用木板做為輕隔間的影響較大，若是用水泥、磚頭做為隔牆的影響較小。因為「土牆為山」，磚頭的土牆像山一樣，較徹底地隔開了兩個房間。但若環境許可的話，還是盡量避免書桌正對隔壁間的爐灶或馬桶。

此外，家長也要用心營造讀書學習的安靜氛圍，不然大人在外面看電視看得嘻嘻哈哈，要小孩專心讀書，似乎也不太可能。

想要書讀得好、考運要好，找出文昌位，那只是屬於理氣的部分，主要還是要考慮分析巒頭的狀況，如書桌是否在房門動線上、是否有壓樑、在陽台外推處……等問題，這部分更為重要，畢竟要記得「七分巒頭，三分理氣」的大原則。此外家人的共同配合且一起學習，營造出溫馨的書香環境氛圍，也是至為關鍵，如成語：「書香傳家、書香門第、書香世家」，說的都是一個世代相承的讀書氛圍。

七、流年桃花位的佈局

若是想要找到好的交往對象，或有好人緣，可以在流年九紫火星的宮位佈局。在八運時，九紫火星是未來吉星，為桃花星，也是一顆喜慶星及愛情星，代表桃花人緣，能得貴人多助。如果想旺桃花，擁有好人緣，可在臥房流年九紫火星的方位，擺上紅顏色的花朵，如火鶴花、去刺紅玫瑰或粉紅玫瑰，以起到催旺桃花運的作用。

要注意的是，進行風水佈局時，也不能忽視對家中其他成員的影響。也許對你個人是有利的，但對於其他家人則是有害的，尤其在催桃花的佈局上更要注意。想找對象，要旺自己的桃花，就要到自己的房間佈局，而不是在客廳佈局，不然說不定就旺到家中其他成員的爛桃花。需將流年飛星的大太極，套到自己的房間內，依照流年九紫火星的方位佈局即可。若未與家人同住，只是自己一個人獨居的情形則無妨，在房宅中或房間內的流年九紫火星方位佈局均可。

除了在房間流年九紫火星的方位佈局外，可在床邊鋪上紅地毯，讓房間洋溢喜氣。床單及窗簾宜選用亮色系，空氣要能保持清新流通，才不會感到死氣沉沉。房間的牆壁上可以掛上花開富貴的畫作，或在牆角擺放鹽燈，增加氣場的動能與視覺上的溫暖度，床邊也可放粉晶以自我暗示，營造出好的氣場氛圍。

在九紫火星的方位佈局，除了可增旺自己的桃花姻緣外，也有助於自身的人際關係，人緣好則易得貴人相助，貴人的人脈廣，除了可以在事業上對我們有所提攜幫助外，也較有機會幫忙促成好姻緣。

除了居家環境磁場的調整外，再加上自我暗示，常保笑容，心情愉快，樂於助人且廣結善緣，謙和有禮且尊重他人，自然容易會遇到好的桃花姻緣，與得到貴人的賞識。最重要的是透過風水的調理，能認識到自己的長處與缺點，用心展現長處及改掉自身缺點，在各方面均有所提升後，自然才能吸引到和我們磁場相應的好桃花。這一點極為重要，千萬不要誤認為只要擺設風水物件，命運就能有所改變，若自身不願意調整提升，就算是有好的姻緣到來，也是無福消受。若不懂得謙和與尊重他人，也無法得到貴人的賞識，甚至連原本想要來幫助提拔我們的貴人，都可能會轉而變成扯我們後腿的小人。

八、2021 年的流年方位佈局

九宮飛星的流年飛泊每年不同，以九年為一個循環，因此流年方位的佈局，也是每年要做出相應的調整。

流年的交替，從立春開始計算，每年的立春，大約是在國曆的二月三日到五日之間，可參閱農民曆，或上網查詢。

譬如在 2020 年，是以七赤金星入中宮順飛飛泊，但到了 2021 年的立春之後，就要以六白金星入中宮順飛飛泊，來推算該年各宮的流年飛星。必須要根據新的飛星所飛入的宮位，做新的五行生剋調整。

為幫助讀者理解流年飛星，本節中僅分析流年飛星的佈局，未包含房宅座向及原本宅飛星盤中山向星組合的考量，也不考慮主要納氣口（大門口處或最大採光面落地窗拉門處）的宮位，及室內格局砂水的配置問題。重點僅是針對流年飛星的部分，提供一個基本簡單的思考方向，給讀者做參考，讀者需要自行斟酌使用。讀者必須結合本書第拾篇〈飛星佈局，五行開運〉的第五節〈如何在內格局中造砂造水〉去做整體的考量，才能做出更精確的佈局。

筆者必須先聲明，以實際且正確的做法而言，對房宅的整體判斷，必須要結合外巒頭砂水，及內格局的砂水配置，對宮位中的山星與向星的飛星組合進行分析，並考慮流年飛星加臨時，對原宮位山星與向星所產生的整體及交互的影響，才來做出綜合的分析判斷，並對流年飛星的吉凶及其五行屬性，做增旺或化洩的五行調整。因此，僅以流年飛星做為佈局的單一考量，這種方法只是一種方便法，主要是提供讀者思路，以方便做為入門的理解，讀者千萬不要誤認為這就是定法。但對風水初學者而言，若是說得太複雜深入，反而不利於現階段的學習，因此筆者將其簡化，讓讀者先有個概念，待通盤學習後，自能融會貫通，可以正確地靈活運用。

筆者先用以下例子，讓讀者初步瞭解不能僅憑流年飛星就進行佈局，如本篇第六節中所提到的八運艮山坤向，2019年流年八白星入中宮的例子，飛星盤如右圖：

坤 ↗

1 4 ⑦ 七	6 9 ③ 三	8 2 ⑤ 五
9 3 ⑥ 六	2 5 ⑧ 八	4 7 ① 一
5 8 ② 二	7 1 ④ 四	3 6 ⑨ 九

艮

2019年流年八白土星入中宮，流年八白土星雖然是旺星，但中宮的山向星的組合是25凶煞之星的組合，《紫白訣》云：「二五交加，罹死亡並生疾病」、「二主宅母多病，黑逢黃至出鰥夫」，《祕本》云：「二五交加必損主」，由於二黑、五黃星都屬土，因此也不可催旺流年八白土星，因為催旺了流年八白土星，同時也會鼓動激化山向星二黑、五黃星的土煞。因此，讀者要多加體悟，並能舉一反三，在催吉和化煞之間要有所取捨，「兩利相權取其重，兩害相權取其輕」。以上的例子就是簡單地說明，在分析飛星盤理氣吉凶時，必須對流年飛星與宮位中的山星與向星進行綜合分析，但現階段為了方便風水初學者的學習，筆者以下只是針對流年飛星的佈局做說明。

在洛書九宮方位中，為上南下北，左東右西，讀者只要用羅盤或指南針，量測出家中的相對應方位即可。

2021年的流年六白金星入中宮時，九宮流年飛星的飛泊如下圖：

2021年流年六白金星入中宮

東南巽宮－五黃土	南方離宮－一白水	西南坤宮－三碧木
東方震宮－四綠木	中　　宮－六白金	西方兌宮－八白土
東北艮宮－九紫火	北方坎宮－二黑土	西北乾宮－七赤金

在西方兌宮，可做催財及招財的佈局，以火象及土象物品，催旺當令八白土星的旺氣。在2021年宜把握此方位以催旺家居財運，動態物品的催旺效果會優於靜態物品，如鹽燈、不斷招手的瓷器招財貓等為土象動態物品。如果這個方位有門，在該年可盡量由此門出入，以催旺流年當令旺星之氣。

可用流水盆來增旺一白水星，記得水流要朝向屋內

不斷招手的動態招財貓

在東北方的艮宮，可以用木象及火象物品，催旺九紫火星的吉慶能量，如放置紅色地墊、紅色薰香燈或紅辣椒飾品……等物品。而在南方的離宮，可以做文昌位的佈局，可放置黑色地墊，及用黑色圓形水缸盛放清水，也可將造霧器放在水中以增加動能，營造出風生水起的動態感，來增旺一白水星，若用流水盆，記得水流方向要朝向屋內。

在北方坎宮及東南方巽宮的二黑、五黃方位，就要用金屬物品化煞，有些風水師會建議用六帝錢、銅鑼或銅鈴，亦可使用六個現代通行的銅幣，或其他金屬物品以做化解，可參照本篇第二節〈對流年凶煞飛星的化洩〉。

如果情況許可的話，不管是以房宅整體格局的「大太極」，或是以局部的「小太極」（如房間）而言，北方坎宮及東南方巽宮，在2021年時均不適合做為出入門，或擺放辦公桌、書桌、床鋪，但一切必須遵守「巒頭為主，理氣為輔」的原則。如果辦公桌或床鋪剛好位在房間的北方或東南方，只要進行化洩以化解煞氣即可，可以在辦公桌的北方或東南方，或床鋪的床頭板上，擺放六個現代銅幣或金屬物品以做化解，不需要做大幅度的搬動，或做出不合常理的擺設。

2021 年立春後到 2022 年的立春前，都是屬於 2021 年，在北方坎宮及東南方巽宮，要盡量保持安靜，因為煞方宜靜不宜動。不要裝修及動土，該宮位也不可以放置火象及土象物品，如鹽燈、紫水晶洞、黃水晶球、火爐、充電器……等物品。此外，也要避免擺放會發出震動聲響之物品，如電視機、風扇、冷氣、音響……等，這些會動、會發熱、有噪音的物件，都可能會催動煞氣。

在西南方坤宮的三碧「祿存星」，及西北方乾宮的七赤「破軍星」，雖然也是凶星，但相對沒有二黑、五黃星厲害凶險，不一定要處理。不然會形成到處都在佈局，反而會失焦，但若是這兩顆流年飛星，剛好是飛到主要納氣口的宮位，還是要進行化洩處理。

三碧「祿存星」又稱為「蚩尤星」，是一顆是非星。如果大門口為該房宅的主要納氣口，而三碧「祿存星」又剛好飛到此宮位，就容易產生家庭反目、夫妻不和、職場是非、犯小人……等爭端。因為三碧星屬木，木生火，需要以火象物品來洩木煞，可在大門口擺紅地墊化解。此外，也可以在玄關處擺放紅色物品、紅色掛畫、紅辣椒掛飾、紅燈罩的立燈，門口張貼紅色春聯或懸掛紅色中國結……等等。讀者可自行舉一反三，但務必要注意大原則，就是擺設以靜態物品為原則，因為煞方宜靜不宜動。

七赤「破軍星」主竊盜小人，如果流年七赤「破軍星」，飛至主要納氣口的宮位，就容易導致破財，如遭宵小入侵、官非、手術、投資失利、被騙……等等。五行中金生水，水可洩金煞。因此，可放一盆水或水象物品以做化解，如黑色的豬圖騰掛畫或工藝品、黑色或深藍色的地毯……等。用水盆的話，就不要用流水盆，因為流水盆是動態物品，會鼓動煞氣。

如果房宅是「旺山旺向」的旺宅，並與外在形巒相應，且外巒頭型態良好，只要催旺當令旺星，就能「一貴當權，諸凶懾服」，旺星可以壓制眾凶星。除非有必要，凶星也不一定需要化解，但一旦旺星退運，凶煞之象，就可能會開始逞凶擾亂了。

九、2022 年與 2023 年的流年方位佈局

到了 2022 年的流年五黃土星飛入中宮時，佈局必須有所調整，不能再和 2021 年相同，見下圖：

2022 年流年五黃土星入中宮

東南巽宮－四綠木	南方離宮－九紫火	西南坤宮－二黑土
東方震宮－三碧木	中　　宮－五黃土	西方兌宮－七赤金
東北艮宮－八白土	北方坎宮－一白水	西北乾宮－六白金

在東北方艮宮，可做催財及招財的佈局，以火象和土象物品，催旺當令八白土星的旺氣。如果這個方位有門，在該年可盡量由此門出入，以催旺流年當令旺星之氣。在南方離宮，可以用木象或火象物品，催旺九紫火星的吉慶能量。而在北方的坎宮，可以做文昌位的佈局。在西南方坤宮及中宮的二黑、五黃星，就要用金屬物品化煞。催吉與化煞物品及禁忌，請參照 2021 年的相關說明，不再贅述。2023 年流年四綠木星入中宮，順飛排出九宮如下圖，催吉與化煞物品及禁忌，按其宮位如上所述來操作。

2023 年流年四綠木星入中宮

東南巽宮－三碧木	南方離宮－八白土	西南坤宮－一白水
東方震宮－二黑土	中　　宮－四綠木	西方兌宮－六白金
東北艮宮－七赤金	北方坎宮－九紫火	西北乾宮－五黃土

十、九運流年方位的佈局原則

需要注意的是，在 2024 年－2043 年之間，即在 2024 年的立春後，開始進入九運，九紫火星開始當令。如果要催財，就要在九紫火星的方位做佈局，只能用木象或火象物品，以催旺當令九紫火星的旺氣，不能再用土象物品，因為火生土，土會洩掉火氣，會造成漏財。而一白水星的位置，為未來吉星的宮位，可用金象物品，如金屬獎盃、銅製器皿、白水晶球、白色金屬動態招財貓……等物品，或水象物品，如流水盆、黑色波浪形物品……等物品佈局。在九運時的流年一白水星的宮位，不但是可催財，也可佈局文昌位，是一個非常吉利的方位。至於二黑、五黃方，就要用金屬物品化煞。催吉與化煞物品及禁忌，請參照上述 2021 年的相關說明，不再贅述。

十一、流年三煞方

在風水上，有一個名詞稱為「流年三煞」，是指劫煞、災煞、歲煞。這些煞氣方位每年都會有所變動，不是固定的，但有固定的公式可循。如果住宅的大門口，位於該年「三煞」的方位，就是屬於犯到「流年三煞」，這種煞氣會導致家人容易有受傷或患病等較嚴重的問題。如果犯到三煞方，而且剛好又遇到流年二黑星、五黃星飛到該方位，或是該方位有動土的狀況，那就是雪上加霜，影響會更嚴重。

三煞方有動土的狀況，需要做化解

流年三煞方位：

猴、鼠、龍之年（地支申、子、辰年），三煞在南方；
虎、馬、狗之年（地支寅、午、戌年），三煞在北方；
豬、兔、羊之年（地支亥、卯、未年），三煞在西方；
蛇、雞、牛之年（地支巳、酉、丑年），三煞在東方。

簡易記憶法：以三合組合中間的地支方位記憶，猴、鼠、龍年，即地支年到了申、子、辰年，中間的子，也就是鼠，是位在十二地支方位中的北方，與北方對沖的方位為南方，因此南方就是鼠年的三煞方。猴、鼠、龍為三合，因此遇到猴年、鼠年、龍年這三個生肖年時，三煞方都在南方。

同理，第二個組合虎、馬、狗之年，只需看馬的地支方位，馬的地支方位在南方，因此在這三個生肖年中，北方就是三煞方，其餘兩組以此類推。

以猴、鼠、龍之年為例，「年三煞」的方位在南方，但如果家中的南方是牆壁，或平時很少使用到的空間，則問題不大。但如果房宅主要納氣口位於南方，就犯了「流年三煞」。需要對三煞方，進行祈福觀想淨化，加上平日淨化自身的心念，多行善事，累積福德，才能減輕這類生命中所面臨到的劫數。

此外，三煞方「可向不可坐」，如2020年為庚子年，而申、子、辰年的三煞方在南方，因此，只要是坐方在南方的房宅在該年修建，就犯了「年三煞」，如午山子向的坐方在南方，若在該年修建，就犯了「年三煞」。因此，在庚子年時，不能修建午山子向的房宅，或安午山子向的神位，或入宅午山子向的房宅，因為會犯「年三煞」的緣故。此外，在子年時，南方犯「年三煞」，而三煞方包含了巳、丙、午、丁、未為坐山的五山，即巳山亥向、丙山壬向、午山子向、丁山癸向、未山丑向等五個座向的房宅，涵蓋了部分東南方、整個南方和部分西南方的坐山。

除了「年三煞」之外，還有「月三煞」，「月三煞」的求法，和「年三煞」相同，如申、子、辰月，三煞方在南方，因此就算是該年的「年三煞」不在南方，但因為在申、子、辰月的「月三煞」在南方，若是在這些月份中，修造以巳、丙、午、丁、未五山為坐山的房宅，都是犯了「月三煞」。如果是以巳、丙、午、丁、未五山為坐山的房宅，在該年的申、子、辰月，即農曆七月、十一月、三月，不能修造、入宅或安這些坐山方位的神位，以避免犯到「月三煞」。

對於這些三煞方，主要是指修建房宅（修山）及修建房宅周圍（修方）時，或在該年的「年三煞」到了房宅的主要納氣口，才需要特別注意，但千萬不要無限上綱，如有人每天出門一定要看農民曆，確認今天三煞方在何處才出門，刻意不往煞方處走，或繞道而行，這就太過了。

不要學了風水之後，每天疑神疑鬼，不曉得今天又犯了哪個煞，整天提心吊膽的，自己嚇自己，這樣還不如不知道，生活過得比較快活自在。學風水的目的，是要幫助我們過更好的生活，就如同賺錢是為了改善生活，但不要變成錢的奴隸，成為守財奴。

我們要瞭解「心生法界」的道理，心可生出好的法界，也可生出不好的法界，人的心又極為容易執著，有一位八字老師問他的太太，想不想知道他們的孩子之中，將來誰的成就高？哪個孩子會比較孝順父母？他的太太很認真地思考了一會兒說，還是不要告訴她，因為她不想要知道以後，和孩子的相處上會有分別心，這是一位有智慧的母親，也確實是一個發人深省的例子。

對風水中的這些煞方，當然我們還是要盡量避免，但不要在心理上產生執著，而對生活產生很大的影響。如果要避免人生中的血光之災，可以去捐血助人；要避免破財，可以捐錢行善佈施，但最重要的還是在於心念上的純淨，做這些善行，是為了讓自己躲避劫難災殃，還是只是單純地想要幫助他人，而做無為的佈施，這二者的結果與境界猶如天壤之別。當然如果一開始是為了自己，但做到最後，也自然而然能夠無所欲求，這樣的心境提升也是令人讚賞。

十二、流年太歲方與歲破方

民俗上提到一個「太歲」的名詞，認為若在此處動土，會產生災難，因此才有「不要在太歲頭上動土」的說法。

以陽宅學而言，「太歲方」是每年變動的，位置位於每年地支的方位，譬如 2020 年是庚子年，庚是天干，子是地支，因此「太歲方」就是在子方，子方就是在北方。而「太歲可坐不可向」，即指在「太歲方」的方位，可以為坐山，但在「太歲方」正對面稱為「歲破方」的方位，則不可以為坐山。因為若以該方位為坐山，就會向著太歲方，而與太歲方相沖。以 2020 庚子年而言，「太歲方」在子方，「太歲方」的正對面，即為午方，因此不可修造坐午向子（午山子向）的房宅，會「犯歲破」。上一節已經提到申、子、辰年，三煞方在南方，三煞方「可向不可坐」，因此可以向三煞方，而不可坐三煞方，如果是修午山子向則犯「年三煞」。無論以「歲破方」或「年三煞」來看，在庚子年都是不能修午山子向的房宅，但這是分別以「歲破方」及「年三煞」所得出的結論，這一點讀者要分辨清楚。

如果在「歲破方」動土或修造的話，就是「犯歲破」，動土就是犯土煞。既然是犯土煞，就代表土的能量太過，就要用金來洩，因此可以在該「歲破方」，掛上銅鈴或金屬物品來化解，民俗上可用銅麒麟化解動土煞。

關於「太歲方」和「歲破方」的問題，不同的風水老師有不同的見解，有些風水老師強調「太歲方」的危害，所謂「不要在太歲頭上動土」，認為不可在「太歲方」動土、拆牆、裝修、挖掘、打樁，甚至不可釘釘子，不可在該方位潑灑髒水，或放置吵鬧音響及運動器材，要保持「太歲方」的平靜整潔，避免去觸犯太歲，此說法並無強調「歲破方」的危害。

但也有風水老師認為「歲破方」才是「犯太歲」，清朝張覺正先生的《陽宅愛眾篇》提到：「太歲坐本身地支，為眾煞之君，可坐不可向。與太歲相沖者，是歲破。修歲破，即為犯太歲。」如果在太歲對沖的位置，即在「歲破方」修建，稱為「修歲破」，就是「犯太歲」。如2021年為辛丑年，立丑山未向，建宅修墳是「坐太歲」。如果是立未山丑向，則是「向太歲」，此為「犯太歲」。可以「坐太歲」，但不可「向太歲」，此即「太歲可坐不可向」。

另外有些風水老師則強調，雖然太歲「可坐不可向」，但以太歲為坐山，也是有其條件限制，如太歲在旺宮則應吉，在衰宮則應凶，所謂「疊吉則吉，疊凶則凶」，綜合以上諸家所述，對風水初學者而言，仍以保守操作為宜，無論是「太歲方」還是「歲破方」，最好都不向、不坐、不動這些方位。

筆者用以下的圖表，以幫助讀者快速檢索「太歲方」、「歲破方」和「三煞方」。

與生肖年對應的太歲方、歲破方與三煞方的對照表

生肖年	太歲方	歲破方	三煞方
鼠年	子方	午方	南方
牛年	丑方	未方	東方
虎年	寅方	申方	北方
兔年	卯方	酉方	西方
龍年	辰方	戌方	南方
蛇年	巳方	亥方	東方
馬年	午方	子方	北方
羊年	未方	丑方	西方
猴年	申方	寅方	南方
雞年	酉方	卯方	東方
狗年	戌方	辰方	北方
豬年	亥方	巳方	西方

在2020年庚子年，午方（南方）為「歲破方」。

此外，該年的「三煞方」也出現在南方，而且流年飛星的二黑「病符星」也飛到南方。因此在2020年的南方出現了「複合型大煞」，若是此方位再動土的話，那真是流年不利，凶險萬分，必須要事先做好化解預防。在此方位除了需要以遮、擋、化、鬥、避等風水之法，及使用金象物品，如銅葫蘆、銅麒麟化解外，也需在該方位進行祈福觀想淨化，形成「結界」來保護家宅，平日也要用心淨化心念，多行善事，累積福德，將劫數大事化小，小事化無。

十三、流月飛星的推算與應用

在玄空飛星的計算中，除了要計算流年飛星，對飛星盤中山向星組合的影響外，有時為了要更精確地計算什麼時候會應吉或發凶，也會加入流月飛星的計算。雖然流日、流時也可

計算，但效力不大，較無實際的應用意義。

流月飛星的口訣如下：

「子午卯酉八白求，辰戌丑未五宮游，四孟之年從二黑，逆尋月份順宮流」。

這段話的白話就是，地支年遇到子午卯酉年時，流月飛星的計算，農曆正月就以流月八白星入中宮，其餘月份則逆推，如二月就以流月七赤星入中宮，以此類推。譬如2023年癸卯年，農曆正月就以流月八白星入中宮，再順飛飛泊，得出其他宮位的流月飛星。

如果遇到地支年是辰戌丑未年時，農曆正月就以流月五黃星入中宮，其餘月份則逆推，如二月就以流月四綠星入中宮，以此類推。譬如2021年辛丑年，農曆正月就以流月五黃星入中宮。

如果遇到地支年是寅申巳亥年時，農曆正月就以流月二黑星入中宮，其餘月份則逆推，如二月就以流月一白星入中宮，以此類推。譬如2022年壬寅年，農曆正月就以流月二黑星入中宮。

讀者要注意的是，流月的交替，是以農曆二十四「節氣」的「節」的那一天為交替日，而不是在每個月的農曆一號。筆者整理出以下表格，以幫助讀者理解。

計算流月飛星的目的，主要是和流年飛星搭配合參，探討飛星組合的吉凶。以2021年流年六白金星入中宮為例，如下圖：

2021年流年六白金星入中宮

五	一	三
四	六	八　兌宮
九	二	七

在2021年時，流年六白金星入中宮，流年八白土星為當令星飛到兌宮，如果住宅的大門是開在西方，原則上在2021年時會有好的財運，但若要更加精算的話，2021年是辛丑年，根據流月飛星的口訣：「辰戌丑未五宮游」，地支年為丑年，農曆正月就以流月五黃星入中宮，以下筆者表列「2021年農曆辛丑年流月飛星入中宮對照表」，以此來分析流年飛星與流月飛星的組合狀況。

流月飛星入中宮對照表

農曆月份	節 (流月交替日)	氣	子午卯酉年	辰戌丑未年	寅申巳亥年
正月	立春	雨水	八白	五黃	二黑
二月	驚蟄	春分	七赤	四綠	一白
三月	清明	穀雨	六白	三碧	九紫
四月	立夏	小滿	五黃	二黑	八白
五月	芒種	夏至	四綠	一白	七赤
六月	小暑	大暑	三碧	九紫	六白
七月	立秋	處暑	二黑	八白	五黃
八月	白露	秋分	一白	七赤	四綠
九月	寒露	霜降	九紫	六白	三碧
十月	立冬	小雪	八白	五黃	二黑
十一月	大雪	冬至	七赤	四綠	一白
十二月	小寒	大寒	六白	三碧	九紫

2021年農曆辛丑年流月飛星入中宮對照表

月份	正月	二月	三月	四月	五月	六月	七月	八月	九月	十月	十一月	十二月
飛星	五黃	四綠	三碧	二黑	一白	九紫	八白	七赤	六白	五黃	四綠	三碧

因為當令旺星為八白土星，流月飛星的五行以能生入、比和流年飛星為吉。因此82、

88、89為佳，五黃星雖然屬土，但《紫白訣》提到：「正煞為五黃，不拘臨方到間，人口常損」，因此不用。

在農曆六月份，流月九紫火星入中宮，流月二黑土星飛到兌宮，與流年八白土星形成82組合，為比和。見下圖：

五	一	三
四	六－9	八－2
九	二	七－1

在農曆八月份，流月七赤金星入中宮，流月九紫火星飛到兌宮，與流年八白土星形成89組合，為生入。《紫白訣》云：「八白逢紫曜，婚喜重來」，寓意甚好。見下圖：

五	一	三
四	六－7	八－9
九	二	七－8

在農曆九月份，流月六白金星入中宮，流月八白土星飛到兌宮，與流年八白土星形成88組合，為比和。見下圖：

五	一	三
四	六－6	八－8
九	二	七－7

因此，在2021年中，這三個月的財運會相對較佳。此外，由於我剋者為財，若是流月一白水星飛到兌宮，形成81的組合，財運亦佳。

相反地，如果要得知在哪些月份財運會較差，則可以找流月飛星的五行為生出及剋入流年飛星的月份。以此例而言，流年飛星8到兌宮，若是兌宮的流月飛星為6或7，為生出，即土生金，但目前8當運，6亦為「三吉之輔」，因此問題不大，86的組合，《紫白訣》提到：「八六文士參軍，或則異途擢用」。而87的組合為陰陽相配，《玄機賦》云：「金居艮位，烏府求名」。這兩個飛星組合寓意尚佳，沒多大問題。

但在農曆四月份時，流月二黑土星入中宮，流月四綠木星飛到兌宮，在兌宮流年飛星和流月飛星的組合為84，如下圖：

五	一	三
四	六－2	八－4
九	二	七－3

而在農曆五月份時，流月一白水星入中宮，流月三碧木星飛到兌宮，在兌宮流年飛星和流月飛星的組合為83，如下圖：

五	一	三
四	六－1	八－3
九	二	七－2

以五行關係而言，四綠星和三碧星為木，八白為土，為剋入。在這兩個月中，有可能會因為小孩生病而破財，五月份的狀況會比四月份更為嚴重，《紫白訣》云：「四綠固號文昌，然八會四而小口殞生，三八之逢更惡」。大人也可能會因為意外傷害而破財，《玄機賦》提到：「艮非宜也，筋傷股折」。因此，在這兩個月中的財運相對會不佳，且易有意外血光之事發生。

以上的分析，僅就理氣的流年飛星與流月飛星的組合關係，用簡化的方式，提供讀者一個思路，在實際的運用上，也必須要考慮到原本宮位山向星的飛星組合與寓意，及考量外巒頭的美惡狀況。如《紫白訣》提到：「七赤為先天火數，九紫為後天火星。旺宮單遇，動始為殃；煞處重逢，靜亦肆虐。或為廉貞疊至，或為都天加臨，即有動靜之分，均有火災之患。」說明79的飛星組合，是先天火數加上後天火星，已經有火災的隱患，如果「廉貞疊至」，即流年五黃星再加上流月五黃星，都飛到這個宮位，則發生火災的機率會大增。因此在推算及解釋上，即79或97組合的宮位上，若是在該年又遇上流年五黃星加臨，那個宮位發生火災的機率就會非常大，而最有可能發生火災的月份，就是當流月五黃星也正好落在這個宮位時，就應了「廉貞疊至」了，如果這個宮位是廚房的位置，那應驗的機率就更大了。

筆者再舉34飛星組合的宮位為例，這個飛星組合原本的寓意已經不佳，《飛星賦》云：「同來震巽，昧事無常」，震為三碧木星，巽為四綠木星，說的是當目前三碧星和四綠星都不當運時，34的飛星組合會導致住在該宮位的人，行事顛倒錯亂，悖於常理。如果遇到流年七赤金星的加臨，山星3加上流年飛星7的組合，會變成《飛星賦》提到的：「乙辛兮家室分離」，乙在震宮中，震宮為3；辛在兌宮中，兌宮為7。37的組合在目前都是失運的狀況下，會造成家室分離，夫妻離婚。而向星4加上流年飛星7的組合，會變成《飛星賦》提到的：「辰酉兮閨幃不睦」。辰在巽宮為4，酉在兌宮為7，巽為長女，兌為少女。47的組合在目前都是失運的狀況下，會造成姊妹不睦，妯娌失和，因為向星遭剋的緣故，不和的原因和金錢糾紛有關。因此有可能在流年七赤金星飛入34飛星組合的宮位時，太太因為和妯娌有金錢上的糾紛，鬧得家中雞飛狗跳，導致夫妻爭吵不休而離異。如果是在主要納氣口或自己的臥室門口有此飛星組合，再加上外巒頭破碎醜惡，就會應驗。

而如何推算在哪些月份會發生嚴重的爭執，則要分析流年飛星和流月飛星的組合。當流月飛星為3、6、7飛入該宮位時，情況會更嚴重。當流月飛星3飛入該宮位時，《飛星賦》提到：「須識七剛三毅，剛毅者制則生殃」，三為三碧木星，屬木；七為七赤金星，屬金。金剋木，為剋出。三為「蚩尤星」，為殺星，不喜受剋制，越剋越凶。因此當流月飛星3飛入，而遭流年飛星7所剋時，此種剋應會導致彼此的爭端衝突更大。

而該宮位如果遇到流月六白金星加臨，流月六白金星會與流年七赤金星形成「交劍煞」，會造成家中成員每天唇槍舌劍，明爭暗鬥，爭鋒相對。

而該宮位如果遇到流月七赤金星加臨，七赤金星交疊比和，會增旺流年七赤金星，七赤金星為「破軍星」，為殺星，更加強了原本「乙辛兮家室分離」、「辰酉兮閨幃不睦」的剋應。

以上的這些例子，主要是提供讀者一個如何結合流年飛星與流月飛星的應用，及推算何月會應吉與發凶的思路。讀者熟悉之後，多加體悟，自可舉一反三。

拾

飛星佈局，五行開運

拾 飛星佈局，五行開運

一、居家格局的飛星佈局

陽宅風水三要素：門、主、灶，是陽宅中三個最主要的佈局重點，以理想的狀況而言，要讓門、主、灶位於吉星宮位，而讓二黑、五黃星位於較不重要的空間，家中任何的重要區域都是不喜歡凶煞之星。以目前八運而言，要避免二黑「病符星」及五黃「正關煞」出現在這些重要的區域中，否則易影響家中成員的健康，及發生意外血光之災等憾事。此外，這三個主要的區域，也要避免位在「伏吟、反吟」的宮位。

接著要掌握住重點式的佈局，重點要放在催旺當令向星與下一元運的向星，及化解一級凶煞二黑、五黃星。其他的退運星，不用每個都去處理，除非是落在主要納氣口而產生煞氣的退運飛星組合，才需要處理。這樣子的佈局才有主軸重點，宅內磁場能量也才不會混亂。

（一）重點式的催吉與化煞佈局

以陽宅飛星風水佈局而言，若能將當令向星催旺至極致，就可以「一貴當權，諸凶懾服」。以目前在八運中，八白星、九紫星和一白星都是吉星，均可以透過催旺之法，來啟動激發它們的能量。當然，在這三顆吉星中，由於八白星在目前八運是當令旺星，因此力量最大，即是催吉的重點。八白星屬土，所以在八白星的位置，可以擺放土象物品來催財，比如陶製聚寶盆、黃水晶、紫砂壺、鹽燈……等，因為可以土土比和相生；也可以擺放火象物品，如紅地墊、紫水晶洞、火爐……等，因為火能生土的緣故。

而化解一級凶煞之星就是「擒賊先擒王」。這種重點式的催吉與化煞佈局，就如同中醫治病時要「抓主症」的治療原則一樣，患者就診時，可能同時有好幾種不同的症狀，但醫者要找出患者的主要症狀，依此判斷出疾病的證型，才不會被其他症狀混淆而失去治療重點。

值得注意的是，由於催旺當令向星及下一元運向星的宮位，採用動態物品的能量，效果會優於僅擺設靜態的物品，因此要注意家中物品的擺放及使用，如在吉方使用動態物品，會催旺吉氣；但另一方面，若在凶方使用動態物品，則會催旺煞氣，因為煞方宜靜不宜動。如流水盆、泡腳機、噴霧加溼器、跑步機、電動按摩椅、電動按摩床、不斷招手的動態招財貓、時鐘、音響喇叭……等物品，都會產生震動聲響，因此都能催動氣場，這些動態物品位在吉方會催旺吉氣，位在凶方則會催動凶氣，不可不慎。

當房宅「一貴當權」時，因為家中是旺宅，這些物品怎麼擺放及使用可能都沒事；但當家中外巒頭、內格局和理氣格局都不佳，或旺宅的理氣退運時，能量的催動，就可能會導致凶禍，需要更加謹慎注意。譬如催動23組合的「鬥牛煞」，或67組合的「交劍煞」，會產生家人不和睦，互相爭鬥，而催動25的組合，則會產生損害健康的問題。

（二）內格局與飛星組合的理想配對

調理風水的原則就是趨吉避凶，讓居家格局中重要的區域，包括主要納氣口（大門口處或最大採光面落地窗拉門處）、主臥室及廚房（灶位），位在當運得令的飛星組合上。而讓一些凶煞的飛星組合，落在較不重要的區域，如儲藏室、娛樂室、客房、車庫、浴廁。但除非是蓋房前，事先經過專業風水師與室內設計師的共同規劃，不然通常很難達到這樣理想的設計。而且就算是室內格局規劃恰當，但理氣是否能和外巒頭的砂水配合得當，這又是另一個問題。接著還要考慮在當元運也許能夠興旺，但在下一個元運到來時，是否也能保持興旺，至少也要不發凶，這也是必須考慮的，因為也不希望在下一個元運開始時，就凶象立現。

雖然看起來不容易達到一個十全十美的規劃設計，但如果讀者能按照本書所教導的內容去操作佈局，深入地去認識飛星組合與斷語的意義，就能夠在目前的居家環境中，做到最大程度的趨吉避凶。該吉的地方就算不能大吉，至少也要能做到不凶。

1. 主要納氣口的飛星組合：

主要納氣口的向星，最理想的是當令旺星或未來吉星，以目前八運而言，主要納氣口的最佳向星為8和9，會有較好的財運，盡量避免是2、3、4、5、7的向星。此外，前文已提及主要納氣口為動方，要看向星，要避免位在向星「伏吟、反吟」的宮位。

2. 主臥室的飛星組合：

主臥室的飛星組合含意，主要就是要讓婚姻美滿恩愛，要避免有爭執吵鬧，不利夫妻感情，或不利健康的飛星組合。如避免23或32飛星組合的「鬥牛煞」，及67飛星組合的「交劍煞」，這些飛星組合都代表夫妻會爭執吵鬧不休。而37的組合則有可能會造成夫妻離異，如《飛星賦》提到的：「乙辛兮家室分離」，37的組合在目前都是失運的狀況下，會造成家室分離，夫妻離婚。又如46的組合，也暗喻著妻子會罹患重病或死亡，如《玄機賦》提到：「木見戌朝，莊生難免鼓盆之嘆！」此外，夫妻房的飛星組合，最好是能陰陽相配，尤其是想懷孕生子的夫妻，更不宜住在純陰或純陽飛星組合的房間，因為孤陰不生、獨陽不長的緣故。也要避免飛星之間的相剋，如12飛星組合的土剋水，23組合的木剋土……等。此外，前文已提及主臥室為靜方，要看山星，要避免位在山星「伏吟、反吟」的宮位。

3. 廚房的飛星組合：

廚房是守護家人健康的重要區域，尤其是灶位的區域，即現代瓦斯爐的位置，很忌諱出現任何不利健康，或有失火隱患含意的飛星組合。如25的組合，有疾病或死亡的含意，《紫白訣》云：「二五交加，罹死亡並生疾病」。而24的組合，除了代表婆媳不和或長女與母親不和外，也代表傷到脾胃消化系統。如《玄機賦》提到：「風行地上，決定傷脾」。95的組合再加上流年飛星7的加臨，可能會導致食物中毒，如《飛星賦》云：「紫黃毒藥，鄰宮兌口休嘗」。又如27、79的組合，有火災的可能，因為27為先天火數，9為後天火星。如《紫白訣》提到：「七赤為先天火數，九紫為後天火星」、「九七合轍，常遭回祿之災」，以上的這些飛星組合，必須盡量避免出現在廚房中。此外，前文已提及廚房為動方，要看向星，要避免位在向星「伏吟、反吟」的宮位。

4. 子女臥室或書房的飛星組合：

子女臥室或書房的重要性，雖然不及門、主、灶，但卻是許多為人父母者關心的重點。希望子女臥室及書房的理氣良好，能使子女聰明，學習成績良好。在目前八運時，93的飛星組合是極佳的考量，《玄空祕旨》云：「木見火而生聰明奇士」，而39的組合則代表孩子有生意頭腦，因為9在向星，主財運。如果想通過公職考試，87的飛星組合是很好的選擇，《玄機賦》云：「金居艮位，烏府求名」。98也是很好的組合，《玄機賦》提到：「輔臨丁丙，位列朝班」。如果到了2024年九運後，14的組合也非常好，《玄機賦》提到：「木入坎宮，鳳池身貴」，以上均為陰陽相配的飛星組合。

之前提到《玄空祕旨》所言：「木見火而生聰明奇士」，雖然也可以是94或49的組合，但為陰陰配，較不理想。《玄空祕旨》云：「陰神滿地成群」，《玄機賦》云：「巽陰就離，風散則火易熄」、「離共巽而暫合」，巽為4，離為9，為陰陰相配的組合，陰陰相配的效果短暫，遠不如93或39的陰陽相配的組合理想，如《玄機賦》提到：「震陽生火，雷奮而火尤明」，震雷為3，離火為9，震雷振奮鼓動，使離火更加光耀明亮。飛星組合雖然較喜歡陰陽相配，但由於1、6、8三顆星為「三吉之輔」，因此這三顆星雖為陽星的組合，也會有不錯的結果。如68或86的組合，《紫白訣》提到：「六八武科發跡，否亦韜略榮身；八六文士參軍，或則異途擢用」，都能文武雙全，或因其他專長而得到提拔晉升。16的組合也很好，《玄空祕旨》云：「虛聯奎壁，啟八代之文章」，代表會有很好的文采。以廣義而言，以上這些飛星組合的宮位，在八運時都可以視為「文昌位」。

值得注意的是，若是八運後，子女房不能設在83或84組合的宮位，會不利子女的健康，尤其是三歲以下的幼兒，更為凶險。《紫白訣》云：「四綠固號文昌，然八會四而小口殞生，三八之逢更惡」。

5. 浴廁的飛星組合：

浴廁位置的飛星組合，最好是二黑、五黃等凶煞之星。因為浴廁是排泄汙穢的地方，也代表把凶煞飛星的凶象排出宅外之意。不能把浴廁設置在當令向星和山星處，浴廁在當令向星處，代表會破財；浴廁在當令山星處，則代表不利人丁，新婚夫婦會不易生育，或有流產之虞；或是不利家人健康，人丁不聚。如果廁所位於家中的文昌位宮位，稱為「汙穢文昌」，則不利於讀書學習、考運及升遷運。

二、調理不吉的飛星組合

在調理不吉的飛星組合上，要將相剋的飛星組合，變成可以通關的相生組合，或用洩法來洩掉煞氣。在調理凶星時，不使用剋法，以免越剋越凶。需要注意的是論斷吉凶時，主要是取決於飛星的當令不當令，同一組飛星組合，以理氣而言，當令時要以吉來論，退運失令時要以凶來論，這是「憑星斷事」的關鍵祕訣。

另外要知道的是，不是不吉的飛星組合就一定會發凶，如果家中的理氣格局，目前是「旺山旺向」的旺宅，且與外巒頭砂水相應，因為「一貴當權，諸凶懾服」的緣故，不佳的飛星組合，在這當運期間基本上不發凶，因為被旺氣壓制住。但當旺宅已經退運，如八運的旺宅，到了九運就會退運，這些不吉的飛星組合，就可能開始發凶。

如果理氣雖然不佳，但內外格局良好，屋外山巒秀美，水質清澈，沒有天斬煞、壁刀、剪刀煞或尖角沖射一類的煞氣，也不一定會發凶。

只有壞巒頭加上壞理氣才會發凶，必須要做化解。如果壞巒頭加上壞理氣，又遇到「歲破方」、「三煞方」加臨，該方再動土，那真是凶險異常，必須立即做化解。如2020年庚子年，如果房宅的主要納氣口位於南方，且飛星組合不佳，流年二黑「病符星」也在該年飛至南方，「歲破方」、「三煞方」也都位在南方，如此重大複合型煞氣大軍壓境，如果再遇到南方動土，那真的是凶險異常，恐會有重大事故發生，必須要以如臨大敵的心態謹慎應對，千萬不可輕忽。

需要調理不吉的飛星組合位置，通常是家中較重要的地點，如主要的納氣口（大門口處或最大的採光面落地窗拉門處）、主臥室、廚房（灶位）。如果在較不重要的區域，如娛樂室、儲藏室、客房，就不一定需要處理。處理的方法，有洩法及相生通關法，以下就介紹如何運用。

1. **洩法：**

《紫白訣》云：「交劍煞興多劫掠」，「交劍煞」是指67同宮，即六白金星和七赤金星的飛星組合。金氣殺伐之氣過旺，要以水洩之，因為五行中，金生水，以「實則洩其子」的方式，用水來洩金煞。可以擺放水缸，以水來洩金之氣，有風水老師是採用肥皂水，但必須要保持水的乾淨，也可以用黑色物品或豬鼠圖騰工藝品以做化解。讀者要注意的是，由於「交劍煞」是煞氣，煞方宜靜不宜動，因此只能用靜水，不能用流水盆、噴水池一類的動水，以免鼓動煞氣。

再舉一個例子，《紫白訣》云：「二五交加，罹死亡並生疾病」，二黑土星和五黃土星都是土煞，土生金，以金洩過量的土煞，因此可用六帝錢、六個銅幣、銅鑼、金屬物品來化解。

2. **相生通關法：**

所謂「相生通關法」，是指在宮位飛星組合上，原本有五行相剋的狀況，但加入了另一個五行的元素後，可以轉變為相生的格局。《紫白訣》云：「鬥牛煞起惹官刑」，「鬥牛煞」為23或32的組合，2為坤土，3為震木，木會剋土，這也代表長子與母親不和。如果是臥房門口有「鬥牛煞」23或32的飛星組合，可以在臥房門口處加入火的元素，如擺放紫水晶洞或紅辣椒飾品，因為在五行中木生火，火又生土，就形成了相生的格局。當然房間還是有房間的理氣，化解只是將問題降低減少，如果可以的話，還是搬到理氣較好的房間，把這間有「門牛煞」理氣的房間，當成是儲物間或客房使用。

再舉一個例子，如果房門口是37的組合，《紫白訣》云：「三遇七臨生病，那知病癒遭官」，37的組合，3為木，7為金，金剋木，以山星而言為「剋入」，山星被剋，就容易會生病或遭遇官非，或有意外血光之災，要用水來通關以做化解。可以用水象物品，如波浪形、黑色水盆等物品以做化解。以水通關，形成金生水，水生木的相生格局。

黑色圓盤的圓形屬金，黑色屬水，有金生水之意，可做為金剋木的通關物

再舉一個例子說明，如果房門口是97的組合，《紫白訣》云：「九七合轍，常遭回祿之災」，七是先天火數，九為後天火星，因此97同宮，會容易發生火災。七在後天洛書屬兌，為金，因此97是火剋金的格局。我們可以用土來通關，形成火生土，土生金的相生關係，可以擺放一些土象物品，如茶壺、陶器……等。

茶壺是土象物，也有福的寓意，可做為火剋金的通關物

此外，《玄機賦》中提到：「火照天門，必當吐血」，火為9，天門為乾，數字為6，五行為金，這是69的組合，也是火剋金的組合，一樣要用土來通關。

要注意的是，對於不吉的飛星相剋組合，通關物要使用靜態物品以化解，因為煞方宜靜不宜動。

三、調理房宅缺角與凸角的問題

房宅的設計，最好是設計為方形或是長方形，才不會形成缺角房或凸角房，而對家中成員產生不良的影響。缺角房就容易缺東缺西，氣場也容易不平衡，如鋸齒狀的房宅，容易造成口舌是非，夫妻不同心。

讀者可先從以下的表格，對於何種方位對應家中相應的成員，會有什麼影響，先有個初步的概念，之後筆者會提出在哪個方位有缺角或凸角的對應之法。

八卦方位與家中成員及對應臟器檢索表

方位	卦位	陰陽	五行	家中成員	對應臟器
西北	乾	陽	金	父親	肺、喉嚨、鼻、頭、大腸
西南	坤	陰	土	母親	腹、脾胃
東方	震	陽	木	長男	肝、足、神經系統
北方	坎	陽	水	中男	腎、膀胱、耳朵
東北	艮	陽	土	少男	脾胃、手
東南	巽	陰	木	長女	膽、大腿
南方	離	陰	火	中女	心臟、血液、眼睛、頭
西方	兌	陰	金	少女	肺、口腔、喉嚨、鼻

東南－4 (巽卦、長女)	南方－9 (離卦、中女)	西南－2 (坤卦、母親)
東方－3 (震卦、長男)	中宮－5	西方－7 (兌卦、少女)
東北－8 (艮卦、少男)	北方－1 (坎卦、中男)	西北－6 (乾卦、父親)

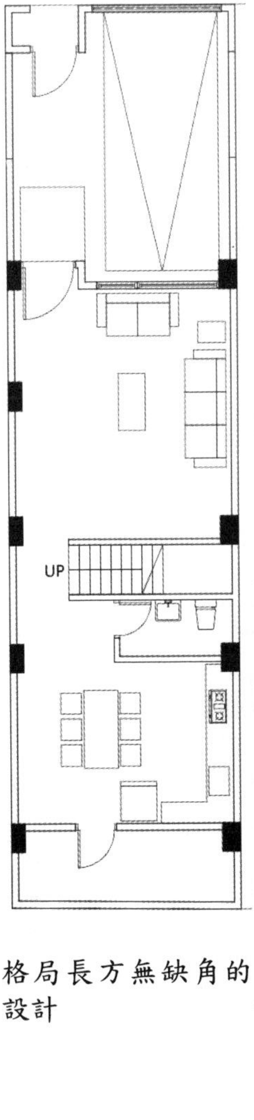

格局長方無缺角的設計

缺角房和凸角房對家中成員的影響意義不同，簡單地說，缺角是代表欠缺不足，凸角則是代表過度，不管是在對應人員的健康或人格特質上，都會產生影響。先將房宅的平面圖，畫成均等的九宮格，不去管陽台、花台的部分，再來察看哪個宮位有缺角或凸角。

如果是小缺角或小凸角，影響不大，不用視為缺角房或凸角房。但若是缺角或凸角的範圍較大，除了會影響住在該宮位的人員外，也會影響到與該宮位所對應的家中成員。如西北方乾宮缺角，不但會影響到住在該宮位的人員，也會影響到家中的父親，因為乾宮對應的是父親。

譬如在西方兌宮缺角的話，察看以上表格，西方兌宮是對應到家中最小的女兒，尤其是指十五歲以下的女性。在這缺角房的影響之下，就容易有咽喉疾病、肺病、肺氣虛等問題。

若東方震宮缺角，則容易會影響到家中長男，特別是三十一歲到四十五歲的男性，容易會有肝膽氣血不足、神經系統或缺乏決斷力等問題。

家中房份的劃分，男生歸男生，女生歸女生，譬如家中有五個孩子，排行是男、女、女、男、男，排行的順序要計算為長男、長女、次女(中女)、次男(中男)、少男，以此去代入家中相關的宮位。若胎兒流產的話，如果已經知道胎兒的性別，也要納入計算，譬如第一胎流產，若已經知道胎兒是女生，就要計算為長女的房份。如果不知道的話，譬如僅懷孕幾週就流產了，則以長子計。以此法理解推論的話，若委託人家中震宮有嚴重的缺角，需確認女主人之前第一胎有無流產史，當然在詢問時要相當謹慎，以避免引起不必要的麻煩。

一般而言，缺角房所對應的家中成員，除了身體所對應的臟器較虛弱外，也代表容易往外跑，不喜歡待在家。

沒有待在家的原因有很多，不一定就會發生什麼事故，但以現象面而言，家人就容易聚少離多。譬如乾宮有缺角，有可能先生需要長期在外地工作；震宮缺角，有可能長子出國讀書或移民；巽宮缺角，有可能長女出嫁。當然，也不能排除有疾病或事故的可能。

巽宮和震宮的缺角較大，分別影響到長女和長男。坤宮和兌宮雖有小缺角，但影響不大

若是凸角房的話，相對應的家中成員身體容易長增生物，如脂肪瘤或腫瘤，脾氣也會容易暴躁、孤傲，而導致人際關係不佳。

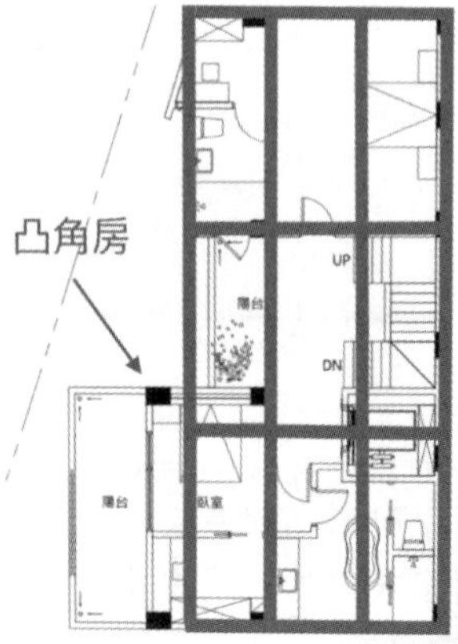

用中醫的觀點來看，缺角房和凸角房就是虛證和實證的問題，缺角房就是虛證，凸角房就是實證。中醫的理論提到：「虛則補其母，實則洩其子」，可以運用五行的相生系統來補虛洩實，補不足而損有餘。

在風水的實踐上，要將方位與五行結合以補虛洩實。舉例而言，東方震宮有缺角，東方屬木，在五行中什麼能生木呢？水能生木，可以用水來補木的不足，這就是「虛則補其母」的概念。可擺放與水象系列相關的材質、顏色、形狀之物，都能有所幫助，包括了含有水的材質，或黑色、深藍色及波浪形之物。把一系列同屬性的東西放在一起，這種做法稱為「同聲相應，同氣相求」。

如放魚缸、水生植物、黑色波浪形的擺設……等等，以水生木。或擺放大型盆栽，木也能旺木。也可以懸掛或擺上兔子的掛畫或圖騰物，因為兔子在十二地支裡屬卯，卯屬東方，東方屬木，木木相生，是一種「相比和」的增旺。要提醒讀者的是，有關擺放魚缸的部分，要先確認在該方位是否適合「擺水」，讀者可參閱本篇第五節〈如何在內格局中造砂造水〉。

而震宮若有凸角，就要思考這是木太過，而五行相生的關係中，木生火，火能洩木。可用火象物品，如火爐、小香爐或紅地毯、三角形之物，去洩過度的木氣。但三角形之物，運用時要小心，一般上還是少用，在風水上不太喜歡看見尖角之物。

此外，也可以用相剋的方式處理，東方屬木，木太過，以金剋木，在十二地支裡屬金的生肖是猴、雞，尤其是雞的方位在西方，屬正西方，剛好可用來對治正東方的問題。因此東方有凸角，可擺上雞的圖騰或銅雞擺件。

小香爐和三角形鼻煙壺為火象物品

以銅雞來對治東方凸角房

其他方位的缺角和凸角的處理方式，以五行生剋的對應以此類推。以下以箭頭標示五行相生及相剋的關係鏈。

五行相生關係：

木生火→火生土→土生金→金生水→水生木→木生火

五行相剋關係：

木剋土→土剋水→水剋火→火剋金→金剋木→木剋土

風水的調理佈局，其實就是五行相生相剋的道理，補不足而損有餘，把能量調平衡了，磁場就安定了。而且要把握「同聲相應，同氣相求」的原則，如什麼是屬於木系列相關材質、顏色、形狀、數目的物品，整合出一整個系列概念，常常運用，自可熟能生巧。

在實際的風水操作中，最重要的是考慮物品五行的材質，材質所產生的能量影響最大，然後才考慮物品的顏色、形狀、數目、意境及做工是否精良雅緻。

以下筆者製作了「五行屬性對照表」，讓讀者可以對照參考，善用五行生剋的損有餘而補不足。如木不足時，可用「虛則補其母」的補法，如以水生木，或同質性的物品比和增補，如以木補木。

若是太過，則用「實則洩其子」的洩法，如木太過，就用火去洩，因為木生火的緣故。或用金剋木的方式處理，其他五行的生剋補洩以此類推。

五行屬性對照表

五行	木	火	土	金	水
材質	原木、植栽	火爐、燭台	陶器、花瓶、茶壺	金屬製品、獎盃、銅器	流水盆、魚缸
顏色	綠色	紅色	黃色	白色	黑色
形狀	長方形	三角形	正方形	半圓形	波浪不規則形
數目	三或八	二或七	五或十	四或九	一或六
方位	東、東南	南	西南、東北、中央	西、西北	北
生旺物(母)	水	木	火	土	金
洩氣物(子)	火	土	金	水	木
被剋物	金	水	木	火	土
增強力量生肖圖騰	兔	馬	牛、龍 羊、狗	猴、雞	豬、鼠
削弱力量生肖圖騰	1.猴、雞 －被剋物 2.馬 －洩氣物	1.豬、鼠 －被剋物 2.牛、龍、羊、狗 －洩氣物	1.兔 －被剋物 2.猴、雞 －洩氣物	1.馬 －被剋物 2.豬、鼠 －洩氣物	1.牛、龍 羊、狗 －被剋物 2.兔 －洩氣物

五行與生肖的對應

五行	對應十二生肖
木	虎、兔
火	蛇、馬
土	牛、龍、羊、狗
金	猴、雞
水	豬、鼠

在運用十二生肖的圖騰物去做能量增減時，要注意的重點是物品材質，譬如要增強西方的能量，擺放銅製的雞，會比擺放原木材質的雞效果好，因為銅屬金，金屬西方。

讀者也要注意到物品寓意的問題，雖然老虎的生肖五行屬木，蛇的生肖五行屬火，但除非是有特殊的原因，家中盡量避免擺設老虎、蛇這類猛獸毒物的畫作或工藝品，因其寓意不佳。居家陽宅的佈局及擺設以和諧為主，若擺設物品充滿殺伐的戾氣，容易導致意外血光之災。要補木的能量，放木製的兔子即可，要補火的能量，擺原木紅色系的馬即可，因為很難找到用火做的馬，因此以木生火的五行運用，也可以用木製的。

此外，雖然猴和雞的生肖五行均屬金，都可以剋木，皆可以調理東方的凸角問題，但雞在十二地支的方位中屬於西方，正好與東方對沖，因此剋制東方凸角的力量，會比屬西南方的猴力量大；但在調理東北方凸角的問題上，猴在十二地支的方位中屬於西南方，正好與東北方對沖，因此剋制東北方凸角的力量，會比屬西方的雞力量大。

同理，鼠和豬的五行均屬水，都可以剋火，皆可以調理南方的凸角問題，但鼠在十二地支的方位中屬於北方，正好與南方對沖，因此剋制南方凸角的力量，會比屬西北方的豬力量大；但在調理東南方凸角的問題上，豬在十二地支的方位中屬於西北方，正好與東南方對沖，因此剋制東南方凸角的力量，會比屬北方的鼠力量大，這點可做參考。

對於缺角房的判定，有風水老師認為將房宅畫成九宮格後，必須至少要有其中一宮完全缺掉，才能視為缺角房，如果不是如此，則不能視為缺角房，這個說法也提供給讀者做參考。以筆者的個人看法而言，認為房宅的小凸角和小缺角當然可以忽略不計，但若是凸角或缺角較大，就有其影響力，凸角或缺角越大，影響就越大。

四、如何運用五行開運

有風水老師提到「五行開運大法」，名字說得很響亮很吸引人，但其實說的就是利用增強方位所屬的五行力量，來加強方位磁場。

在上一節的內容中，筆者已經用了「五行屬性對照表」，來說明如何處理缺角房及凸角房的問題。在這一節中，會以房宅的八個方位，來說明如何加強該方位的能量，能量加強之後，運也就開了，這就是「五行開運大法」的實際意義。

以下圖表是洛書的八個方位，及對應的五行屬性及顏色，不用管屋宅座向，只要用羅盤或指南針量測出方位即可。

住宅的八個方位及五行相對應的顏色

東南巽位 (屬木-綠色)	南方離位 (屬火-紅色)	西南坤位 (屬土-黃色)
東方震位 (屬木-綠色)	中宮太極點 (屬土-黃色)	西方兌位 (屬金-白色)
東北艮位 (屬土-黃色)	北方坎位 (屬水-黑色)	西北乾位 (屬金-白色)

本節的論述，主要是以該方位能量出現不足，需要增補加強的前提下說明，當然如果在該處有凸角房的現象，又另當別論。

如果要增強該方位的能量，首先要瞭解該方位的五行屬性。以西北方和西方而言，西北方和西方在後天八卦中，分別屬於乾宮和兌宮，五行上屬金，對應的顏色為白色、銀灰色和金屬色，形狀為半圓形或圓形。

金不足，有兩法可用，一為「同聲相應，同氣相求」，金金比和相生，可用金屬之物或相應的顏色、形狀來增補開運。也可用「虛則補其母」的做法，以土生金，即中醫所說的「培土生金法」，以土象系列之材質、顏色、形狀的物品來開運，如陶製的聚寶盆或茶壺、黃色或咖啡色、正方形之物，都可以用來增加西北方和西方這兩個方位的能量。其他方位的增強能量開運大法，原則也是以此類推。

按五色相生排列的水晶蛋及黃色元寶，能增加土和金的能量

黃色大理石球及裝五色水晶瑪瑙的聚寶盆都屬土，土能生金

既然要增加能量，就要避免擺放洩氣之物，在五行關係中，金生水，水會洩金。因此，在西北方乾宮和西方兌宮上，不宜擺設水象物品，如水族箱、流水盆、黑色或深藍色、流線不規則形之物品。但仍需分析該宮位的山向星，是否可擺放水族箱或流水盆。

此外，也要避免相剋之物，以乾兌方位屬金而言，火剋金，火會剋制金的能量，讓原本已經不足的金，能量更加衰弱。因此，在該方位不可以擺設火象物品，忌紅色、三角形物品、火爐等物。

而在五行中，金雖然可以剋木，但在剋木的過程中，相對地也會耗損掉自身的能量。就像是斧頭雖然可以劈木材，但劈久了，斧頭也會缺角或鈍掉，因此在該方位也是要避免擺放木象物品，如綠色長方形物品、大型植栽……等等。

對洩掉金的力量而言，水（洩氣物）＞火（被剋物）＞木（剋物）。也就是如果要洩掉金的能量（如西方有凸角房），用屬於洩氣物的水象物品效果最好，其次是屬於被剋物的火象物品，最後才是屬於剋物的木象物品。

對其他五行的洩法，也是同樣運用洩氣物＞被剋物＞剋物的原則。

運用五行的補洩，就能調整能量的平衡，如東方缺角的問題，可以在東方的缺角處，室外擺放大型原木雕刻或原木桌椅，或種植植物及擺放大型植栽，以補木氣的不足。也可以擺放木雕的兔子工藝品，因為兔子在五行中屬木，屬東方。

在北方的缺角處，如果要放水的物品，如水缸、流水盆……等等，先透過飛星的組合來判斷這個區域是不是適合放水的物品，如果不適合放水的物品，可以用金象的物品來代替，因為金生水的緣故，如金屬雕塑，若能擺放銅雞工藝品則更佳，因為銅屬金，雞也屬金的緣故，或者是銅豬工藝品亦可，因為豬的五行為水的緣故。

有些風水老師，會建議用36枚五帝錢或銅幣，沿著缺角的部分擺放以提升地氣，或者是加裝戶外燈，每天24小時都要開燈投射在缺角區域上，去提升該區域的能量，能量提升了，當然運也就開了，若考慮電費的問題，可安裝LED燈較省電。

五、如何在內格局中造砂造水

風水上說：「高一寸為砂、低一寸為水」或「高一寸為山、低一寸為水」，意思相同，「砂」就是山丘的意思。以風水上而言，只要是比自身平面位置高的物體都可以視為砂，比自身平面位置低的都可以視為水。以樓層而言，如果居住在第十樓，則十樓及十樓以上都要視為砂，因為對面如果也是十樓，已經遮住了我的視線了。但九樓以下對我而言，是在我的平面以下，因此就要視為水。以煞氣的影響而言，要從陽台落地窗或大門、窗戶往室內走三步，再以雙眼平視向外去看，看得到的煞氣才算是煞氣，看不到的就無須處理。因此九樓以下的煞氣，對住十樓以上的人員已經沒什麼影響，千萬不要探頭出去找煞氣。風水上很重視在同平面上所看到的事物，稱為「平行受氣」，看得到的影響就大，看不到的影響就小，因為「眼不見為淨」。

外巒頭的砂，可以是指山巒、樓房、建築物、高大的樹木、高大的圍牆……等等；外巒頭的水，可以是指大海、河流、池塘、湖泊、游泳池、廣場、公園、道路……等等。此外，也可以透過人為的方式，在屋宅的範圍內造砂造水，如有些人會在屋宅的前方造水池，或在屋宅左前方，做一個小池塘的設計，或在宅前設計循環水泵的水龍頭造型，水流朝向屋內流動，或在屋宅的後方造一座假山……等等。但也要配合上合理的巒頭及理氣安排，如不能在門口造假山，不然反而會製造了一個「開門撞山」的煞氣。

當巒頭和理氣配合得不是太恰當時，如理氣上為「雙星會坐」的格局，但屋宅的後方卻只見山而不見水，稱為「旺丁宅」，即只旺丁而不旺財。我們也可以透過內格局物品的擺設在坐方造水，以提升財運。但我們必須知道，這只能說是在較差的基礎上做補強，因為已經受到外巒頭大環境的限制了。

而家中的砂水要怎麼界定呢？在家中的高櫃可以視為砂，屏風也可以視為砂，將高櫃或屏風適當地擺放，可以形成「格局財」，即L型的財位，高櫃包括書櫃、衣櫃、酒櫃、檔案櫃、展示櫃……等等。但櫃體不能是內嵌在牆壁中，如果是與牆壁合為一體的櫃體，要當作是牆壁來看，就不能當成是砂了。家中的大型電器，如電視、電冰箱、高大的盆栽植物都應視為砂。

若戶外虎邊高而龍邊低，可在陽台左側種植高大植物，利用植物向上生長的生命力去平衡氣場，這也是「造砂」的概念。在室內的龍邊，也可以放置高大書櫃，或在龍邊懸掛山巒的畫作，都是屬於在龍邊「造砂」的方法。若在坐山處應見砂而不應見水，也可懸掛僅有山巒而無水流、湖泊、海灣的畫作，這也是「造砂」的應用之法。

而家中什麼東西屬水呢？如魚缸、流水盆、水流湖泊的畫作都屬水。廚房的水是屬於「來水」，而廁所的水是屬於「去水」。此外，只要是屬於流動性的東西，都可以視為水，如大門、臥室門、窗戶、走道，這些區域都會有人員的走動或氣流的流動，因此皆可以視為水。室內的通路動線，就是水路，水路要通暢，不能受阻，如果通路受阻，堆滿雜物垃圾而氣機不暢，到處穢氣橫生，肯定會影響財運。

在室內如果要造水的話，最常使用的方法是擺放魚缸、流水盆風水球或懸掛水流湖泊的畫作，有些風水師會建議委託人在大門口擺放流水盆風水球，以引財氣入屋。記得流水盆和河流畫作的水流要往屋內流，才不會造成漏財。

以上是說明形象上的砂水概念，現在我們再來談理氣上的砂水觀念，風水上說：「山管人丁，水管財」，以理氣格局而言，指的是飛星盤上的山星和向星。說的是山星（坐星）和人丁的興旺、健康有關，而向星（水星）和財富有關，現在正值八運，即將進入九運，當令旺星及未來吉星，為8、9，但因八運到了2023年即將結束，因此我們可以把一白星一起納入考量。因此，在山星8、9、1飛到的宮位處，就會旺丁，有利健康；在向星8、9、1飛到的宮位處，就會旺財，當然還是要搭配巒頭，也就是內外格局來看。

重點是在山星為8、9、1吉星的宮位處，外巒頭要有秀麗的山巒或富麗堂皇的建築，這才是吉，如果不見山，反而見到水就不吉了，會造成「山上龍神下水」。反之，在向星為8、9、1吉星的宮位處，外巒頭要有清澈蜿蜒的河流、湖泊、泳池、廣場、公園……等等，這才是吉，如果不見水，反而見到山峰或高樓就不吉了，會造成「水裡龍神上山」。

若是在退運山星的宮位處，反以見到山為不吉，會增旺退運山星的煞氣，因此若能見到外在地勢低平或見到秀水則為「出煞」，反而為吉。同樣地，在退運向星的宮位處，反以見到水為不吉，會增旺退運向星的煞氣，若能見到秀麗的山峰或富麗堂皇的大樓則為「出煞」，反而為吉。在第柒篇的第十三節〈收山出煞〉中，已有詳細說明。

《青囊序》有一段話說：「山上龍神不下水，水裡龍神不上山」，目前當元的「山上龍神令星」山星8的宮位處，若見水而不見山，就犯了「山上龍神下了水」，會導致損人丁。

以八運理氣格局為「旺山旺向」的乾山巽向為例，飛星盤如下圖：

↖巽

1 ⑧ 七	5 3 三	3 1 五
2 9 六	9 7 八	7 5 一
6 4 二	4 2 四	⑧ 6 九

乾

西北方乾宮的坐山宮位，是目前當元的「山上龍神令星」山星8飛到，但這裡必須合乎「山上龍神不下水」的條件，即在這個方位要見到秀峰。如果在該方位沒有見到秀峰或樓房，反而是見到了海、河、湖泊、池塘、泳池……等等，便犯了「山上龍神下了水」，山上的龍神不管山，不務正業跑去管水，所導致的結果就是損人丁，因為「山管人丁，水管財」的緣故。損人丁泛指影響健康、血光之災，或各種原因而導致了家中人口減少。

同樣地，在巽宮處的向山宮位，是目前當元的「水裡龍神令星」，即當元令向星8飛到向山，但這裡也必須要合乎「水裡龍神不上山」的條件，即在這個方位要見到秀水。如果在該方位沒有見到秀水，反而見到高大山脈或高樓……等等，便犯了「水裡龍神上了山」，水裡的龍神不管水，不務正業跑去管山，所導致的結果就是破財，但也可能會損人丁。

因此，我們來分析居家佈局中，如何做出較理想的安排，讓該見山的地方見山，該見水的地方見水。

以八運的丑山未向屋宅為例，飛星盤如下圖：

未↗

3 6 七　巽宮	7 ① 三　離宮	5 ⑧ 五　坤宮
4 7 六　震宮	2 5 八　中宮	⑨ 3 一　兌宮
⑧ 2 二　艮宮	6 ⑨ 四　坎宮	① 4 九　乾宮

丑

這是在八運理氣上「旺山旺向」的旺宅，在坐山丑山宮位的山星是8，8是目前八運的當令星，因此，山星8在坐山的宮位，就是最好的位置，稱為「旺山」或「到山」，房宅後方必須要有秀美的山峰或富麗堂皇的樓房，才會合局，即該有山的地方要有山，如果外面沒有山的話，就不合局了。如果在坐山方位的外巒頭不見山，我們可以在山星為8、9、1的這三個宮位，擺設高櫃，進行室內「造砂」佈局來加以補強。這些宮位若見水而不見砂，則不利於家中人丁健康。

而在向山未向的宮位，向星是8，也是當元最旺的星，稱為「旺向」或「到向」，向星的方位，必須要能見到清澈乾淨的水，或是有開闊的明堂，才會合局，即該有水的地方要有水，且水的位置不能離屋宅太近，也不能離屋宅太遠，以能見到水光為大發。如果屋宅前方不見水，或明堂狹窄，就不合局。必須透過室內造水來加以補強，可以在室內西南方，擺放水象物品，當然擺放動態物品會比只擺放靜態物品為佳，譬如擺放流水盆、魚缸的效果，會優於僅懸掛湖泊的畫作，注意流水盆和掛畫的水流方向都要朝向屋內，否則會漏財。這些宮位若見砂而不見水，則不利於財運。

山星的8、9、1，分別是在艮宮、兌宮和乾宮，將臥室設在這三個宮位，就有旺丁的效果。

而向星的8、9、1，分別在坤宮、坎宮和離宮，向星8位於坤宮，大門設在坤宮，能納入當元旺氣，只要經常在此出入走動，就能催動旺氣及財氣，若在坎宮又有後門就更為加分。

此外，也要注意臥室不要位於山星是2或5的宮位內，而廚房不要位於向星是2或5的宮位內。

從另一個角度來看，我們也可以檢視每個宮位，應該是要「擺砂」還是要「擺水」，以兌宮而言，山星為9，向星為3，山星9是未來吉星，向星3是退運星，因此兌宮要擺砂，如擺放高櫃，這剛好有利於吉星的山星9「收山」，也有利於退運的向星3「出煞」。而以離宮而言，山星為7，向星為1，山星7是退運星，向星1是未來吉星，因此離宮要擺水，這剛好有利於吉星的向星1「收山」，也有利於退運的山星7「出煞」。而中宮25的組合是煞方，煞方宜靜不宜動，最好什麼都不放，或放些靜物，如矮櫃，不要放音響、電視……等會發出聲響之物，以免鼓動煞氣。而巽宮及震宮，這兩個宮位不喜砂也不喜水。以巽宮而言，因山星3和向星6都是退運星，如果擺砂，可讓退運的向星6「出煞」，但卻無法讓退運的山星3「出煞」，反而會增旺退運山星3的煞氣，而震宮的情況也是同樣如此。因此，這兩個宮位不喜砂也不喜水，只可放些植物，但植物的高度宜適中，不能太高或太低。

會產生動能的物品，如時鐘、跑步機……等，應放在吉方，而不能放在煞方，因為煞方宜靜不宜動。此外，這些會產生動能的物品應放在水方，而不是放在砂方，因為水方是屬於動方，因此能放可動的物品，砂方是屬於靜方，只適合放不能動的靜態物品。以上述八運丑山未向的屋宅為例，跑步機只能放在坤宮、坎宮和離宮。即會產生動能的物品，要放在適合放水的吉方。

我們也可以將上述八運的丑山未向屋宅飛星盤，做成下圖的砂水轉換配置圖對照，就能看得更加清楚。在每個宮位中，筆者會加以註明該宮位適合擺砂或擺水，也會提示該宮位適合做房間或其他用途，讀者可自行舉一反三，如廚房要在水方，跑步機要擺放在水方的吉方，而高櫃要擺在砂方……等等。

如果有好的外巒頭，再加上理氣上的「旺山旺向」，就算是室內的砂水擺設不當，問題也不大，因為「一貴當權，諸凶懾服」的緣故。但如果外巒頭和理氣配合已經不佳，或巒頭醜惡破碎，室內砂水的擺放，就要更加謹慎地佈局補救。

以同樣的原則，將此宅飛星盤套入房間的小太極，就可以知道擺設的原則，何處該為砂，何處該為水，可藉此規劃擺放高櫃、床鋪及開門方位。以上述八運丑山未向的屋宅飛星盤，做成下圖的臥房小太極砂水轉換配置圖對照，能更清楚地瞭解。

未↗

巽宮 擺放不高不低的植物	離宮擺水 可開門、開窗、做走道，或做衛浴設施	坤宮擺水 可開門、開窗、做走道
震宮 可擺放矮櫃	中宮煞方淨空 宜靜不宜動	兌宮和乾宮擺砂 可擺床 或擺高衣櫃
艮宮擺砂 可擺床或高衣櫃	坎宮擺水 可開門、開窗、做走道	

丑

未↗

巽宮 擺放不高不低的植物	離宮擺水 可放流水盆 或做衛浴設施	坤宮擺水 可開大門
震宮 擺放不高不低的植物	中宮煞方淨空 宜靜不宜動	兌宮擺砂 可當房間
艮宮擺砂 可當房間	坎宮擺水 可開後門	乾宮擺砂 可當房間

丑

床位是屬於靜位，也就屬於砂方，因此可以擺放在兌宮、乾宮或艮宮的位置。坤宮、坎宮和離宮適合擺水，因此可開門、開窗、做走道或衛浴設施，但衛浴設施不要在放在當令向星的位置上，以免破財。離宮的向星為1，是「遠生氣星」，將衛浴設施擺在離宮的位置，對財運的影響相對較小。此外，衛浴設備也可以考慮設在巽宮，巽宮的飛星組合為36，這是一個不喜歡砂也不喜歡水的宮位，因為山星3為退運星，要見水不見砂為吉；而向星6為退運星，要見砂不見水為吉。但相較而言，六白金星為三吉之輔，雖然退運亦不至於發凶，因此，在此宮位設置衛浴設施，雖然不利於向星6出煞，但還是一個可以考慮的宮位。當然，理論上雖是如此，但我們還是要把握以「巒頭為主，理氣為輔」的原則。內格局的擺設，要以合理性的擺設位置為前提考量。當然，如果能配合上理氣砂水的安排就更加理想了。

六、外巒頭與理氣的組合與吉凶評比

好的外巒頭再加上好的理氣，可遇不可求，這也牽涉到了個人的福報因緣。如果真的這麼幸運，遇到有好巒頭與好理氣的組合，固然可喜，但這個好巒頭將來是否會被破壞掉，這就難以保證了。以都市而言，常常可見到原本屋宅前方是好的巒頭，明堂開闊，但後來在屋宅前方建了一棟緊臨的高樓，或是興建了一座高架橋，讓原本好的外巒頭也變成了敗局。

以陰宅而言，找到一塊山明水秀的「龍真穴的」之地，配合上好的理氣方位，葬下祖先骸骨，後代子孫應該就能發達。當然，要找到這樣一塊風水寶地，過程相當艱辛，所以為什麼以前的風水先生常需要幾年不回家，跋山涉水，千里尋找龍穴。但以現今社會的實際狀況而言，就算好不容易找到一塊好地，也仍然存在著許多未知的不確定性及風險性。因為社會環境變化發展太快，原本認為不錯的風水寶地，可能在先人葬下不久後，附近的地理環境就開始產生很大的變化，如原本的秀麗案山或玄武靠山，可能因被開採砂石而造成山體遍體鱗傷，巒頭型態也變得醜惡破碎。也有可能在穴場後方突然興建了一座廟，或開了一條道路，或開了一間工廠，種種無法預期之事，而造成了巒頭被破壞，也敗了風水寶地的氣場格局。

而以現今的陽宅而言，受限制的狀況就更大了。除非自家有一塊好地，可以配合好的理氣方位來興建樓房。但往往人算不如天算，難以保證住宅前方及周圍會不會出現預想不到的煞氣，如在住宅前方蓋起了緊鄰的高樓或高架橋……等，當然這也是牽涉到個人的福報因緣。

因開採砂石而導致山體破碎醜陋

原則上懂風水的人，會盡可能地去選擇符合風水法則的房宅，但因為同時也要考慮到學區、生活機能及經濟上是否能負擔，因此所能找到的住宅，往往無法盡如人意。因此，當遇到外巒頭理氣不佳或有沖射煞氣時，就要透過風水上「遮、擋、化、閂、避」的化解法，來為自己的住宅形成如「結界」般的防護罩以做化解，盡可能地擋住外巒頭煞氣，眼不見為淨。而在內格局方面，也要配合理氣格局，透過室內造砂造水以補救，盡可能地做到「收山出煞」。

此外，家中也要盡量保持乾淨、明亮，將這些負面能量傷害降到最低，平日也要多積陰德，修心養性，畢竟「相宅如相人」、「人宅合一」，為什麼會住到這樣的房宅，和個人的福報因緣及心念磁場有關。

以下筆者略舉幾種外巒頭和理氣的排列組合，只是提供讀者一個思路，無法涵蓋所有的組合，讀者需自行舉一反三。只要我們能掌握以「巒頭為主，理氣為輔」、「七分巒頭，三分理氣」的原則，我們就可以瞭解房宅的吉凶，及如何因應化解。筆者也以滿分 100 分，來為這些房宅打分數，做為讀者的參考。這些外巒頭與理氣的組合及吉凶分數的評比，只是為了幫助讀者理解，所做的簡化概念性說明，讀者不可當作是定律。

外巒頭與理氣的組合與吉凶評比

1. 形象良好的巒頭（如圓潤飽滿的元寶山）＋巒頭位置適當（如屋宅後方玄武高起，且屋宅前方明堂開闊）＋「旺山旺向」的理氣格局，大吉。或「雙星會向」的理氣格局，宅前見水，水後有山，也是大吉，可得90分以上。
2. 形象良好的巒頭＋巒頭位置適當＋不是「旺山旺向」的理氣格局，但理氣格局中有「合十局」，得80分。
3. 形象良好的巒頭＋宅前高起而宅後低平的巒頭組合＋「上山下水」的理氣格局＋「父母三般卦」、「連珠三般卦」的理氣格局，得70分。
4. 形象良好的巒頭＋宅前高起而宅後低平的巒頭組合＋「上山下水」的理氣格局，得60分。
5. 形象良好的巒頭＋宅前高起而宅後低平的巒頭組合＋不是「上山下水」的理氣格局，凶，得50分。
6. 形象醜惡的壞巒頭，如山形破碎、尖角沖射……等等＋「旺山旺向」的理氣格局，凶，得40分。

7. 壞巒頭＋壞理氣，大凶，得30分。

七、遮、擋、化、鬥、避的化解法

筆者在上一節提到，遇到外巒頭不佳或有沖射煞氣時，就要透過「遮、擋、化、鬥、避」等化解之法，來為自己的住宅形成如「結界」般地加以保護，能遮的遮，能擋的擋，有辦法化掉的就化掉，或用鬥法制衡，在無計可施時，最後就只能躲避了。若是室內格局不佳時，也可以選擇以上適當的方法化解。

但在什麼情況下要用什麼方法呢？以下筆者說明一下自己的體會。

1. 遮法：

面對較輕微的煞氣，可使用遮法。遮住它，看不到就好，如開門見柱，可以用盆栽遮住，眼不見為淨。又如房間鏡照床，遮住鏡子，就化掉煞氣。

用吊籃盆栽化解開門見柱，及對面鄰居的屋簷尖角沖射

2. 擋法：

面對到一些較強的煞氣，不是遮住就沒事了，因為煞氣的衝擊還在，此時就必須用擋法。譬如面對室外的天斬煞，有強風從對面大樓的縫隙沖射而來，就要在陽台種植植物以擋住強風；有噪音的音煞，就要花錢裝氣密窗以隔開噪音。又如臥室廁所沖床，可在廁所門上加裝門簾以擋住穢氣和溼氣。

可移動式的衣櫃拉門，可化解鏡照床的煞氣

臥室廁所掛過膝長簾，以避免穢氣外溢，也避免廁沖床

3. 化法：

當面臨到不佳的流年理氣，如流年二黑星或五黃星，飛到房宅的主要納氣口，而該方位又正好在動土施工，就必須用金來洩土煞，可擺放金屬物品在該方位化煞，民俗上會採用銅麒麟來化解動土煞。

4. 鬥法：

風水上雖然有此法，但強烈不建議，因為風水鬥法，兩敗俱傷，冤家宜解不宜結。有句話說：「風水鬥法，神佛不佑；和諧化煞，人宅兩安」。香港有某大樓的建築，建成像大鍘刀的外形砍向對方，因此對面大樓也做成像槍砲的造型反擊。鬥來鬥去，冤冤相報何時了？有些人在家門口會使用一些八卦鏡、山海鎮之類的物品，當這些物品對著鄰居，鄰居會怎麼想呢？風水鬥法不可取，會損自己的德行福報，心念不正，神佛又豈能護佑？

民俗上的說法，山海鎮能將煞氣排山倒海地推回去，鄰居看我們懸掛八卦鏡、山海鎮，將煞氣排山倒海地推給他們，他們是不是也要懸掛八卦鏡、山海鎮，再將煞氣排山倒海地推回來。姑且不論八卦鏡、山海鎮的效用如何，但肯定的是，兩家會結怨成惡鄰。

5. 避法：

避法也就是「三十六計，走為上策」。當其他方法都不好用時，就要趕緊躲避。筆者曾經看到一間店鋪的收銀機位置，剛好位在大樑之下，就建議店鋪主人，趕緊將收銀機移開位置，不然會導致嚴重的財務壓力，這就是避法的運用。

又譬如住在風水極惡之地，有複合型的難解煞氣，如屋旁就有好幾個高壓電塔，唯一的建議就是趕快搬遷吧！

住在高壓電廠旁的極惡風水，要盡快搬離

化煞要符合科學性、邏輯性和人性心理，如面對剪刀煞或衰煞宮位的路沖，若能放置寫上「泰山石敢當」的堅實厚重大石塊，再加上種植樹木圍籬，肯定會比單用山海鎮的效果好。兵來將擋，水來土掩，用合理的方法將外煞做合理的解決，在心理上也會覺得比較安心踏實。因此，化煞要選對方法，以合理符合邏輯的方法正確應對，這才是真正的風水之道。

此外，在內格局上，除了要化解壁刀、房中針、梯刀……等煞氣問題外，也要注意內格局中的砂水配置，避免在不該擺水的地方擺水，才不會影響家人的健康；也不要在不該擺砂的地方擺砂，才不會影響財運。

拾壹 風水實戰，嚴謹章法

拾壹 風水實戰，嚴謹章法

看陽宅的原則，要先看外巒頭，即外格局對房宅的影響，再來看內格局，這是風水堪輿的先後順序。如果外巒頭大凶，內在的格局再怎麼調整，效果還是有限，因為外環境的影響會大於內環境。因此，要先觀察外巒頭的山峰是否秀麗圓潤，還是醜惡破碎；水流是否清澈乾淨且玉帶環腰，還是汙濁、湍急且反弓沖射，要判斷外巒頭對「我」是否「有情」。

看完巒頭之後，才來分析宅飛星盤的理氣吉凶，是否與外巒頭的砂水相應。若外巒頭與理氣都吉，就會應吉；若外巒頭吉，雖有凶星飛到，也不至於發凶；若外巒頭凶，雖有吉星飛到，也不會應吉，只是暫時不發凶；若外巒頭凶，又有凶星飛到，肯定發凶。因此，重點要先檢視外巒頭的吉凶，再來與理氣格局的吉凶對照。最後，再來決定如何佈置室內砂水，及做催吉化煞的佈局。

當進行風水檢測時，必須要掌握重點式的分析處理，否則每一點都認為很重要的話，反而會失焦。雖說「七分巒頭，三分理氣」，但理氣的部分也是要計算清楚，計算理氣之前，先以本書第肆篇的「王氏座向系統判斷法」，確認宅向的位置。

以下是筆者在為委託人檢測居家風水時，所使用的系統性的操作步驟，其中也包括給委託人的功課，可說是一整套的「陽宅居家風水堪輿套裝組合」，筆者命名為「王氏風水實戰操作守則」，提供給讀者做參考，可做為檢測居家風水時的操作程序，按照程序步驟操作，盡量做到謹慎圓滿。

但因各派的風水堪輿重點不同，法門也不同，所以也只是僅供參考。對風水初學者而言，可以藉由這個方式勘察並調整自家風水。

其中的第二部分，是筆者給委託人的功課，就如同筆者在治療患者時，給患者自我鍛鍊的功課一樣，當事人願意用心配合，效果就越好。

當然，站在傳統的風水立場上，這些功課包括觀想、禱告的部分，都不是真正傳統意義上的風水內涵，而是偏向心理、心靈或宗教的層面。但風水的調理，不僅是調整外在地理磁場的頻率，也應包含內在心靈磁場的提升。要學習虔敬且淨化自身心念，以正念提升內外磁場，並用心配合風水師的調理，才能達到最好的效果。

一、王氏風水實戰操作守則

1. 受委託人請託檢視風水時，要知道委託人的房宅建造於哪一年，以利之後宅飛星盤的計算。
2. 知道委託人的住址後，先用谷歌地圖(Google Map)察看委託人房宅外面的大環境，山巒、河流、道路和鄰近大樓的分布狀況，初步檢視有無河流或道路反弓、路沖、剪刀煞……等煞氣。
3. 情況許可的話，先取得委託人屋宅的平面設計圖，初步判斷屋內格局是否有穿堂風、門對門、門互切、灶包廁(廚房內有廁所)、缺角及凸角(不同方位的缺角及凸角，會影響家中相應的成員)……等煞氣問題。以及瞭解大門、廚房、廁所、樓梯、樑柱及房間的分布位置……等等。
4. 抵達地點後，先在房宅外走一圈，依照本書第肆篇〈座向判斷，按部就班〉的操作法則，找出房宅的主要納氣口，確定宅向的位置。
5. 察看屋外環境，記錄所看到的風水問題。首先用四靈山訣判斷四周環境，是否有符合比例原則，山水是否為有情山水，山水的走向如何。分析左青龍、右白虎、前朱雀、後玄武的地勢，此種外格局如何影響家運及家人身心狀況……等問題。觀察道路或河流的分布走向，及是否有水口關攔，來分析納財及聚財的狀況；以玄武的山勢，分析貴人運的狀況；以朱雀的格局，分析明堂事業前景的問題。

6. 觀察屋宅周圍有無嫌惡設施，如公墓、垃圾場……等等。需記錄外煞的狀況，有些外煞要包括外煞顏色的記錄，如紅色或黑色的屋脊煞、尖角煞……等等，因為不同顏色所引發的問題不同，煞氣遠近及輕重程度都要記錄，煞氣所影響到的房間也要記錄。另外，要記錄周邊是否有臭味的味煞，及噪音的音煞。向委託人解釋說明外煞的顏色和方位，對家中成員的影響，以及影響身體所對應的臟器，並講解如何應對之法。

7. 觀察屋內的各種煞氣狀況，是因為格局設計問題，還是由於擺設不當所造成。如樑壓主沙發位、主沙發位後無靠、穿堂風（一開大門，即見到整面都是落地窗的前陽台）、川堂風（一進大門後，即同時見到多門）、壁癌、地板不平整、紫水晶洞擺在二黑五黃位……等問題。提出解決之道，並將煞氣問題拍照記錄。

8. 觀察是否有缺角房或凸角房的格局，再察看各個區域有無雜物橫生，而這些區域對應到哪個方位，影響到家中的哪位成員，及身體健康的狀況。

9. 先看完巒頭的問題後，再來分析理氣的問題，並把握「巒頭為主，理氣為輔」的原則。

10. 根據所判斷的宅向，以羅盤量測方位，確認房宅的坐山和向山，為「正山正向」，則使用「下卦」；若是「兼山兼向」，則是使用「替卦」。

11. 根據量測出的房宅的坐山和向山，結合房宅元運，進行宅飛星盤的計算。重點要放在分析主要納氣口（大門口處或最大採光面落地窗拉門處）山星和向星的組合意義，及向星是否是旺星。此外，也要分析廚房與各房間的飛星組合，理氣的吉凶如何，這是屬於大太極的部分。若門、主、灶並非吉星吉位，要進行五行化煞佈局。

12. 察看宅飛星盤上，是否有旺山旺向、上山下水、雙星會向、雙星會坐、伏吟反吟、父母三般卦、連珠三般卦、合十局、空亡卦、令星入囚、向首入囚……等理氣格局。

13. 以大太極的飛星組合，套入每個房間的小太極中，即以宅飛星盤套入每個房間中。重點在房門口及床位的飛星組合，藉以判斷該房間理氣的吉凶。檢視房門口、書桌、床鋪是否在吉位上。當巒頭和理氣有所衝突時，大原則還是以「巒頭為主，理氣為輔」，要以合理性的擺設為主。

14. 根據所判斷的宅向，察看當令山星的宮位處是否見到秀峰，當令向星的宮位處是否見到秀水。確認該見砂的方位見到砂，該見水的方位見到水，若能「收山出煞」相應則吉。如果不相應的話，在屋宅內格局中，要透過造砂造水的方式加以補強。

15. 將外巒頭的美惡和宅飛星盤的理氣組合做綜合研判，依據相應的狀況來「憑星斷事」，重點是「以人為本」的考量。
16. 針對委託人的需求，進行財位、桃花位、文昌位的佈局。
17. 針對重要的流年飛星，進行風水佈局。
18. 找出二黑、五黃、三煞方、歲破方及動土方位，進行化解，並對煞氣的方位進行祈福。教導委託人對煞氣方，進行自我祈福、觀想淨化。此外，需建議委託人平日要淨化自身心念，多行善事，累積福德，以減輕這類生命中所面臨到的劫數。
19. 事後關心追蹤，瞭解委託人是否有按照指示進行調整，拍照回傳檢查，並詢問調整後的結果，做好記錄。按照委託人的姓名進行檔案歸檔，以利後續問題的查驗。

二、給委託人的功課

1. 平日多淨化自身心念，多行善事，累積福德。

2. 每星期固定要清潔財位，家中也要保持通風明亮、乾淨整潔，走道不可堆積雜物。

3. 如果有放置流水盆的話，每隔兩星期要固定換流水盆的水。

4. 如果有擺放水晶，每個月至少做一次水晶的消磁淨化，再選擇吉日吉時祈福後，將水晶敬慎地放回。

5. 依照個人許可的時間，固定對招財化煞物或水晶觀想淨化。

6. 對於產生影響的煞方，如二黑、五黃方位，除了在該方位以「遮、擋、化、鬥、避」的方式處理，如種植福木，以植物擋煞及避免開煞方的門窗之外，每日也可加強心念的觀想。根據所信仰的宗教，祈求 上帝或是諸佛菩薩聖靈的護佑。沒有宗教信仰的人，可觀想白光防護罩保護家宅以淨化磁場，形成一個如佛家所說的「結界」。

每天恭讀或唱誦簡短的祈禱文或者是《心經》、佛號、咒語，每天唸九次，因為九是極陽之數。若是較長的經文，可自行調整次數，重點是在當下的專注。每天至少要花三到五分鐘，來練習專注靜心。

專注說來容易，但是做起來卻有一定的難度，因為人的心念很難降伏。為何有修為的大師祈福有效，而凡夫眾生的祈福效果卻往往有限。因為真正進入修行法界的人，能在當下達到一心不亂的境界，而一般的眾生總是心猿意馬、雜念叢生，念力不精純，當然心想事不成。道教法師畫的化煞符咒要產生效果，在畫符咒時要相當專注才有效用。為何要求一筆畫成、一氣呵成，強調的就是專注就會產生極大的心靈能量。建議委託人平日也可以透過練習打坐、氣功、寫書法，以訓練自己的專注力。

信仰基督教的人士可唸以下祈禱文，但僅供參考，用最能與自己契應的禱告文，效果最佳。

上帝的光環繞我，
上帝的愛擁抱我。
上帝的大能保護我，
上帝的臨在照看我。
不管身在何處，
上帝與我同在。

拾貳 結語

拾貳 結語

人活在天地之間，受到陰陽五行的影響，一般的凡夫眾生都是心隨境轉，很容易受到外在環境的影響，因此就產生了風水堪輿的需要。一般人求福求壽，這是人之常情，但凡事要有個「度」，若過度貪求，往往會造下惡業。

一般人找風水師來調理居家風水的目的，無非就是希望能趨吉避凶、丁財兩旺。風水師的專業素養固然相當重要，但風水師只是一個助緣，風水師能做的事，就是在委託人現有的福報下，將房宅的能量調整到相對較佳的狀態，但如果委託人的福報不足，風水師也無法無中生有。

唯有不斷地行善積德，並時常自省，提升心靈法界，才夠資格住在風水寶地，德行不夠的話，就算是好的風水寶地也會被毀掉，這就是「德不配位」的緣故，因為德行不夠而無福消受。譬如買了房子之後，原本是很好的風水，但住宅前面突然建起了高樓，吉地也變成凶地。

筆者有一位委託人，搬入新家前，主臥室的遠景無限，結果一年後，隔壁蓋了樓房，不但遮住遠景，且主臥室的窗外，正好面對著鄰居屋頂的廁所穢氣排氣管，形成很大的煞氣，這就是因為「德不配位」而「無福消受」的緣故。

此外，在理氣格局上若出現了「伏吟、反吟」的狀況，如果不是形巒相應的「旺山旺向」局，或是有「父母三般卦」、「連珠三般卦」的格局，通常無法可解，尤其是「反吟」出現在屋宅正前方向首的位置更凶，只能建議委託人搬家，但如果委託人在無法搬家或不願搬家的情況之下，還可以透過更改座向的方式去做調理，但如果這種方式也不適用的話，必須建議委託人要多行善積德，累積福德來改變房宅氣場與自身命運，這種情況都不是擺擺風水物件就可以處理的。

主臥室窗外正對鄰居屋頂的廁所穢氣排氣管

如果有德行，無形之中也會消災除殃。筆者有一位在紐西蘭的朋友，原本住宅的前方，是開門見電線桿的壞格局。有一天突然有一輛車子撞上這根電線桿，車主沒事但電線桿損毀，政府工程處的人來裝設新的電線桿時，將電線桿移開了幾公尺，也讓這家人避開了開門見柱的煞氣，這就是福人居福地的道理，讓不可能會發生的事，冥冥之中也會藉由因緣化解。

另一位住在台北的朋友，當時原本住家的前面有高壓電桶，可說是極惡風水，但搬入不久後，政府要將電線地下化，移走了高壓電桶，化解了極惡風水，這都是真實的事例，讓不可能發生的事成真。

上述的這兩位朋友，都是虔誠的修行者。修行精深的修行者，無論身處何方，不佳的外環境氣場也能隨之改變，實在不可思議，這是真正的境隨心轉。

筆者在紐西蘭的風水標語是「Change Your Feng Shui, Change Your Life」，即「改變你的風水，改變你的人生」，改變外在的外環境風水，只是其一，佔了天時、地利、人和的三分之一。但若能藉由改變外環境風水，而後也能改變內在心靈的風水，可得人和，又多了三分之一，才能真正的趨吉避凶。

風水上常常會提到「趨吉避凶」，但仔細去體會什麼才是真正的趨吉避凶，難道說生活順遂就一定是吉，遇到艱困的挑戰就一定是凶嗎？若人生一路上都是貴人相助，而無小人逆增上緣的阻礙，可能會「少年得志大不幸」，正所謂「平靜的大海，造就不出熟練的水手」！

1914年十二月，大發明家愛迪生的實驗室發生火災，損失極為慘重，當別人都為他的巨大損失而感到惋惜難過時，他卻說：「災禍也有很大的好處，把以往所犯的錯誤全燒光了，謝謝 上帝，我們可以從頭做起。」正因為他有著很高的EQ及抗壓力，且能隨遇而安，而後也才能做出更偉大的發明貢獻，在大火之後的三個月內，他發明了留聲機。

環境的順遂與否是因緣事，但如何從中去鍛鍊出人生的智慧與慈悲，就取決於個人的修為了。一般人的心態，總是希望生活平順，財運亨通，也總是希望自己的兒女事業能發達，且生活順遂舒適。然而美國麥克阿瑟將軍在其〈為子祈禱文〉中，卻為他的兒子向 上帝禱告：「我祈求您，願您引導他不要走上安逸舒適之路，求您將他置於艱困和挑戰的磨礪中，使他學習在風暴中挺身站立，學會憐恤那些在重壓之下失敗的人」，這是一位偉大有智慧的父親，對兒子真摯深刻的愛，這需要對人生有很深刻的體悟，才能鍛鍊出如此深邃的智慧。

能改變內在心靈的風水，這是一種境界，是透過深刻地自省，及深入的修行而來的。有了這樣的功夫，自然由內而外，風水及自身命運也有了轉變的契機。

古人說：「一命、二運、三風水、四積德、五讀書」，這是古人在說明這些因素，對人生所造成的影響程度。當然每個人的八字與命運不同，不是都能啣著金湯匙出世，這是屬於先天的部分，與個人過去世的福報因緣有關，但如果在這輩子要運命或改運的話，就要逆勢操作，什麼是逆勢操作呢？就是由後面的這些影響因素往前逆推，逆流而上。

要透過讀書解疑破惑，知書達禮，增加自己的專業學養與氣度胸懷。而平日多廣結善緣且廣積陰德，自然就有福報，有福報福德，就會成為一位有福之人，福人居福地，就能找到好的風水寶地來居住。就算是原本居住環境的磁場不好，也會因為內心的改變轉化而境隨心轉，當然隨之而來的就是命運的改變，這才是真正的改命之法，有興趣的讀者，可以閱讀《了凡四訓》的故事。

因此，人的心靈層次若能提升，除了會改變對外在環境事物的看法之外，也能影響到外在環境的氣場頻率，這就是「境隨心轉」的道理。就算原本是住在較差的風水環境中，但一位有德行的人，心存正念及不斷行善積德，不良的磁場也會漸漸轉化為乾淨的氣場，將負面能量轉化為正面的高能量，這就是「福人居福地」的道理。這種轉化的力量，就如同一台高品質的空氣清淨機，可以將汙濁的空氣，轉化為清新的空氣一樣。

風水的調理有其科學性及實用性，但要有「正信」，這也是筆者所要傳達的理念，凡事不要執其兩端，不要認為自己是好人，而無須講究風水，並以「福人居福地」自我安慰，捫心自問，自己是否真的已經達到了「福人」的層次嗎？說不定我們造的業還比積的福還多。換個角度想，不會因為你是好人就不會生病，就可以不用看醫生，其實這是一樣的道理。因此，也不是說因為你是一位好人，就可以完全不用注重風水，畢竟環境對人還是有其影響力。但反過來說，不是有了好風水，就可以得意洋洋，認為必能丁財兩旺，無德之人，速發速敗者比比皆是，這就是因為「德不配位」的緣故。正如清朝孔尚任先生在《桃花扇》中的詞：「眼看他起高樓，眼看他宴賓客，眼看他樓塌了」。

因此，在人生的正道上，我們要感恩上天賜福，感謝諸佛菩薩聖靈護佑，不執著地行善佈施，淨化自己的內心，並時常反躬自省。當然，若能找到德術兼備的風水師，再幫家中的風水做一番調理佈局，那就更加圓滿吉祥了。

王老師聯繫方式：

電話：64-220622155（紐西蘭）

網站：www.fengshuiconsultant.co.nz

Email：fengshuiconsultantnz@gmail.com

國家圖書館出版品預行編目資料

學玄空飛星風水，一本就上手 / 王信宜著.
－－第一版－－臺北市：知青頻道出版；
紅螞蟻圖書發行，2021.8
面 ； 公分－－(Easy Quick；176)
ISBN 978-986-488-218-2（平裝）

1.相宅

294.1　　　　110010634

Easy Quick 176

學玄空飛星風水，一本就上手

作　　者／王信宜
發 行 人／賴秀珍
總 編 輯／何南輝
校　　對／周英嬌、王信宜
美術構成／沙海潛行
封面設計／引子設計
出　　版／知青頻道出版有限公司
發　　行／紅螞蟻圖書有限公司
地　　址／台北市內湖區舊宗路二段121巷19號（紅螞蟻資訊大樓）
網　　站／www.e-redant.com
郵撥帳號／1604621-1　紅螞蟻圖書有限公司
電　　話／(02)2795-3656（代表號）
傳　　真／(02)2795-4100
登 記 證／局版北市業字第796號
法律顧問／許晏賓律師
印 刷 廠／卡樂彩色製版印刷有限公司
出版日期／2021年8月　第一版第一刷

定價 360 元　港幣 120 元

ISBN 978-986-488-218-2　　Printed in Taiwan